北宋 佚名 《宋仁宗后坐像》 台北故宫博物院 藏

大臣为仁宗挑选了开国功臣曹彬的孙女做皇后。曹皇后贤德仁慈,熟读经史,重视稼穑,甚至常常在宫苑内种庄稼。然而宋仁宗要的是一个女人,而不是战友。

北宋 王希孟 《千里江山图》（局部）北京故宫博物院 藏

  宋朝重文轻武，虚外守内，成了北宋的一项根本性制度设计。它有效避免了皇权旁落的五代宿命，为大宋立下稳固的根基，但也导致了这个王朝对外军事的孱弱和无力，以至于到北宋末年，人们只能将富国强兵以收复山河的理想寄托在自己的艺术文化创造中了。

北宋 张择端 《清明上河图》（局部）北京故宫博物院 藏

  《清明上河图》生动地记录了北宋都城东京（又称汴京）的城市面貌和当时社会各阶层人民的生活状况，是北宋时期都城汴京繁荣的见证，也是北宋城市经济情况的写照。

北宋 苏轼《枯木竹石图》私人收藏

嘉祐二年三月十一,仁宗皇帝在集英殿亲自主持殿试。这一科进士及第的有:苏轼、苏辙、曾巩、曾布、程颢、张载、吕惠卿、章惇、林希、王韶。每一个名字都是传奇,每一个人物都是巨星,他们的光环照耀了时代,闪烁在历史的星空之中。

宋徽宗赵佶的这幅《听琴图》，生动表现了宋朝帝王与士大夫唱酬相和的雅趣，侧面也反映出「与士大夫共治天下」的理念。

北宋 赵佶《听琴图》北京故宫博物院 藏

北宋 黄庭坚 《砥柱铭》（局部）私人收藏

"世道极颓，吾心如砥柱"——宋朝礼遇士大夫，故宋朝士大夫家国天下与持节奉身的情怀较其他朝代更为突出。

郭瑞祥 — 著

宋仁宗
和他的帝国精英

他们开创了中古世界的黄金时代

中国出版集团　现代出版社

图书在版编目（CIP）数据

宋仁宗和他的帝国精英 / 郭瑞祥著．— 北京：现代出版社，2019.7
ISBN 978-7-5143-7939-6

Ⅰ.①宋… Ⅱ.①郭… Ⅲ.①宋仁宗（1010-1063）—传记 Ⅳ.① K827=44

中国版本图书馆 CIP 数据核字（2019）第 125158 号

宋仁宗和他的帝国精英

作　　者：	郭瑞祥
责任编辑：	张　霆　哈　曼
出版发行：	现代出版社
通信地址：	北京市安定门外安华里 504 号
邮政编码：	100011
电　　话：	010-64267325　64245264（传真）
网　　址：	www.1980xd.com
电子信箱：	xiandai@vip.sina.com
印　　刷：	三河市宏盛印务有限公司

开　　本：	710mm×1000mm　1/16		
印　　张：	19.75	字　　数：	258 千
版　　次：	2019 年 7 月第 1 版	印　　次：	2019 年 10 月第 2 次印刷
书　　号：	ISBN 978-7-5143-7939-6		
定　　价：	49.80 元		

版权所有，翻印必究；未经许可，不得转载

序　言

古代华夏文化造极于赵宋，仁宗朝是赵宋的巅峰。

它莺歌燕舞，华晔玉瑾，性格如宋词般温婉，气质如兰花般高雅。它市列珠玑，云盈丰华，创造了不可一世的繁华和登峰造极的文化。

这是一个值得仰视的时代。

这个时代，科技飞跃。火药、印刷术、指南针三大发明在这时突飞猛进。稍后成书的《梦溪笔谈》，总结了数学、物理、天文、工程技术等多个领域的科研成果。

这个时代，商业发达。城市功能得到历史性拓展，店铺林立，集市兴盛，服务业朝气蓬勃，民间贸易风生水起。为适应商业贸易发展，金属货币成为通用货币，并出现了世界上最早的纸质货币——交子。

这个时代，经济繁荣。世界著名经济史学家贡德·弗兰克认为："11世纪和12世纪的宋代，中国无疑是世界上经济最先进的国家。"历史教授杨渭生先生也认为："两宋三百二十年中，物质文明和精神文明所达到的高度，在中国整个封建社会历史时期内是座顶峰，在世界古代史上亦占领先地位。"

这个时代，最为突出的是文化昌盛。苏轼、欧阳修、王安石、司马光等文化巨擘星光闪耀，唐宋八大家中六位活跃于此时。诗歌出现了继唐诗之后新的创作高峰。宋词的内容和境界得到拓展，成为文学样式中的主流。思想界拉开了理学的序幕，周敦颐、程颢、张载相继登场。

这个时代，政治清明，社会安定。吕夷简、晏殊、范仲淹、狄青、文彦博、富弼、包拯等名臣辈出，足以令前人汗颜，更为后世津津乐道。

这个时代，虽然没有"明犯强汉者，虽远必诛"的凌云气概，亦无大唐万国来朝的恢宏气度，却有强汉盛唐远远不及的绝世繁华，有不同于前朝后世的雍容华贵。

这就是传说中的"仁宗盛治"。

宋朝脱胎于五代小朝廷穷兵黩武和武人掠政的困境，为了防止悲剧重演，防范武将成为巩固政权的首要任务。开国之初，宋太祖就确立了文人治国的政治方略：一方面，虚外强内，削弱藩镇，强化中央集权；另一方面，紧紧依靠文人集团，帝王与士大夫共治天下，皇权受到制约，文臣扬眉吐气。

正因为文官集团壮大，才形成文化科技争奇斗艳的壮丽景象。

宋仁宗本人宽容、仁厚，善待大臣，体恤民生，不折腾，不矜名，不封闭。皇帝包容异见，士大夫和而不同，为大宋的繁荣锦上添花。

宋朝不是一个雄才大略的王朝，宋仁宗亦不算一个圣文神武的皇帝，但这样的无为而治，却开创了前无古人的繁华时代。

历史值得深思。

目录 / Contents

第一章　她带走一个时代 / 1
　　野百合也有春天 / 2
　　太子和狸猫 / 4
　　衮衣和冕冠 / 8
　　太后身后的"温柔一刀" / 10

第二章　因为女人 / 15
　　作茧自缚，还是请君入瓮 / 16
　　疾风知劲草 / 19
　　她打伤了皇帝 / 22
　　一较高低 / 25
　　心爱的美人被赶出宫 / 27

第三章　天下才俊皆入门下 / 31
　　天下士子皆入彀中 / 32
　　得意处又听舒心曲 / 35
　　《汉书》下酒苏子美 / 38
　　宝鞍骄马骤香尘 / 41

第四章　文人的风雅盛事 / 47
　　皇家的文化沙龙 / 48

洛阳八友 / 51
曾是洛阳花下客 / 54
文人最风流 / 58

第五章　吕夷简和他的对手们 / 63
贿赂小吏的副宰相 / 64
皇后之死 / 67
百官图 / 70
仗义执言有高文 / 74

第六章　做一只不默而生的灵乌 / 79
庐陵事业起夷陵 / 80
宁鸣而死，不默而生 / 83
两败俱伤 / 87
片纸落去四宰执 / 90

第七章　星星之火怎样燎原 / 93
战争与和平 / 94
见龙在田 / 96
改制建国 / 99
政治正确与实事求是 / 102

第八章　西北狼烟 / 107
计破金明寨 / 108
三川口之战 / 111
范吕将相和 / 114
"西北狼毒"种世衡 / 117

忠义春秋 / 120

第九章　穷兵黩武和尖爪獠牙 / 125
主动出击还是步步为营 / 126
好水川的累累白骨 / 129
困兽犹斗 / 133
诡异的定川寨 / 137

第十章　一个人的外交 / 141
辽国前来趁火打劫 / 142
不卑不亢 / 144
外交大事如同儿戏 / 148
忽悠出的和谈 / 152

第十一章　新政来了 / 159
吕夷简的灰色人生 / 160
朝廷新气象 / 163
仁宗之仁 / 166
不堪重负的"三冗" / 169
天章阁召对 / 172

第十二章　新政成了靶子 / 177
革故鼎新 / 178
保守派在反攻 / 180
公使钱案风波 / 183
争水洛城事件 / 187

第十三章　新政终结者 / 191

一场代价惨重的酒宴 / 192

青年才俊一网打尽 / 195

君子有党 / 198

最后一根稻草 / 201

盛世里孤独的背影 / 204

第十四章　处江湖之远 / 209

欲加之罪，何患无辞 / 210

君子们的致命伤 / 212

不以物喜，不以己悲 / 215

山水之间一醉翁 / 219

第十五章　他们反了 / 225

不杀降卒 / 226

贝州兵变 / 229

明镐植树，文彦博摘果 / 231

蓬山变咫尺 / 234

曹皇后平叛 / 238

第十六章　唾沫星里的政治 / 241

另辟蹊径的仕途 / 242

看谏官怎样教训皇帝 / 244

文彦博的"小人之道" / 247

直声何以动天下 / 250

第十七章　武将的荣衰之路 / 255
非战伐无以报国 / 256
险峰云端何仙姑 / 258
平侬大捷 / 261
武将的荣耀 / 265
错在完美 / 268

第十八章　闹腾的佳节 / 273
追谥皇后的葬礼 / 274
宰辅的最强配置 / 276
皇后要谋逆 / 278
最好的世道是天下无事 / 281

第十九章　锦绣汴梁尽风华 / 285
革新科举 / 286
放他出一头地 / 288
千古第一榜 / 291
繁华真盛世 / 294

第一章
她带走一个时代

野百合也有春天

公元 1033 年，对于北宋王朝，注定是不寻常的一年。

这一年是宋仁宗明道二年。上元节（元宵节）刚过，年的气氛余兴未尽，汴京市民脸上还洋溢着抑制不住的喜悦神情，街头偶尔能听到爆竹噼噼啪啪的零星响声，可皇宫里早已忙得昏天黑地、四脚朝天。

一年之计在于春，春天是耕种和萌发的季节，在农耕社会里，春天尤其受到皇家的重视。立春过后，春天款款而来，按照惯例，朝廷要举行一系列活动，迎接万物复苏。

年轻的皇帝赵祯，在孟春正月，来到汴京郊外的田间地头，拿起锄头象征性地松土锄地，然后扶着犁耙，做出赶牛耕田的样子。当然，扶犁耕地需要技术，这技术不是皇帝应该学的，所以那牛不能前进，否则皇帝有个闪失，身边的大臣和当地豪绅都是要掉脑袋的。

本来是极其简单的事情，如果普通农民去做，一个时辰能犁作一小块耕地。但皇帝御驾亲行，自然不同凡响。

皇帝亲耕，除了向世人表示重视农桑，另外一层含义便是祈祷风调雨顺、五谷丰登。所以在亲耕之前，需要举行盛大的仪式，拜天拜地拜龙王。满朝文武自然不敢怠慢，跟随皇帝三拜九叩，然后向皇帝三呼万岁。

整个一套礼仪下来，风风光光的是君王臣子，那些下层官吏、宫中杂役，早已精疲力竭、心力交瘁，累得半死。

皇帝亲耕刚过，皇太后又要祭奠太庙。

太庙是供奉皇室祖先的地方。从赵匡胤这位开国皇帝的高祖算起，历经曾祖、祖父、父亲，然后太祖赵匡胤、太宗赵炅、真宗赵恒，太庙共供奉着七位先祖。

《左传》说："国之大事，在祀与戎。"祭祀太庙，对于朝廷来说，是国之要务，头等大事，马虎不得。

第一章　她带走一个时代

祭祀太庙自古属皇家大典。按照惯例，这样重大的国务活动，应当由皇帝亲自实施，后宫嫔妃、皇室宗亲、朝廷大臣随从参与。然而明道二年的祭祀活动，却把仁宗皇帝赵祯晾在一边，由皇太后率领皇太妃、皇后等女眷向列祖列宗们祭献供品。

凡是打破惯例的行为，必有不同寻常的背景。

原来，皇帝虽然是这个国家的正主，当家的却是皇太后。

皇太后名叫刘娥，原是四川一普通家户的平凡女孩儿，不但出身低微，而且少小即孤，在襁褓中就死了父亲。母亲一个身单力薄的妇女，不堪生活重压，只好把她送给别人。及笄后，被人带到汴京，在街头摆个流浪地摊，以加工锻造银饰器物糊口。

刘娥就像山野里盛开的花，也许不够娇艳，但芳香四溢，所到之处，无不吸引着男人的眼光。

正值芳龄的刘娥也有过灰姑娘的梦，但她无论如何不敢想象，有朝一日，自己会踏入皇室，成为宫廷内主。

机会在一次向王府送银首饰时悄然而至。那一个早晨彻底改变了刘娥的人生。

这一天早晨，草在结它的种子，风在摇它的叶子，一切都那么美好。也许你猜到了故事的开始，没错，刘娥到王府送首饰，王子正在园子里读书作诗，他吟诵着"书中自有黄金屋，书中自有颜如玉"，结果就看见了刘娥。

这是一个一见钟情的爱情故事，长在宫廷之中的王子见惯了弱不禁风的娇弱女子，忽然看到这样一位质朴、伶俐、健康和充满活力的姑娘，不禁眼睛一亮，并为之神魂颠倒。

王子向灰姑娘示爱，一切都水到渠成。王子很快把刘娥接到府中，二人深居简出，过着幸福的同居生活。

也许你留恋开放在水中娇艳的水仙，却不知山谷寂寞角落里的野百合也有春天！刘娥就是王子的春天，她摇身一变，成了准王妃。

世事难料，总有一些奇妙的机缘在偶然间改变人的生命轨迹。谁也不知道灰姑娘下一个零时会不会变成公主。

是的，这位王子就是赵恒，后来的宋朝第三任皇帝宋真宗，当时封襄王。

由于刘娥出身低贱，懦弱的王子不敢向父皇请求婚姻。但纸终究包不住火。老皇帝赵炅对未来的接班人不会放任自流、漠不关心。襄王耽溺于情色不能自拔，情报很快传到赵炅那里，引起老皇帝的担心。耽溺于情色也许并不可怕，哪个男人不风流，哪个君王不好色！但这位准王妃出身低贱，却让老皇帝深感忧虑。皇族要保持高贵的血统，就不能让山野里贫瘠低劣的种子在御花园里肆意传播嫁接。虽然宋朝士族观念已经淡化，但还是不能容忍平民的女儿进入皇室。

于是一纸圣谕，将刘娥逐出襄王府。

人生如浮萍，这就是底层人的命运。刘娥第一次深切感受到权力给予的痛。

这个时候，刘娥最大的心愿就是——老皇帝你去死吧！

赵恒将刘娥偷偷安置在心腹大臣家中，刘娥在诅咒与期待中度过了一段怨妇般的生活。等到宋太宗至道三年，赵炅终于死了，赵恒得以继位。在安顿了朝廷及后宫之后，赵恒旧情难忘，光明正大地将刘娥接到宫中。

经历了逐出王府的风波，赵恒对刘娥的宠爱没有减弱半分。接到宫中后，更是"承欢侍宴无闲暇，春从春游夜专夜"。

这一年，刘娥已经三十岁，由亭亭玉立的少女，变成成熟妩媚的少妇。

野百合终于找到了属于自己的春天。

太子和狸猫

唯一令刘娥不满的是，这时赵恒已经有了正妻，郭氏被封为皇后，刘娥只能屈居其次。

岁月如缀满鲜花的溪水，迤逦而去。

又过了十年，宋真宗的皇后郭氏因病去世，给刘娥带来上位的机会。但朝中大臣坚决反对，反对的理由有二：一是出身低贱，二是久未生育。

宋代制度，天子与士大夫共治天下，皇帝也很难一手遮天。没办法，宋真宗干脆空出皇后位子：既然心爱的女人得不到，那就谁也别想拥有这个名分。

出身低贱无法改变，久未生育也并非人力可为。不过宋真宗和刘娥还是试图想办法补救。

恰在这时，机会来了。刘娥的侍女李氏，偶尔被真宗临幸，竟然怀孕，生下皇子。刘娥对外隐瞒实情，宣称皇子是刘娥所生，将这孩子归于自己名下抚养。作为孩子的父亲，真宗皇帝不但知情，而且纵容并参与了这场偷梁换柱的游戏。

这段故事，被后世演绎为"狸猫换太子"。在世俗的口水之中，故事添油加醋，早已面目全非。刘娥成了十恶不赦的妖孽，李妃被打入冷宫。故事跌宕起伏、扣人心弦，赚足了老百姓的眼泪。

其实，太子是真的，狸猫却子虚乌有。刘娥与李妃也不存在争宠吃醋的较量，因为她们根本不是一个量级的选手。李妃当时不过是个婢女，没有任何名分，也不被真宗喜欢，怀孕生子只是冥冥之中的机缘巧合。事情的真相也并不残酷。刘娥特别喜欢这个孩子，让自己宫中最好的姊妹杨妃代为抚养，自己也勤加关照，视这孩子为己出。这孩子平日里喊刘娥为大娘娘，称杨妃为小娘娘。而孩子的亲娘李氏，被封为崇阳县君。后来真宗驾崩，刘娥当政，在李氏临终前才将其封为宸妃。

有了"儿子"，刘娥终于得遂所愿，晋封皇后。

宋真宗是宋代第三位皇帝，同唐朝第三位皇帝唐高宗一样，胆小怕事、体弱多病，无法适应皇帝这项繁重、庞杂的工作。但这项工作如此重要，事关国家兴亡、人民富足和帝王家族的基业，想撂挑都不行。唐高宗与宋真宗都想到一个相同的办法，那就是请最亲密的人代劳。唐高宗聘皇后武则天捉刀，宋真宗则请刘娥打理。

刘娥来自民间，生活能力特别强。被雪藏在刘恒心腹家时，闭门幽居，只好以书本为伴，博览强记，落得个才华出众。有知识，有阅历，自然有见识。女人若集美貌与智慧于一身，就会爆发出惊人的能量。朝政在刘娥的打理下，可谓井井有条、恰如其分。

久而久之，赵恒越来越离不开刘娥，刘娥逐渐掌控了朝政大权。对于反对她的大臣如寇准、李迪，一律贬谪流放。她又一手提携起丁谓、钱惟演，培植自己的势力。

乾兴元年（1022）名义上的皇帝——宋真宗的生命走到了尽头。临终前，遗诏传位于第六子赵祯，尊刘娥为皇太后，而军国大事权取皇太后处理。

这事实上赋予刘娥垂帘听政的权力。

继位的小皇帝赵祯就是那位刘娥视如己出的养子，后世称为宋仁宗，这年才十二岁，还是个小屁孩，难以承担起压服群臣、判断是非、决策国事的能力。

就这样，皇太后刘娥走上了权力的前台。昔日的丑小鸭蜕变成了白天鹅，进而涅槃成金凤凰。

公允地说，刘娥是位不错的摄政者。她很快将自己的心腹，心术不正、阴险奸邪、飞扬跋扈的丁谓逐出朝廷，重用王曾、吕夷简等有才干的人，朝廷中立马拨乱反正，出现蒸蒸日上的新气象。国内民阜物丰、社会安定，国际上由于宋真宗和辽国签署了澶渊之盟，两国约为兄弟，几十年和睦相处，平安无事。这真是四海升平、国泰民安的盛世华年！

看着自己治理下的清平世界，刘娥内心涌起一丝豪迈。谁说女子不如男？自己的功绩虽然不能比肩秦皇汉武，但同大多数中庸皇帝相比，有过之而无不及。回顾历史，能够有这样功绩的女子，不过吕后、武曌寥寥二三人而已。这样的人生，难道不值得欣慰吗？

欣慰之余，也有缺憾。

在这个男人的世界里，刘娥风光无限，但她终究是皇太后，是先皇的老婆，小皇帝的娘，总要依附于另外一个男人，在另外一个男人的旗号下发号施令。许多年后，提起宋朝，人们终究只会想起站在前台的人，忽略帘子后面真正的王者。

刘娥并不是没有想过像武则天一样推翻自家男人的牌位，另起炉灶，建立一个新的王朝。但她不忍。先皇是一直宠着自己、爱着自己，将自己从地摊小店里一步步搀扶到皇宫大殿的爱人、恩人，现在的小皇帝是自己看着长大，付出心血关心、照顾的宝贝。她爱他们，不忍心伤害他们。

她也不能。宋朝开国之君创立与士大夫共治天下的政治制度，培养了一批帝国的死忠。她做皇后时，寇准、李迪等就多次上疏反对后宫干政，直接把矛头指向自己。垂帘后，寇准已死，李迪虽然不再反对她执政，但范仲淹等新晋大臣，数次呼吁还政于帝。有这一批死忠在，想学武则天，难！

几年前，小皇帝率领百官为太后祝寿，范仲淹就公开上疏，说什么皇帝对太后应执家礼，在后宫为太后祝寿。在朝堂上，皇帝是君，断没有跪拜他人之礼！虽然小皇帝没有理会这个没眼色的家伙，但作为太后，刘娥后背还是嗖嗖发凉。

范仲淹说了出来，更多的大臣嘴上不说，心里恐怕也是这样想的。

所以，刘娥实际上也做不到代宋称帝。

古人将女性掌权称为"牝鸡司晨"，是国家不祥之兆。先秦典籍《尚书》就说："牝鸡司晨，惟家之索。"女人乱政会导致家败国亡。宋朝儒学复兴，范仲淹等讲究君子之道，对不合礼制的朝政更是严防死守，何况社稷更替这样翻天覆地的大事！

皇帝的宝座近在咫尺，却遥不可及。

衮衣和冕冠

　　皇位犹如莲花宝座，可远观而不可亵玩。但这阻挡不住刘娥内心对更高权位的觊觎幸望。她迟迟不愿还政于已经二十四岁的皇帝，仍然把他当作不谙世事的孩子。

　　年龄越大，刘娥心里越焦虑。她更强烈地意识到篡位称帝只能是一场梦而已。去年冬天以来，身体一天不如一天。她知道大限即将到来，那个梦也越来越遥远。

　　她还是想尝试一下那个梦，哪怕仅仅是形式上的。

　　所以，她选择亲自主持祭祀太庙。

　　为了不让人觉得太过分，她决定只带女眷祭祀，具体来说，就是皇太后、皇太妃、皇后等。让皇帝待在宫中，免得她压着皇帝一头让朝臣不舒服。

　　不过，为了实现她那个虚幻的美梦，她要穿龙袍、戴龙冠，一切依照皇帝礼仪。

　　龙袍、龙冠是皇帝的专用品，任何人不得对此有非分之想，不要说穿戴，即使私藏也是要杀头的。

　　即使皇太后也不行。

　　但刘娥不是普通的皇太后，她是凌驾于皇帝之上的皇太后。她提出用皇帝穿戴和礼仪，谁敢反对？

　　偏偏就有人站了出来！

　　这人叫晏殊，也是位传奇人物！

　　晏殊字同叔，从小聪慧伶俐，五岁能作诗，十四岁真宗皇帝赐其同进士出身。真宗考试晏殊时，给晏殊出题目，晏殊说，这些题目我刚刚做过，请圣上换个。真宗和满朝文武都为他的真诚和才学感动。晏殊被授予秘书省正事，留秘阁继续读书深造。而后任太子舍人等，陪太子读书，一路顺风顺水，如今已是参知政事加尚书左丞，相当于副宰相。

十四岁开始混迹官场的晏殊做事严谨细致，为人稳重中庸。想当年范仲淹反对皇帝公开向太后祝寿而进谏时，晏殊私下将范仲淹狠狠批评一顿。因为晏殊曾经帮助提携过范仲淹，二人有师生之谊，晏殊怕受连累，拖自己下水。

不料，这次晏殊亲自来蹚这趟浑水。

这让皇太后刘娥颇感意外。她估计会遇到阻力，但没想到来自一向明哲保身的晏殊。

可见穿龙袍、戴龙冠这件事相当严重，非同寻常！

古代是人治社会，但绝不是不讲规矩。整个封建王朝最大的规矩是儒教，儒教的源头是周礼。

晏殊进宫觐见皇太后，给刘娥讲周礼。

皇帝穿的衣服叫衮衣。这衮衣历史悠久，儒家最早的经典《尚书》上面记载，衮衣是大禹发明的，在服装上绘制五种颜色，专门供帝王穿着，以区别普通服装。到了周代，衮衣上绣制出日、月、星辰、山、龙、华虫、宗彝、藻、火、粉米、黼、黻十二种图案，称为十二章，衮衣的样式正式固定下来。

这十二章，都有深刻含义，与帝王的身份相得益彰。日、月、星辰，给人类带来光明，像帝王的思想；山，布散云雨，犹如帝王的雨露滋润万民；龙，变化无常，像帝王的教化遍布四海；华虫就是锦鸡，自然界中最美的生灵，象征着帝王富有文采；宗彝是一种猿猴，以忠勇著称，象征帝王安定乾坤；藻生长于水中，随水而动，象征帝王能顺应时代潮流；火用于烹饪，象征帝王不断进取；米是人们离不开的食物，就像天下离不开圣明的帝王；黼就是斧头，当断则断；黻是黑青交错的花纹，好似君臣相融相济。这十二章，为帝王专美，他人不可擅用。

再说这帽子，也大有讲究。皇帝的帽子叫冕冠，《周礼》记载有六种样式，分别是：大裘冕、衮冕、鷩冕、毳冕、绨冕、玄冕，名称稀奇古怪，都很难记，反正都是帝王祭祀时戴的。其中最常见的是衮冕，就是教科书和电视上经常见到的，上面一块木板，前后挂个帘子。这帘子也有讲究，叫"旒"。周代有诸侯国，周天子和诸侯国君主都可以戴冕冠，但旒的数量不同。秦之后，冕冠只有皇帝能戴，前后十二条旒，其他人不能僭越。

晏殊不紧不慢但条理分明地向太后普及冕和冠知识，重点强调礼仪：不得僭越。刘娥听得浑身鸡皮疙瘩，恨不能一脚把晏殊踢出殿门外！但宋代的士大夫有这样的权力，刘娥也无可奈何，只得耐着性子听完这堂没趣的礼仪课。

晏殊说得口干舌燥，终于咽下最后一口唾沫，摊摊手表示我已经说完了，您看着办吧。刘娥冷冷一笑，说："多谢晏爱卿提醒，哀家知道了。"

从太后的口吻中，晏殊知道这番苦口婆心算是白费了，还想据理力争，刘娥高冷地说："退下吧。"晏殊只好悻悻而去。

望着晏殊的背影，刘娥抓起手旁的一把簪子，重重地向门口摔去。决不能因为部分大臣反对就半途而废。

对于刘娥来说，在生命即将油尽灯枯之时，告诉世人自己才是这十年真正的帝王，这是最后的心愿。为了实现这个心愿，她要铲除一切羁绊和阻扰，即使一向受到宠信的晏殊也不行！

但并不是无所顾忌，她知道这样做，会让忠诚于皇室和执着于传统的满朝文武愤愤不平，让早已被三纲五常洗脑的普天民众瞠目结舌，所以必须低调，减少可能还会出现的谏阻和背后的诽议。

太后身后的"温柔一刀"

农历二月初九早上，晨光熹微，皇太后刘娥启程前去拜谒太庙。说是启程，其实只有几步路。皇家规矩，太庙建在皇宫附近。比如明清太庙，即在紫禁城左前侧。

为掩人耳目，刘娥穿着皇后深青色的礼服，叫袆衣，戴着后妃专享的凤冠，上面镂雕着花卉翠鸟，镶嵌着珍珠宝玉，雍容华贵、光彩照人。乘坐装饰着琬琰象牙的玉辂，带领皇太妃、皇后，声势浩大地前往太庙。

一切如往常一样，没有任何僭越。

到了太庙，落轿停车，刘娥并没有立刻向祖宗牌位祭献，而是来到休息室，换上了另外一套装束：着衮服、戴冕冠，一如皇帝穿戴。只是衮服上十二种图案，减去宗彝和藻，变为十章；冕冠上的垂旒，由十二道减少为九道。有史以来，还没有皇后戴过这种九旒的冕冠，刘娥特意给它取了个名字，叫仪天冠。仪者，匹配、比肩之意；天者，至高无上也。

刘娥恰如其分地将自己的皇帝心思表达在服装礼仪上，而又显示出谦恭，以示与皇帝的区别。

装束停当，旭日东升，彩霞满天，祭献仪式正式开启。刘娥以皇太后身份首献，接着皇太妃杨氏亚献，最后由皇后郭氏终献。

这一切做得很顺利。

离开太庙，初春的阳光明媚而温煦，风中夹杂着花草的芳香。刘娥感到自己的人生臻于完美，了无遗憾。

小皇帝早已长大，风华正茂，她可以放心归政，安心告别人世，到另一个世界去见先夫宋真宗。

四十五天后，三月二十五日，皇太后刘娥一病不起。皇帝赵祯急诏天下名医火速进京为太后会诊治病，无奈回天乏力，二十九日，太后驾崩。

这个执掌朝政十多年的女强人，终于松手放下天下权柄。

不！她还不能完全放下。对于赵祯这个非亲生的爱子，有一层担心，始终压在她心上，即使死了也难以释怀。

刘娥偷梁换柱，将李宸妃的儿子据为己有，这件事一直是个秘密。朝中老臣虽有所耳闻，但慑于太后权威，没有人敢向皇帝透露。刘娥知道她百年之后，这事终究瞒不过皇帝，她不能预料皇帝的态度，不知道会对她身后的名誉带来荣耀还是折损。

她要延续自己的影响力,至少不能让皇帝在短期内加恨于她。

她的生前知己,莫过于杨太妃。因此,弥留之际,刘娥立下遗诰,尊杨氏为太后,军国大事皇帝要与太后内中裁处。

这是要在仁宗上面,再设一位摄政的皇太后,让垂帘听政的戏继续唱下去,以免仁宗了解出生真相后,对她身后不敬。

其实,仁宗自小在刘娥身边长大,受她教诲,对她感情非常深。即使长大成人后,对凌驾于皇权之上的大娘娘,也毫无怨言。刘娥去世后,仁宗无比悲痛,第二天见群臣,还哽咽抽泣,痛哭不已。他问群臣:"太后临终之时,不能言语,数次用手拽扯身上的衣服,不知道是什么意思?"

参知政事、尚书礼部侍郎薛奎不失时机地对答道:"太后的意思是让脱去身上的衮服冠冕,怎么能穿着龙袍戴着龙冠去见先帝呢?"是呀,刘娥毕竟是后妃,到了阴间,总不能跟宋真宗平起平坐吧!众大臣颔首赞同,仁宗皇帝也恍然大悟,命人为太后换上后妃服装,装棺敛葬。

至于太后弥留之际,是不是数次拽扯自己的衣服,到底想表达的真实意图是什么,没有人再愿意深究。太后回归后妃的身份,是皇帝和大臣们最希望看到的结局,这就够了。

办完刘娥的丧事,接下来要宣读遗诰,尊杨太妃为太后。御史中丞蔡齐提出异议,说:"陛下青春鼎盛,完全能够自己决断朝政,不需要再有一个太后垂帘听政。"群臣早就对刘太后不愿还政于皇帝颇多微词,如今刘太后已逝,再无顾忌,纷纷请求仁宗亲政。仁宗乐于顺水推舟,于是宣读太后遗诰时,略去"军国大事与太后内中裁处"这一条。

刘娥担心的事情还是发生了,她精心设计的身后影响力被清除,阴阳两隔,已无可奈何。

这就是掌权者的悲哀,无论是谁,总会被时间淘洗,万里长城今犹在,不见当年秦始皇,雨打风吹,所有的不可一世终究会成为过往云烟。

强势人物的悲哀还在于,死后影响力不仅会被清除,而且生前所作所为还会被清算。刘娥同样面临着这样的命运,尽管继续掌权的是她的养子。

清算的导火线毫无悬念，是皇帝亲生母亲事件。

有爱嚼舌根讨好皇帝的人，迫不及待地向皇帝报告了因由，又添油加醋，直指皇太后迫害皇帝生母李宸妃，将其下毒致死。这消息无疑晴天霹雳，让仁宗猝不及防，也悲痛欲绝。

原来，二十多年来，都是认贼作"母"！是可忍，孰不可忍！

愤怒之下，宋仁宗宣召李宸妃的弟弟李用和，和他一起亲自为李宸妃查验棺尸，揭开生母死亡之谜。

结果再次出乎仁宗意料之外。原来，刘娥生前待李宸妃十分友善。她抢走了李宸妃亲生儿子，心中有愧，为安慰李氏，找来依然贫居民间的李氏弟弟李用和，授其官职，李用和才得以入仕。李氏患病，刘娥亲自派太医医治。李氏去世后，刘娥以一品礼仪安葬她，为她穿上皇后冠服，并用水银保养尸体。

李宸妃去世已经一年，容貌宛如生前。仁宗从来没有见过生母，没想到还能见到生母遗容，大为感动。他对身边人说："人言岂可尽信。"内心充满自责。于是为刘娥太后加谥号"庄献明肃皇后"（后改为章献明肃皇后），封亲生母亲李宸妃为"庄毅皇后"（后改为章懿皇后）。宋代皇后谥号大多二字，自刘娥起，才有四字，以彰其德。

这就是刘娥的智慧。她不像吕后那样心狠手辣，也不像武后那样赶尽杀绝。她以温柔的力量征服对手，化敌为友，为自己留下后路，为政局留下和平。

从"杯酒释兵权"起，宋朝的统治者都善于"温柔一刀"，在温情脉脉中治世、安民、平天下。

这是新的气象，中国数千年亘古未有，也是后人对宋朝最为欣赏的地方。

第二章
因为女人

作茧自缚，还是请君入瓮

摆脱了皇太后的挟制，宋仁宗像熬过冬天的花草，终于可以自在地绽放。

一朝天子一朝臣，即使前朝是至亲至尊的父亲，或是关爱有加的大娘娘，也要万象更新。宋仁宗对帝国关键岗位进行了一次大换血。

这时的宰相是吕夷简，仁宗与他商量，凡是刘太后提携任命的旧臣，位处机要岗位的，一律外放。宋朝善待官员，外放属于温柔的惩戒。

按仁宗授意，吕夷简草拟一份名单，主管军政的中书、枢密院二府的长官们，这些帝国的中流砥柱，被削去大半。

钱惟演是太后哥哥的小舅子，属天然的同盟军，于是让他离开朝廷，任职河南府。河南府治所在洛阳，洛阳为北宋陪都西京，因此最高首长称西京留守。

副宰相称为参知政事。参知政事陈尧佐被外放知永兴军（治所在今西安）；参知政事晏殊知亳州（今属安徽）；枢密院主管军事，枢密使张耆判陈州（今河南淮阳）；枢密副使夏竦出判颍州（今安徽阜阳）、范雍判陕州（今属河南）、赵稹判河中府（今山西省永济县蒲州镇）。

除部分少数民族区域，宋代行政区划实行州、县二级制。与州平行的还有府、军、监，行政长官称为知州（府、军、监），如吕夷简知澶州，张耆知陈州。府虽与州同级，但政治地位高于州，北宋四个都城，汴京为开封府，西京为河南府（府治今河南洛阳），南京为应天府（府治今河南商丘），北京为大名府（府治今河北大名县）；军一般为军事重镇或要冲；监设在工矿牧盐等物质产区。宋代行政区划的另一个特色是，在州之上设"路"，路为监察区，不是行政区，其行政长官一般由辖区内某知府（州）兼任。

吕夷简草拟的名单正合仁宗心意，一一应允。然而，吕夷简怎么也想不到，在仁宗发布的正式诏书里，外放官员的名单中，他本人也赫然在列：

门下侍郎兼吏部尚书、平章事吕夷简，改知澶州。平章事是宋代宰相的正式官称。澶州治所在今濮阳市区西南，是宋真宗与辽国签署澶渊之盟的地方，离汴京又近。到澶州任职，算是善待，不过毕竟沦落江湖，对这位政治强人是个不大不小的打击。

吕夷简做梦也没有想到，昨日还同皇上亲密议事，讨论他人的命运，今日就成为板上鱼肉，直面刀俎。

这让人想起三国时何晏的故事。

三国时司马懿发动政变，逮捕曹爽。司马懿让何晏查办此案。何晏是曹爽的爪牙，怕被追究，因此格外卖力，将曹爽一党一网打尽。向司马懿汇报时，司马懿说："参与曹爽案的有八族。"而何晏只查出了七家。司马懿说："还没完。"何晏穷途末路，只好说："剩下的一族，难道是说我吗？"司马懿说："正是。"于是将何晏收押。

此时的吕夷简，多么像彼时的何晏！

作茧自缚，抑或请君入瓮？吕夷简哭笑不得。

吕夷简字坦夫，二十三岁登进士科，先后知开封府、为右谏议大夫、任参知政事，天圣七年拜相。吕夷简治事严谨，在朝中很有声望，是刘太后最为倚重的助手。

宋真宗去世不久，宰相丁谓与大太监雷允恭内外勾结、玩弄权术、架空皇权。吕夷简协助刘太后惩治雷允恭，扳倒丁谓，稳定局势，刘太后才得以垂帘听政。

刘太后性情刚烈，不善纳谏。仁宗长成，不愿还政。国有二主，一些大臣难免从中投机，唯有吕夷简能够协和两宫。真宗驾崩后在太庙立神位，刘太后想把真宗生前的服饰玩物全部供入，并用银罩覆盖神主。吕夷简上言道："这样铺张浪费，不足以纪念先帝。对先帝最好的报答就是奖忠直，远奸佞，成就圣德。"还有一次，宫中发生火灾，刘太后想重修后宫，吕夷简进行规谏，阻止了太后的想法。

仁宗亲生母亲李氏去世时，因为等级低下，宫中没有打算为她举办葬礼。吕夷简在上朝奏事时说："听说有宫嫔亡故了。"刘太后吃了一惊，问："宰相连宫中事务也想干预吗？"吕夷简默不作声，于是刘太后生气地领着皇帝起身回宫。过了一会儿，刘太后单独出来，质问他："你是不是想离间我们母子？"吕夷简不慌不忙地说："太后以后不想保全刘氏了吗？"太后恍然大悟，于是封李氏为宸妃，举行了隆重的葬礼。

这才有宋仁宗开棺验尸，见生母尸体在水银的保护下，面容相貌仍然栩栩如生，由是感激、尊崇养母刘娥的后话。

吕夷简忠于刘太后，对仁宗也不薄。宫中起火，第二天大臣上朝，宫门不开。过了很久，皇帝到门楼上隔着帘子接见大臣。众大臣在楼下跪拜，只有吕夷简不拜。见皇帝不拜，是不敬的大罪。皇帝派人质问，吕夷简说："宫中有变故，群臣希望目睹皇上清光。"言外之意，没有看见您的真容，我哪里知道是不是冒牌货？原来，他担心宫中杂乱，有人借机加害皇帝。

刘太后很喜欢宗室子弟赵允初，让他在宫中陪读，长大了还不让出宫。吕夷简琢磨：允初和皇帝都不是刘太后的骨肉，万一太后喜欢允初，要更换皇帝，这事情就闹大了。即使太后没有这打算，难免允初和他的父亲，或者其他心术不正的大臣会产生非分之想。吕夷简感到这件事非常严重，于是上奏说："皇帝正年轻，所接近的应该是儒学之臣，让宗室子弟陪读，对皇帝的品德形成恐怕没有什么帮助。"在吕夷简的坚持下，刘太后只好将允初送回他父亲的府第。

太后去世，仁宗刚刚亲政，吕夷简上一道奏章，劝勉仁宗做一位好皇帝。什么样才算好皇帝？吕夷简列了八条，曰正朝纲、塞斜径、禁贿赂、辨佞壬、绝女谒、疏近习、罢力役、节冗费。这奏章言辞恳切，情义深厚。

就是这样一位能力出众，责任心强，悉心呵护幼主的重臣，却被罢免外放，让他百思不得其解。

疾风知劲草

吕夷简不是普通的宰相，他手脚通天，耳目遍布朝野，即使宫中也有照应，与大太监阎文应勾结很紧。通过阎文应，他很快得知其中原委。

仁宗贬斥刘太后旧臣，最初确实没有将吕夷简纳入外放范围。这一切，都是因为一个女人。

原来，仁宗与吕夷简商量完外放的名单，才真正体会到做皇帝操弄别人命运的快感。回到内宫，抑制不住兴奋，把口风透露给皇后郭氏。郭皇后不以为然地说："难道吕夷简不依附太后吗？只不过多权谋、善机变，掩藏得比较好罢了。"一句话提醒了宋仁宗，吕夷简躲在灯下黑的地方，险成漏网之鱼，于是在贬谪名单中加入了吕夷简。

从对吕夷简的评价上看，郭皇后也不是一个简单的女人，她具有敏锐的政治洞察力。宋代不乏政治智慧的后妃，比如章献明肃皇后刘娥，以及后来的英宗皇后高氏、哲宗孟皇后等，都是不让须眉的政治家。仁宗下一任皇后曹氏，也曾在英宗朝对一些政治事件发挥过举足轻重的作用。如果不是郭皇后后来被废，也许会有另一番作为。

郭皇后的一句话决定一个朝臣的命运，但她没有料到，一报还一报，不久，她也因吕夷简一句话而断送皇后之位。

一个萝卜一个坑，刘太后旧官僚的迁出，留下空缺，立刻得到补充。

接替吕夷简的是张士逊、李迪。宋代宰相数量不固定，大多数时间都有两个宰相。张士逊加职"昭文馆大学士"，为首相，又称"昭文相"；李迪加职"集贤殿大学士"，为次相，又称"集贤相"。张士逊字顺之，曾因触怒刘太后而遭贬。李迪字复古，丁谓专权时受到迫害，几至于死。丁谓垮台后，得以回朝。

王随、宋绶为参知政事。

李谘为枢密副使。

蔡齐为三司使。三司为盐铁、户部、度支三个部门，掌管国家财政。三司使俗称"计相"，地位仅次于参知政事。

其他岗位也各自有人对号入座。

陈州通判范仲淹，曾因上疏要求太后还政而被外放，仁宗把他召回朝廷，因资历尚欠，在谏院供职，为右司谏。

宋仁宗用这份名单，宣告属于自己的时代到来！

朝臣也从这份名单中敏锐地嗅出政治风向：刘太后垂帘执政的各项政策将被清算！当风起时，要么勇立风口，要么避开风向。朝臣们慌忙调整自己，选择正确的站位适应新的形势。

勇立风口的无疑是新擢拔的官员。他们一来感谢皇恩，二来长期受刘太后压制，如今得以东山再起，正要一舒心中怨气。他们热衷于查找、揭发刘太后执政时的过失，攻击彼时的当政者，朝廷上下一时间掀起深揭狠批的高潮。

朝廷中一派扬眉吐气，底层的老百姓却仍冷暖自知。这一年，江淮地区、中原地区、河北、河东、关中大旱，飞蝗成灾。灾情十万火急报到朝廷，仁宗皇帝夙夜匪懈、焦虑难安，等待朝臣尽快拿出救灾方案。但张士逊、李迪等，仍沉浸在反攻倒算中不能自拔，对各地灾情置若罔闻。朝政基本处于停顿状态。

能够为帝国分忧的，只有一人，就是范仲淹。

范仲淹虽为谏官，然则有大志向、大格局，心忧天下。他有心向皇帝谏言赈灾救灾，念及这些大臣都算上耿介忠诚之士，朝廷上下齐心的局面得之不易。因此，决定私下向宰执们进言，希望能扭转浮躁的局面。

他前去拜访首相张士逊，谁料张士逊根本没把这位七品小官放在眼里。他假托身体不适，闭门不见。

再去拜访宰相李迪，李迪倒是接见了他，不过顾左右而言他，实在推不过去，搪塞说："朝廷层层设置官吏，各有其职，赈灾的事情，应该去问户部。"

又去拜访参知政事王随，王随竟不负责任地说："中国这么大，灾荒年年有，今年未必重于去年。去年没有全力以赴救灾，不也平平稳稳吗？"

范仲淹已经忍无可忍，决定同这些宰执们较量一番。

就像一辆跑偏的马车，不能凭自己的力量拉入正途，只好借助于驾车的人。

他把问题上奏到皇帝那里，给仁宗上疏说："太后受先帝遗诏，教育护卫陛下十多年，纵然有小的失误，也应当宽容。太后的功德应该得到保全。"仁宗对太后并无敌意，只是因为人事变动，受到大臣们的误解。范仲淹的奏书，正中仁宗下怀。仁宗顺水推舟，下诏说："皇太后保佑我十二年，既有功劳，也有苦劳。议论的人不识大局，纠缠诋讦一时之事，这不符合朕的意思。"责令从今以后，不得擅自议论太后时的朝政。

见初有成效，范仲淹再次上疏，要求派使者沿路巡查灾情。他对皇上说："如果皇宫里的人半日不吃饭，会是怎样的情形呢？"仁宗是位悲天悯人的皇帝，范仲淹的话触动其内心柔软之处，于是命范仲淹巡视江淮，开仓放粮，赈济百姓。

范仲淹暂时离开朝廷，仁宗感到阵阵孤独和悲凉。他提拔的满朝文武，关键时刻除范仲淹外，竟无担当之士，不能为朝廷分忧解难。这个时候，仁宗想起一个人，那就是不久前被外迁澶州的吕夷简。看来吕夷简在太后朝数年不倒，是有原因的。

疾风知劲草，朝廷暂时离不开吕夷简。

于是一纸诏书，将吕夷简调回朝廷，担任宰相，李迪晋为首相。原首相张士逊因救灾不力，罢为左仆射，知许州。吕夷简四月罢相，十月回朝，仅仅半年，朝廷乱作一团，局面还得他回来收拾。

因宰相更替，官场再一次洗牌。

枢密使杨崇勋罢知陈州，王曙充枢密使；计相蔡齐为枢密副使，御史中丞范讽权三司使事，孔道辅为右谏议大夫、权御史中丞。

仁宗希望吕夷简能给朝廷带来明月清风，不承想天下并没有因此太平，反而引发了一场新的危机。

她打伤了皇帝

这次危机来自内宫，一位女人。这就是郭皇后。

郭皇后出身官宦之家，进入宫中参加选秀。宋仁宗看上一位张姓女子，刘太后却中意郭氏。仁宗是温良恭俭让的乖乖子，内心有一千个不情愿也不敢违背母命，只好遵从太后心愿，娶了郭氏，并立为皇后。

未能与皇帝一见钟情，这让郭皇后一进宫中便怀有深深的自卑。人性的复杂在于越是薄弱的地方，越要极力维护，内心越是自卑，外在表现的越是自骄，加上有太后撑腰，郭皇后在宋仁宗面前表现得忌妒蛮横，看管仁宗不让他亲近其他嫔妃。这反而加重了仁宗对她的反感。

刘太后薨后，宋仁宗豁然有拨云见日之感，终于摆脱管教，可以随心所愿地疏远郭皇后，宠爱其他女人了。

仁宗喜欢的女人一个姓尚，一个姓杨，二人当下都被封为美人。宋朝嫔妃分为八等，第一等又分贵妃、淑妃、德妃、贤妃、宸妃等，仁宗的亲生母亲李氏最后的等级就是一等中的末位宸妃。美人为第四等，地位不高，但仁宗刚开忌口，软香温玉，甚为迷恋。

这一天，宋仁宗在尚美人处，正柔情缱绻、如胶似漆，不料郭皇后闯了进来，对着尚美人破口大骂，无非是狐狸精勾引君主，以至于君主沉溺声色不能自拔之类恶毒的言语。尚美人平时受郭皇后欺凌，不敢反抗，如今仗着皇帝宠爱，竟不把皇后放在眼里，同她争执起来。皇后乃宫中正主，岂容她人不敬，不禁怒从胸中出，恶向胆边生，扬起手臂向尚美人掌了过去。

在宫中受过良好教育的宋仁宗赵祯宽厚和善，很有绅士修养。他反对暴力，尤其不能看见暴力在自己身边发生，在自己最亲近的人之间发生。当郭皇后那一掌起手落下之时，他来不及细想，挺身而出，急忙用身子挡在两个女人之间。

如果换作其他皇帝会怎么做？以帝王的威严，后妃们当面肢体冲突根本不可能发生。也许是仁宗过于良善，以至于懦弱，皇后才敢当着他的面掌掴妃子。既发生这样的事情，若是其他帝王，必定呼唤内侍下人进行制止，然后按宫内规矩给予惩戒。

对于宋仁宗来说，能够商量解决的事情，不用暴力；能够贬黜解决的人，不用杀头。他从小受儒家教育，记住了孔子"仁者爱人"的古训。

所以，情急之下，他竟生生地接过了皇后这一掌。

他的愿望实现了，保护了尚美人没有受伤。不过这一掌却结结实实地掴在自己的脖颈上。幸好仁宗个子比较高，才没有被打在脸上。尽管如此，他白皙的脖颈上被郭皇后长长的指甲划出了几道伤口，血色红印特别显眼。

自古以来，女人只是作为男人的从属品而存在，宫中的女人尤其如此。皇帝君临天下，更是后妃的主人。皇后打皇帝，以下犯上，闻所未闻。

面对这样大逆不道的女人，仁宗忍无可忍，他会怎样处罚郭皇后呢？

皇权制度建立在儒家礼制之上，赏罚应有理有据。这理和据，来源于两个方面，一是前朝成规、先圣故事，二是儒家先师如孔子、孟子的言论。皇后打皇帝，这事史无前例，究竟该如何处置，让仁宗犯难。

于是找宰相吕夷简商量商量。

他像委屈的孩子一样，把脖子上的指痕让吕夷简看，并把皇后平日里妒忌的性情讲给宰相听，皇后的所作所为令后宫鸡犬不宁，搅得皇帝心神不定，严重影响到后宫的和谐，要求宰相拿出处理意见。

皇后母仪天下，惩治皇后，绝不仅仅是皇帝家事，一定要取得朝臣的支持。这也是做皇帝的规矩。宋仁宗自幼饱学诗书，做皇帝循规蹈矩，决不会僭越行事。

宰辅中，吕夷简最会来事，越来越被仁宗倚重。就这样，郭皇后的命运交到了吕夷简的手中。

十年河西，十年河东，仅仅几个月时间，吕夷简就找到了报复的机会。

吕夷简冷漠地向宋仁宗建议：废后。

这建议正合仁宗心意。郭皇后本来就是太后强塞给他的，像牢笼般禁锢着他。如今能挣脱束缚，赢得自由，何乐而不为之！

二人一拍即合。下面即进入操作层面。

先是吕夷简拟定了通告，历数郭皇后之过，宣告废除皇后的旨令，请仁宗定夺。

吕夷简找了皇后三项过错：一是不育。对于平常人家，不育即为不孝。皇族的延续是国家大事，尤其重要。皇后无子，事关社稷，是严重过错。二是妒忌。妒忌也在女子"七出"之列。后宫佳丽三千，都是皇帝的合法女人，皇后横加干涉，是为失德。三是犯上。虽是无意，但已经形成事实，不容宽赦。

一日夫妻百日恩，仁宗怨气稍加平复，便不忍对皇后进行过重惩罚。加上家丑外扬，有损皇帝颜面，于是把吕夷简草拟的诏书略加修改，略去后面两项过错，只说皇后无子，甘愿让贤，把废除皇后变成皇后"辞职"。

仁宗最擅长的就是和稀泥。经过这样的修改，郭皇后体面，大臣们也容易接受。

仁宗以为这样就可以瞒天过海，悄然完成他的内宫"革命"，然而他错了，他亲政后第一场风暴席卷而来。

第二章 因为女人

一较高低

仁宗对废后轻描淡写，然而怎能逃过朝臣们挑剔严苛的双眼。诏书刚一下发，朝廷中就炸开了锅，朝臣大哗。这样重要的事情居然没有跟大家商量，没有经过朝堂辩论，草率实施，大家接受不了。况且，皇后主动请辞？只不过是掩耳盗铃、自欺欺人！朝臣们虽然知道郭皇后有些毛病，但绝不至于到应当废除的程度。

以台谏为主的朝臣们先是拿起上疏言事这个武器，奏章像雪片似的飞向承进司。数天之后，他们得知这些奏章积压在承进司的案头，根本没有进入后宫，更罔谈劝谏皇帝。

原来，吕夷简早已制定了应对之策，下令承进司不得奏报台谏的章疏。

看来皇帝是铁了心不愿回头，台谏们只好采取更激烈的手段，那就是面见皇上。

北宋皇宫分为三层：外城、内城和皇城，皇城是皇帝、后妃居住和办公的地方。皇城大殿，金碧辉煌，各有所用。正式朝会在文德殿，皇帝平日处理政务，则在垂拱殿。

右谏议大夫、御史中丞孔道辅，率领谏官孙祖德、范仲淹、宋郊、刘涣，侍御史蒋堂、郭劝、杨偕、马绛、段少连等数十人，成群结队地来到皇城垂拱殿门前，请求皇帝接见。但垂拱殿大门紧闭，护卫环立，将他们挡在殿外，不得入内。皇帝根本没有跟他们对话的任何迹象。

朝臣们怒了！进谏是他们的职责，履行职责是他们的义务，也是权利，怎能平白无故地被剥夺！孔道辅猛烈地拍打殿门上的铜环，高声呼叫："皇后乃天下之母，怎么能轻易废黜！为什么不让台谏说话！"他们倔强地要面见圣上，听取皇帝的解释。

很像后来的游行示威，通过喊口号、静坐来主张自己的权利。不同的是，千年前的这次群体事件，主体竟是帝国支柱，朝中重臣。

这一招果然有效，宫中传出话来，让大家先到政事堂同吕夷简对话。

台谏专门为给皇帝挑刺而设，要求面圣是正当要求。仁宗皇帝自知理亏，无言以对，因此越发不敢面见台谏，只好把这个皮球踢给宰相吕夷简。

朝臣们这时候才恍然大悟，原来鼓动皇帝废后的，竟然是回朝不久的宰相吕夷简！

范仲淹等与吕夷简从这件事上开始产生裂痕，至少在他们看来，吕夷简迎合皇帝，违背正义，无疑是奸臣权佞。

他们要与吕夷简一较高低！

他们在中书省找到吕夷简，孔道辅带头质问："大臣对待帝后，应像儿子对待父母；父母不和，可以劝谏，怎么能鼓动父亲休弃母亲呢？"

吕夷简早有预防，不紧不慢地说："即使汉唐这样的盛世，废除皇后的案例也不少。"历史上皇后被废屡见不鲜，像汉景帝、汉武帝、汉宣帝、光武帝、唐高宗、唐玄宗等这样有名的君主，都曾发生过废后事情。

孔道辅说："作为人臣，应该引导皇上成为尧舜这样的圣君，怎么能以汉唐那些失德之君作为榜样？"

孔道辅跟吕夷简辩论，议题本来应该是废后算不算失德。可孔道辅在逻辑上先预定废后就是失德，即使是口碑不错的汉景帝、光武帝，也统统被他纳入"失德之君"的范畴。

台谏们就是这样蛮不讲理。没办法，帝国设置台谏，就是让他们靠口才吃饭。

这场辩论根本没有办法进行下去。吕夷简也不愿跟台谏们徒费口舌，干脆把皮球又踢给仁宗，对台谏们说："明天咱们一起面圣，讨论这事吧。"

有了宰相这句"承诺"，台谏们才满意地离去。

然而台谏们很快发现，比起吕夷简，他们的政治经验还是太浅了。

第二天，东方微熹，以孔道辅为首的数十人冒着腊月刺骨寒风，浩浩荡荡向皇宫走去。他们几乎一夜未眠，进行言语上的沙盘推演，务必在道德上、逻辑上压过吕夷简，说服年轻的仁宗皇帝。

大宋的皇宫坐落在汴京中央，汴河从宫前缓缓流过。汴河两岸酒肆林立，商铺栉比，白天行人如织，晚间灯烛荧煌。唯有凌晨，汴河恢复它的本来面目，幽暗静谧，就像后面这高大的宫墙和深邃的宫殿，没有人知道里面发生着什么，以及即将发生什么。

踏过汴河桥，穿过皇宫外城，就来到了待漏院，是朝臣等候接见或者朝会的地方。从待漏院可以看到皇城大内正门宣德，台谏们以为马上可以跨过这道门，改变皇后命运，挽救皇帝亲政后第一件失德之举。

正憧憬着，内侍副都知阎文应走了进来，看到意气盎然的台谏们，他冷峻地喊道："孔道辅等听旨！"尽管在高墙大院内，台谏们似乎感受到室外的寒意，打了个微颤，便齐刷刷地跪拜在地。

他们谁也没想到，历史上最严重的惩罚台谏事件这个时候发生在他们身上，御史台和谏院人员几乎无一遗漏。

诏：孔道辅出知泰州，范仲淹知睦州（治所为今浙江建德）。其余人等，或降级，或罚俸罚铜。

同时，诏告：以后凡是上疏进谏，只允许密奏，不得事先串通，不得集体行动！

更为严重的是，过去惩罚朝臣，总要找个理由。而这一次，根本不予解释！

对于外贬的首犯孔道辅、范仲淹，更是没有半点回旋余地。宫中使者如影随形，跟着他们到家里略作准备，即刻启程出京！

这是宋仁宗第一次与朝臣展开较量，他希望用这种强硬的方式让朝臣们知难而退。

然而他又错了。

心爱的美人被赶出宫

宋代始终不乏飞蛾扑火式的官员，从北宋到南宋，贯穿始终。

一同进谏的侍御史马绛、杨偕坚定立场不愿悔改，请求与孔道辅、范仲淹一起贬谪。郭劝、段少连，再次上疏，说："执政大臣狐假虎威，贬孔道辅、范仲淹，以后国家有大事，谁还敢进言？"将矛头直接指向执政大臣吕夷简。然而，吕夷简命人截压这些奏章，不得上报。

年轻的河阳签判富弼，上疏声援范仲淹。他言辞尖锐地指出："陛下你不能守祖宗之训，连治家都不会，还能治天下吗？陛下纵私愤，不顾公议，天下都在笑话你。我真为你不值。你沉溺色欲，废黜嫡后，而不告宗庙，是不敬父母。你废无罪之后，逐忠良之臣，不是太平盛世的行为，臣太为你痛惜了。现在天下凶歉，盗贼如麻，国用空虚，人心惶扰。陛下本应当兢兢惕惕，宵衣旰食，而今不纳谏臣，朝政不举，天下马上就要乱了。臣太为你寒心了。"

北宋大臣上奏章，喜爱暴露"阴暗面"，夸大其词，危言耸听，几乎成为习惯。富弼这封奏章，尤其如此。他就像一道鞭子，答打到宋仁宗及大宋王朝身上，使其体无完肤。与其说是晓之以理，不如说是横加指责。即使魏徵之于唐太宗，也不敢这样肆无忌惮冒犯天颜。后世专制日甚，进谏讲究方式方法，大多以捧代谏，美其名曰谲谏，很少再有这样的直言犯谏。

这一年，富弼年仅三十岁，不过是八品小官。

可惜，这个时候所有的奏章都一个命运：恕不奏报。

就这样，废后风波以不了了之的方式作以了结，仁宗的愿望得以实现，郭皇后被封为净妃，让她别居长宁宫，去修道养性，并赐道名"清悟"。

宋仁宗的色欲之心终于得到释放，可以与尚美人、杨美人日耽日夜夜专夜了。

事情并没有那么简单。

宋仁宗虽然赢得废后的胜利，并不意味着他能达到放纵情欲的目的。朝廷内外都为他量身定做了一套外衣，名字叫"明君""圣君"，所有令这件外套蒙垢的污渍，都必须清除。

自从废后之日起，仁宗在朝野的形象就打了折扣。外面传言，皇帝好近女色，白天歌舞戏娱，晚上聚众淫乱，终日饮酒作乐，昼夜不息。这种传言愈来愈广，甚至传到了京外。南京留守推官石介给新任宰相王曾去信，专门求证此事。可见言之凿凿，流言漫天。

恰在这时，仁宗的一场病，让朝臣迫不及待地为仁宗的私生活套上紧箍咒。

仁宗小时候嘴馋，最爱吃螃蟹。螃蟹是美味佳肴，"螃蟹上席百味淡"，而且其具有补骨滋阴的功效，营养价值很高。但任何事情都要把握好度，过量食用就有害无益了。刘太后担心他的身体，下令"虾蟹海物不得禁御"，所有海鲜都不能送进宫中。仁宗吃不到螃蟹，就求身边宫女太监偷偷去外面买，可宫女太监知道真正当家的是太后，担心受罚，只好抗命不遵。仁宗是杨太妃抚养大的，杨太妃对他感情最深，心也软，说："不能这么狠心虐待我家宝贝！"经常私藏一些螃蟹，偷偷让仁宗吃。

吃螃蟹太多，时间长了，仁宗生出一种"风痰之症"。这种病犯的时候，头晕眼花、口眼涡斜、四肢麻木、胁肋胀痛、咳嗽吐痰，还经常便秘，其实就是西医上说的脑血管痉挛。

景祐元年（1034）八月，宋仁宗的风痰之症发作，整个人躺在那里，像个植物人一样，不会说话，不能动弹。这一来吓坏了朝廷宫中所有人。紧急传唤太医，但那时的医疗水平，太医根本不知道这是什么病，更不用说治疗了。满朝文武束手无策。这时，仁宗的姑姑、太宗的第八个女儿魏国大公主听说一位叫许希的医生医术高明，就推荐他来治疗。许希经过一番望闻问切，认为只有针灸才能治疗，下针之处在心脏偏下部位。虽然许希言之凿凿，但心脏乃人身要害，万一有个闪失，罪莫大焉，因此没有人敢拍板。一时间对仁宗的诊治又陷入僵局。

最后，还是魏国大公主敢于担当，愿意以性命担保。同时为打消大家的顾虑，先在一位小太监身上试针。大家本来没有主意，既然有人愿意担当，就试试吧。

小太监试针后，活蹦乱跳，没有任何不良反应，这才对仁宗针灸。

针灸的疗效还真不错，仁宗皇帝就慢慢地醒了过来，并且没有留下眼歪口斜、半身不遂这样的后遗症。

自然，许希获得丰厚的赏赐，被任命为翰林医官，赐金银珠宝无数。许希用这些赏赐在汴京城西修建"扁鹊庙"，他亲自在庙里收徒弟教授针灸。后来，扁鹊庙名声越来越大，朝廷干脆把太医局也搬到扁鹊庙旁，蹭许希的热度。

病虽然好了，但朝臣们有了清除尚、杨两位美人的借口。左司谏滕宗谅上疏，形容皇帝上朝无精打采，神情疲惫，处理事务心不在焉。他把皇帝的病因指向酒色失度，规劝皇帝注意身体，远离内宠。

这位滕宗谅听起来陌生，说起他的字子京，读者都耳熟能详。滕子京在庆历年间被范仲淹写进《岳阳楼记》，从而被后人熟知。

有了废后的教训，朝臣们知道仅凭上疏解决不了问题。他们搬出了宫中老资格的杨太后。这杨太后就是刘太后的好姐妹杨太妃，自小抚养仁宗，仁宗喊她"小娘娘"。刘太后去世后，杨太妃被尊为太后。杨太后找到仁宗，劝他将二美人遣出宫去，以堵塞朝臣百姓之口。仁宗正宠爱着二人，因此犹豫不决。

最后一根稻草来自太监阎文应。阎文应利用仁宗身边人的职务优势，整日在仁宗耳边规劝。仁宗虽然厌烦，但若惩罚阎文应，朝堂难免又要有一场地震，因此无可奈何。有一次，仁宗实在不胜其烦，随口说一句："你看着办吧。"阎文应得了这个"圣旨"，深恐仁宗反悔，马上叫来两辆毡车，到尚、杨二美人住处，要求立即搬出宫中。二人毫无思想准备，突发变故，不敢相信是皇上旨意，哭哭啼啼要求面见皇上求证。阎文应破口大骂："你们现在就是一宫婢，有什么资格讨价还价！"命人强行将二人载出宫外。

无论外官，还是内侍，对仁宗纵情酒色皆有不满。这时的仁宗皇帝，连自己心爱的两位女人也保护不了。

大宋王朝，皇帝与士大夫共治天下，分权给了朝臣，只好委屈自己的女人。

第三章
天下才俊皆入门下

天下士子皆入彀中

新君新气象。宋仁宗虽然不是新君,但初掌政权,渴望万象更新,于是下令明年更改年号"景祐"。景者大也,祐者天神佐命。仁宗希望在自己手上,能开创出前无古人的大业。

宋以文人治国,朝廷中一干大臣几乎全是文臣,文臣的需求量很大。这么多文臣从哪里来?私相授受不能保证质量,推举引荐也不靠谱,好在隋唐王朝已经为后世探索出现成的道路,那就是科举。

科举源于隋代,正规实施则到了唐代。所谓科举,一句话概括就是通过考试发现人才。今天听起来,这是理所当然的事情。但在隋代之前,做官看门第,如果不是世家豪族,即使学富五车,有安邦定国之才,也很难获得一官半职,进入帝国的管理层,被上流社会认可。所以科举开通了平民百姓的上升通道,对于改善官吏结构、挖掘人才资源,具有革命性意义。据说唐太宗私下来到考试的地方,看到举子们鱼贯而出,得意地说:"天下英雄入吾彀中矣。"意思是天下英雄都被网罗到皇家的麾下。宋代实行士大夫政治,借用过来可以说"天下士子皆入彀中"。

唐代科举规模很小,每科也只取几人、十几人,最多不过二三十人。即使这二三十人,还可以公开走后门,被举荐。当时有个专有名词叫"干谒",指考前托关系找权贵,请求主考老师录取。因此唐代的科举,很多时候只是应景,并没有成为官吏选拔的主流。

宋代格外重视科举,正常情况下,三年一考,每次录取几百人。考试分各地州试、礼部省试、皇帝殿试三级,采取措施防止徇私舞弊,经过摸索,形成了一整套科举制度。无论是寒门士子,还是农桑人家,均有机会出入庙堂。"朝为田舍郎,暮登天子堂",从梦想成为现实。

景祐元年(1034),迎来了仁宗亲政后第一次开科,这无疑是国家和读书人的盛事。

第三章 天下才俊皆入门下

正月，仁宗任命翰林学士章得象知贡举，任主考官，郑向、胥偃、李淑、宋庠同知贡举，为考官，开始了规模宏大的礼部省试。御史史蒋堂、石正言、滕宗谅、杨偕，直史馆张子皋，集贤校理陈商，直集贤院王举正、韩琦，崇文院检讨王宗道等一干大臣，也参与了考试工作。他们或复试，或封卷，或监督，分工详细，组织严密。

十六日，省试正式开始。各州解送州试中选拔出来的举子们到礼部指定的贡院参加考试。北宋的贡院在汴京朱雀门外大街东侧，里面的考场并不像明清时的单人单间，从宋朝人画的科举图中可以看到，主考官坐在大殿之中，殿前左右排开桌椅，相互留有充分的间隔，一个考生一张桌椅，在考官的监督下集中考试。考生进入前，先搜身，防止夹带。搜身极为严格，有些考生将参考资料写在衣服上、皮肤上，所以搜身时，还要检查衣服和身体，发现有舞弊嫌疑，一律取消考试。

省试并不像后人想象的那样，写一篇文章了事，而是分科多场考试。这一年考试的科目有诗、赋、策、论、经等，这些科目连考三天，中间吃住在贡院，不得与外界接触，称"锁院"。

举子们答完考题，工作人员将试卷的姓名用纸糊住，换成他们随机确定的编号，这个过程称为"糊名"。糊名完毕，由专门人员将考生试卷一一誊录，为的是防止阅卷考官从笔迹上认出考生，或者考生在试卷上做暗语。

经过考官们认真审阅，将各份卷纸打上分数，最后对照编号和姓名，考生们终于有了成绩。一道道工序下来，已经是二月初了。

这天，章得象、郑向等一班知贡举觐见仁宗，跪拜行礼过，将半个多月来考试情况进行汇报，最后呈上考生的成绩单。仁宗见几大张陌生的名字和冷冰冰的成绩，懒得细看，问诸人："这届春闱，有没有知名的才子？"

众人听后，愣了一下，显然没有想到皇上会问这样的问题。章得象是主考，见大家都不吭声，只好接话："太宗皇帝朝参知政事苏易简之孙，进入榜单。"苏易简不仅官至参知政事，而且曾是进士第一，高中状元,后来还担任过知贡举,大凡有心科举的士子无人不知。仁宗稍微来了点兴趣,问:"叫什么名字?"

章得象小心翼翼地回道:"叫舜钦,字子美。受陛下恩惠,得祖上荫庇,现为荥阳县尉。"

原来,宋代对官宦子弟格外开恩,他们的子弟不用参加科举,也有可能被授官,只是这种途径进入仕途,不受重视,起点低,升迁慢。

"哦,这人怎么样?"仁宗问。

"苏公子二十又七,正风华茂年,相貌端正,仪表堂堂。"章得象顿了顿,见仁宗不语,只好继续往下说,"这苏公子诗文俱佳,举止洒脱,不拘常格……"

章得象话没说完,仁宗打断他说:"有什么好诗,读来听听。"仁宗是好文爱诗的皇帝,想品评一下这位新晋贡士的诗作。

"记得苏公子有一首描写夏景的诗别有风味:'别院深深夏簟清,石榴开遍透帘明。树阴满地日当午,梦觉流莺时一声'。"

"嗯,轻巧空灵,不错。"仁宗赞道。然后他看了看考官们递上来的考生成绩单,前几名并没有苏舜钦的名字,便问何故。

"苏公子虽然诗文俱佳,但所作文章,以韩愈为师,古朴简拙,可能影响了成绩。"章得象见皇上有不满之意,不免战战兢兢。

"唉!"宋仁宗叹了口气,说,"本朝以来,诗文以浮艳绮丽为美,卖弄炫耀,言而无物。先帝曾多次斥责,汝等却冥顽不化!"皇帝很少说这样的重话,下面的人都不敢做声。仁宗又继续说道:"本朝以诗赋策论取士,就是要寻求安邦定国之才,因此诗文要重道致用,教化牧民。"

众人唯诺。

仁宗又问:"还有哪些才俊?官宦子弟就不要说了,那些诗文成名的报上来。"

众人面面相觑,不知说出来会不会挨皇上训斥。最后滕宗谅大着胆子说:"有一举子,姓柳名永,字耆卿,原名三变,也在这一科。"

"可是'凡有井水处,皆能歌柳词'的柳七?"柳永因在家族中排行第七,因此仁宗这样称呼他。

"正是。此子放浪无状,从先皇大中祥符二年(1009)就开始科举,没有得中,遂作词曰'忍把浮名,换了浅斟低唱!'其专心填词,所作多淫秽俚俗,为士大夫不齿。"知贡举郑义争先答道。

"耆卿词确实艳丽浮靡,不过有些词还是不错的,朕甚爱他的'今宵酒醒何处,杨柳岸,晓风残月'。诸位爱卿还是以平常心对待他吧。"

考官最怕录取的士子不合皇帝意愿。仁宗认可了这份名单,大家终于松了口气。

得意处又听舒心曲

第二日,朝廷在礼部贡院前公布省试成绩,进入下一步殿试的有六百多人。

仁宗所引"今宵酒醒何处,杨柳岸,晓风残月"出自柳永一首《雨霖铃》,这是柳永一次科举失意后,离开汴京,辞别情人所作。词曰:

寒蝉凄切,对长亭晚,骤雨初歇。都门帐饮无绪,留恋处,兰舟催发。执手相看泪眼,竟无语凝噎。念去去,千里烟波,暮霭沉沉楚天阔。

多情自古伤离别,更那堪,冷落清秋节。今宵酒醒何处?杨柳岸,晓风残月。此去经年,应是良辰好景虚设。便纵有千种风情,更与何人说。

孟秋之月,寒蝉凄切。词人与情人离别在运河口岸,坐船南向。二人依依不舍,泪眼相看,不忍放手。他们呢喃细语,今宵一别,等一觉醒来,船不知停泊在何处。那时,唯有岸边杨柳,江上明月,天外晓风,与君孤独相伴。此情此景，黯然销魂，更与何人说！

　　仁宗和诸考官在议论柳永的时候，柳永的心也正在忐忑不安中。他第一次赶考时，踌躇满志，自信"定然魁甲登高第"，结果名落孙山，对他无疑是一盆冷水浇在头上，彻底浇灭了他的自负。此后，他和二哥三接一起，又经历三次落第，一晃二十多年，如今还在科举的路上苦苦挣扎。今年，他四十八岁，将近半百，在当时寿命普遍比较短的情况下，算是到了暮年。这是他最后一搏，人生是珠袍锦带，还是白衣终老，即刻就见分晓。

　　当他得知自己过了省试，稍微松了口气。省试是最重要的一关，殿试淘汰名额有限，进入省试意味着一只脚已经踏入仕途。他的二哥柳三接，虽然没有过关，但皇上格外开恩，对于多次考试未中的举子，另造册上奏，也参加殿试，叫特奏名。柳三接在特奏名之列，意味着也可以谋得一官半职。

　　这天晚上，三接提议，焦虑了这么多天，出去放松一下。柳永是青楼酒肆常客，这一段忙着应试，好久没有光顾，听到三接提议，连声说好。等到天色向晚，二人到街上欢庆祝贺。

　　唐代之前，中国城市是没有夜生活的。商店不准营业，市民不准上街，称为夜禁。治安人员如果发现人们晚上饮酒、行走，立刻逮捕惩处。汉末曹操曾任洛阳北部尉，叫工匠做五色棒，放在衙门门口，棒打违禁者。有一次，宫中太监蹇硕的叔父夜间在街道上行走，竟被五色棒打死。到了宋代，夜禁取消，中国人才真正有了夜生活。

　　汴京是当时世界上最繁华的城市，商店摊铺鳞次栉比，勾栏瓦肆随处可见。白天，这里有饮食、服装、果蔬、河鲜、肉禽、珍玩等，凡市民所需，应有尽有；又有杂耍、影戏、说书、杂剧、货药、卖卦、理发、赌博等，好不热闹。夜晚，汴京大街灯烛荧煌，上下相照，依然马如游龙车如水，人来人往，摩肩接踵，好一个不夜城。晚上的好去处，大多为青楼酒肆，听歌的、唱曲的、喝酒的、划拳的，灯火通明，通宵达旦。

第三章 天下才俊皆入门下

柳永兄弟的最爱处是青楼。宋代的青楼，不同于妓院，更像现在的夜总会。里面有歌伎、舞女、老鸨，但大都卖艺不卖身，当然也有兼顾两种营生的。而且，宋代的歌伎就是顶级艺术家，文人作词，不是让人看的，而是让人听的，演唱这些词的，就是活跃于青楼或私人宴会上的色艺俱佳的歌伎。

柳永及第前，是历史上第一位专业词作者，跟歌伎有着天然联系，他又生性风流，自然是青楼常客。

柳永兄弟来到汴京最有名的青楼——"彩楼欢"，这座楼三层高，一楼是前台和吃饭喝酒的地方，二楼是喝酒听曲的地方，三楼是和妓女单独约会的地方。柳永兄弟跟这里的前台很熟，打了个招呼，就直接上了二楼。

二楼今天人格外多，三五一伙围坐在桌子旁，嗑着瓜子，吃着点心，听着台上一位妙龄女子咿咿呀呀地唱。台上台下，挂着无数纱罩的宫灯，将整个楼层映照得灯火通明。柳永拉着三接坐到灯光最暗的一个角落。三接不满地说："以前兄弟总是坐在离舞台最近的地方，听歌伎唱自己写的曲子，给她们喝彩，兴致来时，现场填写新曲。今天是怎么了，坐到旮旯角？"柳永小声嘘道："你看今天来听曲的，大都贡士举子，一定是听到榜上有名，来这里放纵一回。来的好多青年才俊，正在兴头，咱们皓首穷经，才过了省试，还是低调点好，省得惹上麻烦。"三接这才注意到，今天听曲的，果然都是考场上似曾相识的。

坐定，只听台上唱道：

意中有个人，芳颜二八。天然俏，自来奸黠。最奇绝。是笑时，媚靥深深，百态千娇，再三偎著，再三香滑。

正是柳永的一首《小镇西》。三接打趣道："这青楼无有一日不唱兄弟的曲子。"

柳永一生最自得的，就是青楼遍唱耆卿词，最失落的，就是五十始登高第门。今日得意处又听舒心曲，自然喜不自胜。

《汉书》下酒苏子美

柳永日常浪迹青楼，对歌舞词曲本已司空见惯，但今天感觉格外不同，顿时心情振奋，意趣盎然。

正得意时，忽听台下有人喊道："这词污言秽语，格调卑下，觚觫从俗。今天不要唱柳七的词了。"

三接听了，气不打一处来，正要站起来理辩，只见一位公子已然起身，说道："兄台此言差矣。耆卿之词，虽有艳俗，但音律谐婉，语意妥帖，承平气象，自成一格。放眼当今，能够比肩的不过三五人而已。"

听了这话，刚才说话人的同桌腾地站了起来："足下笑话我们不懂词吗？"他指着刚才发言的那位："你可知这位兄台是这次淡墨榜上诗赋第一杨谔杨公直吗？"

省试放榜，称淡墨榜。有一年放榜，写榜的人喝醉了，忘记着墨，"礼部贡院"四字浓淡不均。后来沿袭下来，故意为之，因此叫淡墨榜。

只听替柳永辩解的公子放声笑道："不就是'草不惊皇辙，山能护帝舆'的杨谔吗？我看叫杨诺还差不多。"他引用的是杨谔诗句，讽刺杨谔善于说恭维话，与名字不符。

对面杨谔哪里受过这样的气，大怒问道："你何人，敢如此不恭？"

只听这位公子朗声道："大丈夫行不更名，坐不改姓，本人姓苏，名舜钦。"

柳永放眼望去，只见这位公子身材挺拔，气度不凡，暗暗赞道："人们传言苏子美不避流俗，放浪不羁，果然名不虚传。"

台下更是一片惊讶之声，有人高喊：原来这就是传说中"《汉书》下酒"的苏子美呀！

苏舜钦《汉书》下酒的故事流传甚广，朝野几乎无人不知。苏舜钦喜欢饮酒，酒量很好，经常"放歌金马居常醉"。有一段时间，他住在岳父杜衍家，晚上边读书边饮酒，每天一斗。杜衍想想不对劲，一个晚上一人怎么能饮一斗酒？这到底是在读书还是在请客？他派人前去偷偷观察。当晚苏舜钦在读《汉书·张良传》，只见他读到张良行刺秦始皇时，大为兴奋，不由得喝了一大碗酒。力士抛出大铁椎，没有砸中秦始皇的车，苏舜钦拍着书桌惋惜不已，又斟满一杯喝了下去。等到张良相遇刘邦，苏舜钦激动起来，说："君臣相遇，终于有了用武之地！"又喝下一大杯。第二天，下人将苏舜钦读书饮酒的情况告诉杜衍，杜衍大笑说："有这样的好书佐酒，一斗不算多！"《汉书》下酒"被传为美谈，被后世写进《桃花扇》等名著中。

虽然同为考生，苏舜钦乃官宦之后，任着现职，名气又大，杨谔先矮了半截，但面子上不好下台，只好说："考中状元才是真本事。"

周围人纷纷打圆场。这时，台上一位姐儿喊道："公子们都消消气，下面本楼当家红角儿、汴京三大名妓谢香儿出台献艺。"下面的人当时被谢香儿的名头镇住了，果然停止了争吵。姐儿又说："今天谢香儿不唱柳公子曲，也不唱晏大人曲，现场都是本科才子，大家当场作词，哪位先写成，就唱他的曲。最后咱们华山论剑，词作最佳者，今晚可与香姐姐共度良宵。"

话音未落，下面已经欢呼满堂。

三接悄声对柳永说："这正是兄弟强项，今晚非你莫属。"柳永笑了笑，说："咱们不凑这个热闹，走吧。"原来，歌伎们皆以认识柳永为荣，常人对谢香儿难亲芳泽，柳永出入她闺房却是家常便饭，因此不似他人这般雀跃。

回到家里，柳永跟二哥商议，殿试虽然录用比例高，但也不可大意，这一段时间还是安安生生在家温习功课为好。

转眼又过了一个多月，三月十八日是殿试的日子。这天，天气晴朗，惠风和畅，阳光中带着喜庆的味道。京师汴梁从达官贵人到街头小贩，都被即将到来的殿试牵动着话题。有预测结果的，有点评人物的，有收集奇闻趣事的，好不热闹。国人爱八卦，宋人亦然。不过那时八卦的对象不是影视明星，而是文章魁首。

举子们在东华门外排好队伍。礼部官员认真地搜身检查，防止夹带，防止藏有短刀利刃。检查过的举子，在引导下鱼贯入宫。举子们第一次进入大内，个个紧张地低头疾行，不敢四处张望，生怕被治个不敬之罪。走过紫宸殿、文德殿、垂拱殿、皇仪殿，进入集英殿，但见大殿两旁整齐地摆放着桌凳，桌凳上贴有举子们的牌号与姓名。因为是皇帝亲试，所以不需要糊名和誊录，除了不准夹带和抄袭，一切都在公开进行。大家对号入座，等候皇帝进入集英殿的后殿崇政殿，亲自主持考试。

仁宗皇帝今天也格外高兴，一大早就神采奕奕地审阅礼部递过来的名单。等待举子们入场完毕，方在内侍的簇拥下来到崇政殿。落座后，礼部侍郎盛度等三十六名考官向皇帝跪拜请安。盛度身宽体胖，跪拜之后挣扎半天才从地上起来，引得仁宗和左右官员、内侍心中窃笑。等盛度艰难起身，站立两旁，才宣布考试开始，并向举子们出示考题。

这次殿试的考题为"房心为明堂赋""和气致祥诗""积善成德论"。第一篇考文章，第二篇考诗歌，第三篇考策论，是宋朝科举的既定规矩。其中赋的题目稍微隐晦，房心是二十八宿中的两颗星，为房宿和心宿，过去用房心象征帝王宣明政德的明堂。这篇赋，无疑是让举子们为皇帝歌功颂德。诗歌考处世态度，策论考人品道德，都是宣扬儒家教义，也是古代社会的治国方略。

仁宗名为主考，但六百多位考生，近两千份试卷，难以一一亲阅，先任命盛度等三十六名考官，初阅试卷，拿出意见，将上等试卷呈递皇帝，皇帝再仔细斟酌，亲自排出名次。皇帝一般会尊重考官意见，按试卷优劣确定头名状元、第二名榜眼和第三名探花，以及一等称进士及第、二等称进士出身、三等赐同进士出身。当然也有例外,有些还富有戏剧性,传为趣谈。如天圣二年科举,一对儿亲兄弟蟾宫折桂,宋祁拟为第一,宋庠拟为第三,报到太后刘娥审阅,刘娥认为宋祁为弟,宋庠为兄,弟居兄前,有损伦常,因此将宋庠定为状元,宋祁定为第十名。

这样的趣事属于特例,景祐科考一切如常,殿试成绩确定后,单等择日公布名次。

宝鞍骄马骤香尘

殿试过后第六天放出成绩,叫作传胪唱名。

三月二十四日,是举子们最为忐忑的日子。这一天他们重新集聚在集英殿,等候宣读名次,决定他们是金榜题名还是名落孙山。虽然大多数人预测,这次状元或许是苏舜钦,或许是杨谔,但心里还是默默祈祷,希望听到的第一个名字是自己。

结果出乎大家预料。这一榜的状元张唐卿,榜眼杨察,探花徐绶。这三个人,虽然文思敏捷,但都没有太高建树,后世名气不大。其中张唐卿三年后即早逝,颇为可惜。只有杨察《宋史》有传。

冠军或许昙花一现,能否成为明星,还要看以后作为。

依据成绩高低,进士分为三等,称三甲。苏舜钦成绩不错,在二甲之内。柳永稍差,但也进入了三甲,不过这是预料之中的,连续四次落榜,让他对名次不敢有太大企求。至于杨谔,柳永已无心去听他的名次了。

进士座次排定,下一步就是披红挂绿,跨马游街。这是进士的荣耀,皇家也借此在社会上营造"万般皆下品,唯有读书高"的氛围,让更多人才"入我彀中"。

仁宗亲自下诏,以皇家卫队金吾卫七匹大马引导,其后有侍卫列队举旗,鸣锣开道。然后依次是新晋状元、榜眼、探花,以及二甲、三甲等诸进士,个个骑马挂花,锦绣鞍鞯,兴高采烈,意气风发。唐代诗人孟郊考中进士后,写跨马游街的感受,说"春风得意马蹄疾,一日看尽长安花",写不尽其中的欣喜和荣耀。洛阳人尹洙是天圣二年的进士,对当时的心情体验得特别真切。他说:"状元登第,虽将兵数十万,恢复幽蓟,逐强虏于穷漠,凯歌劳还,献捷太庙,其荣亦不可及也。"幽州蓟州等燕云十六州,五代时被辽国占领,自此中原失去北方屏障。北宋朝廷做梦都想收复幽蓟。尹洙认为做状元比带兵收服幽蓟更荣耀,可见当时其酣畅痛快的心情。

汴京城万人空巷,老百姓放下手中的生意和活计,从各处涌上街头,对进士们指指点点,议论纷纷,品头论足。那神情,个个羡慕不已。更有富家官绅小姐,专门租住临街阁楼,在那窗帘之后尽情窥视,在新科进士中寻觅心仪之人。特别是这科的状元张唐卿,榜眼杨察,探花徐绶,都是二十多岁的少年才俊,仪表伟岸,相貌堂堂,不知赢得了多少芳心。

跨马游街的第二日,依然热闹非凡。因为进士们要在这一天书壁题名。

唐代,都城西安有大雁塔,位于慈恩寺内。唐中宗时,新科进士游慈恩寺,进士张莒一时兴起,将名字题在大雁塔下。此后,进士纷纷效仿。比如白居易二十七岁中第,按捺不住喜悦的心情,写下"慈恩塔下题名处,十七人中最少年"的诗句。到了宋代,汴京没有大雁塔,但雁塔题名的风俗依然保留,进士们一般将名字题在汴京城内最著名的大相国寺里。

苏舜钦从小生活在汴京,见惯了大场面,大家热闹的时候,他提前结束游街,打道回府,享受个人空间去了。

柳永由于进士名次靠后,不好造次,大相国寺题名没有轮着。回到家后,心有不甘,当夜自度一曲,名曰《柳初新》,暗合进士新科之意,然后填上词,曰:

东郊向晓星杓亚。报帝里、春来也。柳抬烟眼,花匀露脸,渐觉绿娇红姹。妆点层台芳榭。运神功、丹青无价。

> 别有尧阶试罢。新郎君、成行如画。杏园风细，桃花浪暖，竞喜羽迁鳞化。遍九阳、相将游冶。骤香尘、宝鞍骄马。

上阕写景，写柳，写花，写亭台楼榭，姹紫嫣红。这些景，既是汴京初春之景，也是进士几天游冶眼中之景。一切都是欣欣然、刚张开眼的样子，朝气蓬勃、万象更新的样子。

下阕写进士们游冶的情形。新郎君指新科进士。他们成行有序地游赏花园和京城各个地方，宝鞍骄马，所过之处，飞起尘土，"踏花归去马蹄香"，尘土中洋溢着喜悦的气息。

整首词用语极其唯美，柳永这位科场老人，终于得以扬眉吐气。

热热闹闹大半个月，四月十八日，又是一个大日子。这天，朝廷宣布各位进士官职和去向。宋朝官和职分离，一个官员有官位，又有职位，官位代表级别和俸禄，并不实际到任，职位被称为差遣，是实际担任的职务。

进士中的前三名被差遣为州的通判，以下根据名次不同，各授予签判、知县、推官等职。状元张唐卿任将作监丞、差遣通判陕州，苏舜钦为蒙城（今属安徽）县令，柳永名次更靠后，仅被差遣为睦州推官。

宋朝官员待遇丰厚，无论官位高低，至少可以保证丰衣足食。对于张唐卿、苏舜钦这样有志向的年轻人，现在的官职只是个起点，"一举首登龙虎榜，十年身到凤凰池"才是他们的愿景。而柳永已至暮年，只求生活有着落而已。

皇家举办的最后一场热闹，是皇帝赐宴，与进士同乐。自唐代起，每次放榜后，皇帝都要宴请进士。唐代安排在西安城南的曲江池边，因此叫曲江赐宴。宋代则安排在琼林苑。琼林苑位于汴京城西，是皇家花园。琼林宴这天，进士们身着蓝袍，头戴乌纱，乌纱帽展角两端系上皂纱垂带。他们在张唐卿带领下，早早来到园子里。园子里早已戒备森严。等到一切就绪，仁宗皇帝在宰执、翰林学士、馆阁官员簇拥下，来到主殿宝津楼坐定，上千名进士在下面黑压压跪倒一片，三呼万岁，感谢隆恩。

宴会前，仁宗皇帝赐给新科状元张唐卿诗与箴各一，无非是鼓励与警戒的话。赐诗与箴，犹如颁奖，顿时雅乐高奏，钟鼓齐鸣，由内侍捧着皇帝的诗与箴恭恭敬敬地送到张唐卿手中。

接着由官员致贺词。直集贤院韩琦以一首《张唐卿状元通判陕府》诗祝贺，诗曰：

发策无双动紫宸，班条新贰两朱轮。
官宬仙桂天香重，蔽芾甘棠俗化醇。
驷马同荣归蜀道，二龙齐跃出云津。
前期丹禁徊翔地，凤沼波平药树春。

诗无非是赞扬张唐卿考试成绩好，受到皇上器重，将来前途无量。都是场面上的客套话，并无新意。韩琦，字稚圭，是天圣五年（1027）进士第二名。张唐卿十七岁时，曾经拿着诗文拜谒韩琦，韩琦很欣赏他的才华。如今爱徒高中状元，这些客套话里又饱含着真情。

接着，直史馆宋庠也吟诵了他送给张唐卿的贺诗《送将作监丞张唐卿通判陕州》：

春风秘殿醫华芝，亲见枚皋作赋时。
秀色并开棠树萼，隽科先赏桂林枝。
汉邮给传蕃恩告，蜀醑浮觞荐寿祺。
几日陕郊迎郡副，车前悬弩杂军麾。

宋庠是天圣二年（1024）状元，曾经享受过与张唐卿同样的荣耀，由他作典型发言，更具代表性。

官员们向状元进士们念完贺诗，宰相高声向皇帝道喜："官家得人矣!"仁宗也颇为得意,回道:"此乃万民之福!"群臣倒地跪拜,三呼万岁。

这些烦琐的程序进行完毕,宴会开始。以张唐卿为代表的进士们,照例要向仁宗皇帝敬酒,然后按官秩一一互敬。仁宗高兴,进士们更是激动,不由得大家都多喝了几杯,直闹腾到天昏地黑。

有皇帝请客在先,宰执们也不甘落后,轮番宴请进士们。当时首相还是李迪,在李迪府宅,苏舜钦酒醉耳酣,作《及第后与同年宴李丞相宅》,诗中写道:

十年学文苦,出语背时向。策力不自知,艺圃辄掉鞅。薄枝遭休明,一第君所唱。拔身泥滓底,飘迹云霄上。气和朝言甘,梦好夕魂狂……

比起柳永这样屡败屡战的科场老将,苏舜钦一考而中,二人心情有微妙的差别。苏舜钦的欣喜之中,有不可一世的张扬,有出人头地的优越,有小鸟冲出牢笼的不知所措,更有踌躇满志的憧憬。

这些等待赴任的进士们坚信,大宋的历史上,将写下他们辉煌的一页。尽管真正青史留名的寥寥无几。

第四章

文人的风雅盛事

皇家的文化沙龙

琼林宴罢，进士们陆陆续续上路赴任。汴京是水路交通枢纽，远行一般坐船。柳永所去的睦州，属两浙路，治所建德县（今属浙江省），距汴京两千多里。

柳永心情愉悦，除了终于功成名就，还有个原因，就是范仲淹此时被贬在睦州。范仲淹道德文章都堪为楷模，柳永对他十分崇敬。马上有机会同衙共事，想想都十分激动。

两千里道路漫漫，等柳永到达睦州，已是五月下旬。遗憾的是，此时范仲淹被改知苏州，刚刚离开。这样诗词圣手与文坛领袖就这样擦肩而过。

新接替睦州知府叫吕蔚。吕蔚是北宋初期名相吕端之子。宋太宗赵炅曾赞吕端"大事不糊涂"。赵炅病重时，内侍王继恩与太宗皇后李氏谋立楚王赵元佐，废除太子赵恒。吕端入宫问疾时，见太宗身边只有李皇后和王继恩，太子赵恒不在。他敏锐地觉察到情况有变。不多时，太宗驾崩，王继恩来向吕端报信，吕端将王继恩锁在屋中，派人看守，挫败了王继恩的政变图谋。这样，宋真宗才得以即位。

吕蔚虽是名相之后，却没有父亲的胆魄，反而生就一副文艺心肠。他对柳永词爱不释手，是柳永的忠实粉丝。现在柳永来到睦州，对于吕蔚来说是个意外惊喜。柳永到任仅仅一个月，吕蔚就迫不及待地上疏，推荐提拔柳永。

荐书呈送到朝廷，侍御史知杂事郭劝向仁宗进言："柳永上任才一个月，还没有显现出政绩，吕蔚就着急推荐他，这不是出于公心。"仁宗说了句"胡闹"，将吕蔚的荐书扔到了一边。

柳永这样的小官难以受到仁宗足够的关注。亲政伊始，许多大事等着他做。

第四章 文人的风雅盛事

宋朝以文为荣,官员心慕高知,皇家也分外注重文化建设。宋太祖赵匡胤充实官府藏书,三馆(史馆、昭文馆、集贤院)图书从一万多卷增加到八万多卷。宋太宗赵炅组织人员编纂大型类书《太平御览》和《太平广记》,规定每天看二至三卷,有人劝他不要太劳苦,他说:"开卷有益,朕不以为劳也。"这也是成语"开卷有益"的由来。赵炅爱好书法,擅长草、隶、行、篆、八分、飞白六种字体,当时货币上的刻字由赵炅亲自题写。宋真宗赵恒好诗词、书法,有诗集存世。

到了仁宗皇帝,继承父祖,雅好诗文书画,对艺术有着异乎寻常的兴趣,并且有出类拔萃的造诣。他能书善画,尤其书法,堪称大家。欧阳修晚年著作《归田录》回忆说:"仁宗万机之暇,无所玩好,惟亲翰墨,而飞白尤为神妙。"飞白是书法上的一种笔法,据传为汉末蔡邕所创,笔画细微处宛如游丝,飘逸处其势若飞,是公认的书法中最难的笔法。

古代皇帝为了明经文、通历史,经常请当世大儒进行讲学,称为经筵。经筵起源于汉唐,皇帝特设御前讲席与大臣讲经论史,但一直没有固定制度,全看帝王个人喜好和人文素养。宋朝自太宗始设经筵,真宗专门设翰林侍读学士、侍讲学士,掌管经筵的进读、讲解、应对事项。同时,真宗完善了经筵制度,规定双日御经筵,隔天开一次。

仁宗继承了前任经筵制度,并且完善了经筵体系,设置"崇政殿说书""天章阁侍读"等经筵官,宰相、史官、御史等都要参加经筵。仁宗还特意诏令建造两座宫殿,专门用于讲经设筵,一座叫迩英阁,取接近英才的意思,另一座叫延义阁,取聘请俊杰的意思。仁宗亲自书写一幅《尚书·无逸篇》,制作成屏风悬挂在殿阁中央。《无逸篇》传说为周公所作,目的是告诫周成王以殷商亡国为鉴,不能贪图安逸,要居安思危,要勤政奋进。《无逸篇》是历代君王的励志铭和行为准则,仁宗书挂《无逸篇》,表明自己希望当明君贤君的志向,也刚好般配经筵教学的氛围。

最初,仁宗喜欢驾御延义阁,后来使用迩英阁比较多。第一次在延义阁开讲时，仁宗早早驾临，一帮辅臣也随后赶到。大家简单行过见面礼，仁宗就招呼大家坐下。他和辅臣手捧经文书卷，面前放一杯清茶，几颗点心，像个小学生一样端坐下面。因为读经讲筵，皇帝不是老师，是学生，饱读诗书的大儒才是老师，才有资格站在讲台上。经筵分史、经两部分，第一讲由盛度讲史，读的是《唐书》。《唐书》是五代后晋刘昫、张昭远等编纂的纪传体史书，记载了唐朝自高祖至哀帝二百九十年的历史。后仁宗任命宋祁、欧阳修等重新编纂《新唐书》，五代的《唐书》便称为《旧唐书》。盛度是真宗朝进士，好学，家中藏有很多图书，每日手不释卷。盛度还特别精通地理，真宗曾向他询问西域地理形势，盛度不但介绍详细，对答如流，而且还手绘《河西陇右图》，标明山川、道路、壁垒、区聚，真宗对他赞不绝口，称其博学，并诏命其参与编写《续通典》《文苑英华》等书。第二讲由贾昌朝讲经，内容是《春秋》。《春秋》为孔子所编，是儒家经典，也是历代皇帝的必修课。贾昌朝博学善论，对"四书五经"研究尤深，是朝中有名的大儒。贾昌朝不但讲读，而且还跟"学生们"互动，就一些问题进行提问，仁宗和辅臣争先恐后应对，或者就老师的讲题进行研讨切磋，有讨论，有争议，时而温文尔雅，时而面红耳赤，仁宗也不认为失身份、掉身价，反而很享受这样的过程。

仁宗还更改经筵制度，由双日经筵变为每日经筵，几乎每天朝毕都要驾御迩英阁、延义阁开讲经筵，即使寒冬酷暑也不中断。盛夏之时，仁宗坐在迩英阁里，也不带扇子，左右侍从用拂子为其驱赶蚊蝇。冬天则在殿的一角放个小炉子，以御寒冷。这里或温馨，或欢愉，或热烈，充满着浓郁的学术氛围和帝国朝气蓬勃的进取精神，是当时最高端的学术沙龙。

自仁宗起，北宋的皇帝一般都在迩英、延义二阁经筵，或者一天一讲，或者两日一讲，几成定制。

除了经筵，仁宗还收集、整理诗文礼乐，充实了"三馆一阁"。

太宗赵炅时，修建崇文院，院内又分三馆一阁。三馆指昭文馆、史馆、集贤院，一阁是秘阁，都是藏书的地方，属国家级图书馆。三馆秘阁中，配备大量官员，管理图书、校对版本、收集散佚，同时也读书深造。这些馆阁官员，大多为儒学大家、文化专员，他们也是宰执队伍的后备人选。如神童晏殊，十四岁赐同进士出身，被安排在秘阁深造，明道年间已经成为参知政事。范仲淹也曾任秘阁校理。李迪曾任直史馆。

悲哀的是，真宗朝发生一场大火，将崇文馆、秘阁中珍藏图书燃烧殆尽，帝国的文化事业遭受重创。现在，仁宗抽出空闲，决定恢复已烧毁的图书，他召集馆阁官员，要求重修经史子集，广泛收集图书，充实馆阁。

收集整理图书是一件浩瀚繁杂的工作。先秦一部《诗经》，跨越六百多年，大量官员到民间采风，才得以汇集诗三百篇。宋代管理体制、交通运输、科学技术都有长足发展，但这项工作，倾全国之力，也历时一年有余。其中整理、校勘经、史八千四百三十五卷，子、集一万二千余卷，三馆秘阁藏书比过去丰富多了。嘉祐五年（1060），仁宗又下诏开购赏科，以广献书之路。规定馆阁所缺之书，献书一卷，赏丈绢一匹；献书五百卷，授予文职。次年又再次下诏搜访遗书，专门编撰《嘉祐搜访阙书录》作为搜访依据。一时间民间踊跃献书，馆阁藏书大为丰富。

朝中做官的大都是读书人。对于馆阁重开，大家自然欢欣鼓舞。

除了经史子集，宰相吕夷简还亲自挂帅，已经成为参知政事的宋绶亲自执笔，编写一套行政工作参考书，全书将近两年完成，共四百九十一册，汇集了朝廷各个机构的行政职能和行政措施，取名"中书总例"，相当于行政参考大全。中书省有了这一套书，就可以通晓整个官僚机构的工作。这套书各册累放案几上，跟人的肩膀几乎一样高。吕夷简抚摩着，得意地说："有了这套书，就是一平庸之辈，亦可为相矣。"

有了馆阁，有了图书，有了行政大纲，就等天下英雄，入我彀中了。

洛阳八友

就在朝廷要员为帝国文化大业累并快乐着的时候，西京洛阳，又是另外一番欣欣向荣的景象。

河南知府兼西京留守钱惟演，是一位急于柄用但又缺乏政治智慧的人。

五代的时候，江南属吴越国，国王为钱姓。宋统一中原，吴越王钱俶审时度势，感到无法抗衡大宋，干脆将国土拱手相送，免得兵戈相加。所以，江南地方算是"和平解放"，钱氏的旧僚、子弟也得以保全，并被安排到朝廷做官。

钱惟演，字希圣，钱塘人，是吴越王钱俶的第七个儿子。因为是旧时王孙，钱惟演为官仕途起点很高。二十余岁即任太仆少卿，后任直秘阁、翰林大学士。宋朝宰相大多出于馆阁，但钱惟演此后的官运却未能一帆风顺。

钱惟演官品不佳，宋真宗时，因营私舞弊和贡举失实两次被降职。他希望能够在官场上投机钻营，以博取高爵，就将自己的妹妹嫁于刘娥养父家的哥哥刘美。如此一来，找到了靠山，等到太后摄政，钱惟演被擢拔为兵部尚书，终于进入高官重臣之列。但他仍不满足。当时最得太后宠信的官员莫过于宰相丁谓，钱惟演便攀附丁谓，将自己的女儿嫁给丁谓的儿子，和丁谓结成儿女亲家，巩固自己在朝中的地位。

钱惟演因此被刘太后纳入"自己人"范畴，让他做了枢密副使，后来还加同平章事，即享受宰相待遇，称为"使相"。

这正是钱惟演在政治上见识短浅之处。丁谓同太后本是政治同盟，将鸡蛋放在同一个篮子里，机遇多，风险也极大。

更为不智的是，钱惟演伙同丁谓，排挤耿介忠诚的老宰相寇准，将寇准贬谪到遥远荒蛮的岭南之地。寇准在朝中威望极高，扳倒了寇准，自己也声名狼藉，受到正直老臣的攻击弹劾。

刘太后不愿在朝中树敌过多，断然与当面一套背后一套的丁谓、钱惟演决裂，将丁谓贬至中国之最边陲——海南岛，钱惟演作恶较少，加上亲戚关系，太后只是将他外放至河阳（今河南孟州）。

被贬的钱惟演并没有吸取教训变得聪明，反而愈加执着地将罪祸归结于自己是南方人，受中原人士排挤。要想东山再起，必须寻找新的人脉。不久，他向郭皇后娘家提媒，让自己长子娶了郭皇后的妹妹，又让次子娶了仁宗的表妹郴氏，小女儿则嫁于仁宗堂兄赵允迪。

钱惟演遍结姻亲，可谓用心良苦，也暴露出他的政治手段不过如此。

这样的小把戏所得终究有限，仁宗亲政后，他只落个西京留守的小职位，所有权势欲望彻底化为泡影。

然而，上天是公平的，当他对仕途不再奢求的时候，另一扇词章风华的大门豁然而开。

钱塘自古繁华，文运昌盛。钱惟演少而好学，及至年长，文章诗赋立马可就。宋初，诗词偏重文辞，极尽雕琢，追求辞藻华美、声律和谐、音调铿锵，号称"西昆体"。钱惟演同杨亿、刘筠等，是西昆体的代表人物。金人元好问："诗家总爱西昆好，独恨无人作郑笺。"可见西昆体流行之广，影响之深，亦可窥见钱惟演之诗坛盟主的地位。

此时的西京得物华之宝，让钱惟演盟主的光芒幻彩四射。

这是最失意的岁月，这是最惬意的岁月。

我们来看看此时西京洛阳聚集了哪些此后不可一世的文曲巨星。

谢绛，字希深，大中祥符八年进士甲科，其学识渊博，工于词赋而为时人所重，有"文中虎"之誉。此时任河南府通判。通判地位略低于留守，有牵制、监督留守的作用，其与留守的关系，类似现今的市纪委书记与市委书记。

尹洙，字师鲁，天圣二年进士第，其主要成就在于古文、史学和经学。古文学习韩愈，是北宋古文运动的启蒙者。此时任河南府户曹参军，主管户籍、农桑。

梅尧臣，字圣俞，世称宛陵先生。其好诗，早有诗名，科考却屡试不中。由于家贫，跟随叔父来到西京洛阳，以恩荫补任太庙斋郎。后来，梅尧臣在诗歌上颇有建树，他和欧阳修一起倡导古朴写实的诗风，被称为宋诗的"开山始祖"。

这时在西京的文人还有杨俞、王顾、王复、张先、张汝士等。必须隆重推出的是，庐陵欧阳修此时正值风华茂年，在洛阳任推官，主管审理案件。

欧阳修，字永叔，生于宋真宗景德四年（1007），吉州永丰（今江西永丰）人，吉州古为庐陵，因此自谓"庐陵欧阳修"。欧阳修出身寒微，少时贫贱，四岁而孤。他没有钱购买纸笔，就用芦荻当笔，沙土作纸。请不起教师，他母亲亲自教授，这就是历史上有名的"画荻教子"。天圣六年，欧阳修带着自己写的文章拜谒文章大家胥偃，胥偃对他大为赞赏，带着他参加开封府国子监考试、取解试，均列第一。天圣九年（1030）三月，他参加由晏殊主持的科举，名列前茅；仁宗亲自主持殿试，欧阳修名列甲科第十四名，成为进士。五月被授予将仕郎、试秘书省校书郎、充西京留守推官。

除了钱惟演、谢绛属于领导级别，并且年龄较大外，其他八人都是二十多岁的年轻才俊，号称"洛阳八友"。

钱惟演既为文坛盟主，特别爱惜文才。他把这些才俊供养起来，几乎不给他们安排公务。这些人的任务就是吃喝游玩、吟诗作赋。

曾是洛阳花下客

洛阳天下名都，名胜古迹不可胜数。单是前朝遗留下来的宫苑林园，就星罗棋布。后世可考的，达十九处之多。这十九处名园，既有花园也有游园，还有私人宅园，每个园都各具特色。如天王院花园，是一座名副其实的"牡丹园"。园中无池无亭，唯有牡丹十万株，游园以赏花为主。如归仁园，各种奇花异草，名贵树木，与天王院趣味各异。董氏西园则小桥流水，亭台花石，是休憩游玩的好地方。吕文穆园木茂竹盛，溪流涓涓，可谓水木清华。

名园各有佳处，洛阳八友相邀携游，纵情玩乐，"曾是洛阳花下客"，留下了浪漫的足迹和瑰丽的诗篇。欧阳修后来回忆那段快乐的日子，写道："把酒祝东风，且共从容。垂杨紫陌洛城东。总是当年携手处，游遍芳丛。""相将日无事，上马若鸿翩。出门尽垂柳，信步即名园。嫩箨筠粉暗，渌池萍锦翻。残花落酒面，飞絮拂归鞍。"

　　洛阳之南，是山水胜地。伊水从这里缓缓流过，倒映着两岸青葱山色，景致清幽，岚气淡缈，绝胜仙境。临近洛阳，伊水北折。伊水之西，是龙门山，凿于北魏的龙门石窟，就因此山得名。伊水东岸则是香山，唐白居易晚年曾隐居此山，因此自号香山居士。

　　八友会常去伊水垂钓泛舟，到两山登高望远，访求先贤遗迹。一次，一位叫陈经的秀才路过洛阳，欧阳修等陪着他游伊水。春风送暖，万物复苏。他们乘风随波，御舟快性。水流潺潺，从石间跳跃奔腾。水面上鸥鹭翻飞，时而点缀在水天之间，时而隐匿于林木之中。而后登高顾望，山路蜿蜒，伊阙开阔，樵歌于道，鸟鸣于林，欣然得山水之乐，在轻松休闲之中不知日暮将临。

　　入夜，他们借宿山上，乘着皎洁的月光沿着山路散步，直到山穷路尽仍兴致不减。第二天游玩香山，晚上泛舟饮酒，诗词酬和。就这样流连山水，三日方休。

　　欧阳修用笔记下这次游赏，同时作《游龙门分题十五首》，诗以咏之。其中单写月夜山景：

> 春岩瀑泉响，
> 夜久山已寂。
> 明月净松林，
> 千峰同一色。

　　松林在明月之下，没有白日的喧嚣和色彩斑斓，有一种不真实的深邃幽静。

香山有八节滩,欧阳修吟咏八节滩:

> 乱石泻溪流,
> 跳波溅如雪。
> 往来川上人,
> 朝暮愁滩阔。
> 更待浮云散,
> 孤舟弄明月。

孤舟弄明月,有几分清寂,也有几分空灵。

他们的足迹还远踏更南的鲁山。梅尧臣记述道:

> 适与野情惬,千山高复低。
> 好峰随处改,幽径独行迷。
> 霜落熊升树,林空鹿饮溪。
> 人家在何许,云外一声鸡。

鲁山层峦叠嶂,千峰竞秀,高低交错,蔚为壮观。人在峰上走,峰随行迹新。小径幽深,蜿蜒曲折,一个人行走在峰峦之中,恍然不知身在何处。山林空旷,冰霜浸地,熊爬到光秃秃的树上,鹿在清澈的小溪旁畅饮泉水。走到饥饿疲惫处,不知道何处有人家可以歇脚,忽然听到高处一声鸡鸣,原来白云深处有人家,顿时有柳暗花明又一村的欣喜。

洛阳向东,有天下驰名的中岳嵩山。嵩山七十二峰,形态多样,峰峦峥嵘,山势陡峭,雄伟壮观。嵩山也是欧阳修等常游之地,他们踏遍少室山、缑氏岭、石唐山、紫云洞等胜迹佳景。

一天,欧阳修和梅尧臣、杨俞来到嵩山的"公路涧"。公路涧又称袁公溪，是悬崖峭壁下的一条溪流，因三国袁术（字公路）曾居于此而得名。传说袁术与曹操作战，将军队屯集在这里。公路涧上有袁术固，是袁术修建的一处城堡，一夫当关，万夫莫开。欧阳修说："如此美景当前，当作诗记之。"梅尧臣、杨俞二人随声附和。欧阳修脑子快，不一会儿诗已经成了，吟诵道："驱马渡寒流，断涧横荒堡。槎危欲欹岸，花落多依草。击汰玩游鯈，倒影看飞鸟。留连爱芳杜，渐下西峰照。"话音刚落，梅尧臣也说："有了，且听我的。"他吟道："我来袁公溪，断岸犹残垒。僵柳远临湾，新蒲初出水。行行古台近，两两惊禽起。鸡犬何处闻，人家深坞里。"两人同样写花草、游鱼、飞鸟、古村，却情趣各异。

等了良久，不见杨俞动静，欧阳修和梅尧臣说："子聪，写好了吗？"子聪是杨俞的字，他写作类似唐代的贾岛，灵感来得慢，不是一蹴而就的诗人。见催得急，杨俞灵机一动，念道："嵩高发灵源，北望洛阳注。清流引河汉，白气横云雾。英雄惜此地，百万曾相距。近代无战争，常人自来去。"

梅尧臣哈哈大笑："这是范希文（范仲淹字）公的诗，天下谁人不晓，你却在这里糊弄我们。"

杨俞说："'眼前有景道不得，崔颢题诗在上头。'二位写得那么好，让我汗颜哪，只好拿希文公的诗来充数了。"

原来，范仲淹年轻时游历洛阳，路过嵩山，曾有《和人游嵩山十二题》，吟咏嵩山十二景。这十二景是公路涧、拜马涧、二室道、峻极中院、玉女窗、玉女捣衣石、天门、天门泉、天池、三醉石、俊极寺、中峰。

范仲淹是欧阳修最崇敬的人。在欧阳修眼里，这个世界充满沙土和砾石，其间偶尔露峥嵘，有几颗美玉璀璨夺目。这些美玉，就是儒家的君子，他们学识渊博、道德崇高、人格完美，是社会的精英、帝国的砥柱。范仲淹无异是美玉中最晶莹纯粹的那一颗。而那些宵小和奸佞，就是沙中砾石，丑陋、顽劣、卑污。

欧阳修用一颗率直的心和非白即墨的眼光，时刻警惕地寻觅美玉和砾石，或引之为同道，或弃之如敝履。

欧阳修说："范希文公人品文章当今无出其右。他主张改革五代以来华靡文风，倡导文以载道，是我等学习的榜样。今天咱们既题公路涧，不如追随范公足迹，跑遍嵩山十二景，作诗以应和范公，如何？"梅尧臣、杨俞极其赞成。

那一段日子，他们流连嵩山，踏遍太室和少室大大小小的山峰，欧阳修作《嵩山十二首》，梅尧臣不甘人后，亦有《同永叔子聪游嵩山赋十二题》，描写嵩山十二景，抒写对嵩山的喜爱。

文人最风流

洛阳八友游历嵩山，有一个小小插曲，意趣盎然。

一次，他们从嵩山回洛阳，恰遇天下大雪，道路艰难，到了龙门香山，天已经黑了下来。于是几个人就在这里投宿。晚上，几个人正各抒情怀，忽然几辆车马在风雪之中从洛阳渡伊水而来。原来，钱惟演怕他们在这里寂寞，特地差人给他们送来美食和歌伎，以解其劳顿之苦。并且来人传话：留守大人让大家在龙门山赏雪，府衙内没有什么公务，不必急着回去。

遇到这样的长官，真文人幸事。

在钱惟演的聚集下，西京洛阳就是这样风花雪月。有时这些年轻人犯了错误，钱惟演也不会斥责惩罚，反而用他特有的方式，让这种错误演化为一场美谈。

夏天的午后，钱惟演在后园设宴，把洛阳的文人名士召集起来，一起聚会欢饮。太守请客，大家兴致很高，及早赶了过来。人已到齐，唯独不见平时最为积极的欧阳修。左等右等等不到人，钱惟演着下人去找，过了好一会儿，才看到欧阳修与一漂亮官妓姗姗而来。官妓脸色潮红，衣冠不整，云鬓散乱。

宋代的聚会，一般会请歌伎助兴，而州府这一级别的衙门，有官家供养的歌伎，叫官伎，专门侍奉官场应酬聚会。欧阳修是西京推官，同这些官伎十分熟络，出入成对也是常事。不过今天这样大的聚会，让这么多高官宾朋久等不来，只能引发在座的人无限遐想。

钱惟演参悟玄机，却揣着明白装糊涂，明知故问地责怪官伎："何故来得这么迟？"官伎答道："天热午睡，把金钗弄丢了，为了找金钗，所以来迟。"钱惟演又问："同欧阳推官一起来，是碰巧了吗？"歌伎说："欧阳先生在帮我找金钗。"

众人意会，一阵起哄，有人嚷着罚欧阳修喝酒，有人主张罚歌伎唱曲。钱惟演说："永叔喝酒，歌伎唱曲，都是分内的事，怎么能叫作罚？永叔文思敏捷，不如让他当场填词一首。"接着对欧阳修说："歌伎迟到，扫了大家雅兴，按理应该辞退。如果你词做得好，不但免除惩罚，我还要赔她一副金钗。"

欧阳修自知理亏，便不推辞，立马而就，写了一首《临江仙》，词云：

柳外轻雷池上雨，雨声滴碎荷声。小楼西角断虹明。阑干倚处，待得月华生。　燕子飞来窥画栋，玉钩垂下帘旌。凉波不动簟纹平。水精双枕，傍有堕钗横。

这是一幅闺趣图。上阕用轻雷、细雨烘托环境，而柳和荷的意象，让雨天也格外具有美感。雨停了，天晴了，彩虹勾画处，美人在小楼一角，斜倚栏干，等待着明媚的月光生起。这本是寻常夏日情形，词人将它写得情趣宜人。"轻""碎""小"，这样的字眼，使词章柔媚、纤巧，如一棵树，最是神韵在梢端，风姿绰约尽显妙趣。

下阕写美人夏困。时间推移到晚上，美人在阑干倚处，显然是在等待或者盼望着某人。某人不至，只好孤独而眠。凉波指簟席上的纹路，笔触细腻如斯，极力渲染的是清幽、冷寂，以衬托美人内心的紫寞。

最后两句，横来一笔，最是妙绝。床上放着一对水晶枕，美人金钗斜坠，落在枕边。美人没有卸妆，显然是自然而眠，在等待中困极而睡。加上上阕提到的月光，这个细节，勾画出美人睡姿意态，画面香艳。燕子偷窥，帘旌漫垂，凉波纹平，以及金钗横堕，充满神秘的性感，正是闺帏密事，越发让人怦然心动。

凉波夏睡，金钗斜坠，刚好附会官伎的解释，可谓妙笔。你说这首词是写闺中少妇思念情人也可，说是再现那位官伎丢失金钗的场景也好，反正惟妙惟肖，情趣盎然。

这首词写完，众人交口称赞，纷纷叫好，自然原谅了欧阳修和那位官伎。钱惟演也不食言，果然赔偿一副金钗。

除了举办文人聚会，宴请风雅名士，钱惟演还经常组织一些才艺比赛，让他们一较高下。钱府新建一座楼，取名双桂楼。按当时风俗，每有重要建筑落成，都要作文记之。

钱惟演邀请谢绛、欧阳修、尹洙各写一篇文章，以记其事。结果欧阳修交卷最早，写了一千多字。尹洙看后，说："永叔这篇文章过于烦琐，不够精练，我看用五百字足矣。"欧阳修对自己的文章删减修改，果然压缩了一半。谢绛交的文章有七百多字，尹洙写的只有三百多字。大家读了三人的文章，一致认为尹洙写得最好。欧阳修也赞叹不已，从此虚心向尹洙请教，潜心练习写作古文。在尹洙的指导下，欧阳修又将《双桂楼记》重作一遍，写得超过了尹洙，尹洙感慨地说："欧阳永叔真是一日千里呀！"

后来欧阳修成为北宋古文运动先驱，与这段经历不无关系。

钱惟演虽是西昆体骨干，但文学上并不保守。他支持下属开展诗文创新运动，提倡他们去写人情，状风物，贴近生活，反映现实。在他的宽容和鼓励下，欧阳修、尹洙、梅尧臣在这里发起声势浩大的诗文革新运动，主张诗文因事有所激，因物兴以通，摒弃浮艳空洞的诗风，提倡平实朴素的文风。最终，梅尧臣成为宋诗开山师祖，欧阳修成为文坛领袖，尹洙也多有建树。

天下没有不散的筵席。洛阳文人集团，到景祐元年（1034）烟消云散。这一年三月，欧阳修西京留守推官任满，六月被任命为馆阁校勘。欧阳修对洛阳依依不舍，"洛阳正值芳菲节，秾艳清香相间发。游丝有意苦相萦，垂柳无端争赠别"。别后，他十分怀念洛阳的时光，"常忆洛阳风景媚……别来已隔千山翠"。

九月，钱惟演走完了他显赫又屈辱的一生，世态炎凉与他已无瓜葛。

洛阳文人各奔东西，他们像一颗颗种子，日后长成参天大树，呵护自己理想的文学天空。

第五章
吕夷简和他的对手们

贿赂小吏的副宰相

欧阳修回到京师的时候，帝国又一次人事大洗牌拉开帷幕。

事情的导火线是三司使范讽。三司为盐铁、户部、度支三个部门，掌管国家财政。三司使俗称"计相"，地位仅次于参知政事。

范讽，字补之。宋真宗时，修建庞大奢华的道教玉清昭应宫，其耗资大约相当于当时两年的财政收入。不料建成才十五年，天圣七年，一场雷火将玉清宫化为灰烬。刘太后悲伤欲绝，决意重修玉清宫。范讽上疏规谏，太后才放弃重修的打算，避免了新一轮劳民伤财。他在宰相王曾老家任地方官时，当地发生灾荒，百姓饥馑无食。范讽为赈灾济困，决定捋一下老虎的胡须，竟拿宰相开刀，打开王曾家粮仓分给灾民。他出使契丹，到达幽州，当着契丹官员的面感慨说："这里真适合做战场！"弄得契丹官员无比尴尬。

范讽就是这样一位有胆有识的大臣！乍听起来，拜将入相也不为过。且慢，人是个多面体，有些侧面熠熠生辉，有些侧面可能污浊不堪。

权力就像一盏阿拉丁神灯，充满了对凡人的诱惑，又照得见人的五脏六腑和七情六欲。范讽也毫不掩饰自己的权力欲望，为了攫取更高职位而绞尽脑汁。他早年身体不好，被安排一个闲差，在舒州（今安徽潜山）灵仙观做主管。一次宫中来了一位配药的小官，叫张怀德。张怀德官虽不大，但在宫中有接触皇帝太后的机会。范讽刻意巴结，果然被张怀德推荐给刘太后，从此仕途顺利、飞黄腾达。仁宗命他为三司使，掌管全国财政，地位仅次于副宰相参知政事。但他并不满足，有第一次投机成功的经验，他决定再接再厉，以期能登阁拜相。

三司使虽然能直接面圣，但如果有人能经常在皇上耳边吹吹风，自然事半功倍。于是范讽不惜"礼贤下士"，竟巴结起了自己手下一名下层官吏。为什么呢？原来，这名官吏的女婿是仁宗身边红极一时的尚美人的弟弟，说起来也算皇亲国戚了。范讽为了赢取皇帝的枕边风，曲线救国，请求为这位官吏升官，并贿赂他一大笔银子。

这无疑是一次失败的投资。尚美人被赶出宫去，枕边风吹到了荒郊野地，大笔银子打了水漂。范讽是个只能占便宜不能吃亏的人，他心疼自己的银子，却又没办法找尚美人要回来，便打起公家的主意，耍起无赖嘴脸，把翰林院的数千件白金器皿"借"到家里，据为己有。堤内损失堤外补，这样他总算心理稍稍平衡。

范讽不仅涉嫌行贿买官，而且明目张胆地侵占公共财物，这在任何一个朝代都是不被允许的。

帝国庞大的监察机构起了作用，殿中侍御史庞籍弹劾了他。

庞籍，字醇之，是位真正的骨鲠之臣。仁宗刚刚亲政，他就上疏说："陛下要亲自处理国家事务，防止结成朋党，朝政不能由宰相一人决定。"孔道辅赞叹说："言官大多看宰相眼色行事，只有庞醇之是天子的御史。"当年他还在开封府任小小的判官，尚美人让宫中内侍到开封府，要求免除工人的苦力，庞籍说："大宋开国这么多年，还没听说宫中美人到基层指手画脚的。"硬生生将尚美人的教旨顶了回去。

范讽这位胆大的，碰上庞籍这位硬汉，两者必有一场恶斗。

开始，范讽并没有把庞籍放在眼里，因为他有位好朋友，就是首相李迪！李迪偏袒范讽，对庞籍弹劾范讽的奏折竟压着不报，不让皇帝知道。并且，李迪对庞籍打击报复，诬陷庞籍所奏不实，陷害范讽，将他贬出京师，出任广南东路转运使。广南东路即现在的广东，北宋过岭南都是荒蛮之地，朝臣非有重罪不会贬到岭南。看来李迪为保范讽也是拼了，已经不择手段。

如果是寻常官吏，可能会感叹世事不公，奸佞当道，自认倒霉，发几声牢骚就算了。偏偏庞籍不但忠鲠，而且愈挫愈勇，从不轻言放弃。他到了岭南，更加频繁上疏，揪住范讽不放。李迪恼怒之下，又将庞籍降知临江军（治所在今江西樟树），虽然没有岭南偏远，但级别降了一级。庞籍依然不服，不但算旧账，又归纳范讽放纵不尊礼法、伤风败俗等新的罪名，持续不断地上疏弹劾。

这是好人遭陷害，坏人逍遥法外的典型案例，如果就此作罢，大宋会增加一个著名冤案。

然而，上天总有睁开眼的那一天。一个人伸出援助之手，帮助庞籍成功逆转案情，这个人就是次相吕夷简。范讽有依附权贵的毛病，知道吕夷简是铁腕人物，早就有意勾搭吕夷简。吕夷简谋划废除郭皇后时，只有范讽附和他，充当他的枪手。范讽希望吕夷简帮助自己进入门下省或枢密院，吕夷简知道范讽胆子大，心胸小，是个善于闯祸不善于收拾局面的主，因此敬而远之，跟他划清界限，不愿推荐。二人因此结下梁子，范讽才改投李迪门下。

吕夷简是弄权老手，总能把握事件发展的火候。他的目标不在范讽，而在于首相李迪，毕竟现在除了皇帝，李迪是一把手，他是二把手，上面有人踩着不舒服，他要扳倒这个人。吕夷简确定李迪确实有包庇范讽的行为后，及时出手，把这事原原本本上奏给仁宗，促使仁宗亲自委任官员审理此案。范讽侵占公物，显而易见，无法隐瞒，因此这桩诉讼案很快有了结果：范讽有罪。

这一定性促成官场于景祐二年（1035）二月大洗牌。

范讽被贬出朝廷；李迪因庇护范讽被免去平章事（宰相）职务，亦被贬出朝廷。二人从此再无翻身之日，直到老死。

吕夷简借风使力，将一起违法违纪的官司转化为一场政治斗争，完胜李迪，再次攀升权力巅峰。

吕夷简升任首相，王曾拜次相，蔡齐任参知政事。

庞籍被平反昭雪，迁任福建转运使，不久被召回朝廷，判大理寺，进天章阁待制。

另一个重要的任命是，范仲淹在辗转于睦州、苏州两年之后，再次被仁宗皇帝想起，被调到京师，任天章阁待制，判国子监。

天章阁待制是皇帝的侍从官,对外没有明确职能。判国子监是国家最高学府的长官。让范仲淹从事教书育人的工作,仁宗皇帝也是知人善任。

这个已经多次出场的重要人物,我们还没有来得及介绍他的身世背景。其实,范仲淹在宋朝,不但文章道德、政绩品格为人传颂,他小时候的故事也被津津乐道。

他从出生的那一刻起,似乎就是上帝为北宋士子量身定做的标杆,一切臻于完美。少孤而贫、勤学不缀,在饥寒困苦中破茧成蝶,由平民涅槃为儒雅高隽的士子。而后贡举入仕,心忧天下,历坎坷而不坠其志,怀忠义以报社稷,天下呼为圣人,后世奉为楷模。

这就是被誉为宋朝三百年唯此一人的范仲淹。

皇后之死

范仲淹的生平,本身就是一部传奇。

范仲淹,字希文,祖籍邠州(今陕西西北部),籍贯苏州吴县,宋太宗端拱二年(989)生于武宁军(今江苏徐州)。

范仲淹的父亲范墉原是吴越王钱俶治下的官员,吴越归宋后,宦游中原,先后在成德军、武信军、武宁军任节度使掌书记,相当于军长官的机要秘书,属下层官吏。

范仲淹两岁那年,父亲去世。突遭不幸,家无积蓄,母亲谢氏靠他人救助,才将丈夫灵柩运回老家吴县安葬。母子贫而无依,只得改嫁于淄州长山县朱文瀚,并将范仲淹改名朱说。

朱文瀚当时在平江府(今苏州市)任推官,推官是治安刑狱官员,职务低于判官和掌书记。所以范仲淹的新家也不富裕。

宋朝制度,地方官员在同一个地方任期一般为两年,调动频繁。幼小的范仲淹随继父颠沛流离,到过池州、澧州、淄州、长山等许多地方,尝尽人间辛酸。

朱家虽贫,但朱文瀚善待这位继子,坚持供范仲淹读书,并且很尊重范仲淹的意愿。范仲淹初长成人时,继父也溘然长逝,范仲淹母子日子更加困苦。

范仲淹酷爱读书,为了供他读书,母亲精打细算,范仲淹也节衣缩食,常常食不果腹。他游学长山醴泉寺(今属山东邹平),每次只能从家里带少量米粮。在寺院,他自备锅灶,自己做饭。为节省粮食和时间,他每天夜晚边读书,边熬粥。一锅粥煮好才合衣睡去。第二天,锅里的粥凝结成团。范仲淹用刀将粥团划成四块,早上吃两块,晚上吃两块,一日两餐。他又从寺院后面的山上采来野菜,切成细末,加上盐搅拌,就是佐粥的菜肴。野菜的细末叫作"齑",范仲淹这种清苦读书的生活被称作"划粥断齑"。

二十三岁那年,范仲淹听说南京应天府书院是天下著名的学府,便带上简单的衣物和琴、剑、书籍,独自到应天府求学。离家时,他向母亲说:"我十年之内必将考中进士,那时一定接您老人家奉养。"

在应天府学院,范仲淹学习更加刻苦,五年中竟没有脱过衣服睡觉。他与应天府留守的儿子是同学,留守的儿子见他清苦,特意带上一些好吃的饭菜送他吃。范仲淹婉言谢绝,说:"我长久吃粥成了习惯,如果突然吃到美味佳肴,以后再回过头吃粥,一定难以下咽,所以还是安于现状吧。"由奢入俭难,青年范仲淹深谙其中道理。

应天府是赵宋王朝的龙兴之地,太祖赵匡胤曾在这里任节度使。一次,宋真宗到应天府拜谒祖庙,一时间万人空巷,争相去观瞻天子真容。应天府学院的教师和学生也倾巢而出,只有范仲淹不为所动,依然静心读书。别人问他,他说:"以后还有很多机会目睹圣容,不用现在着急拥堵观看。"在他心目中,自己终将成为朝廷重臣。

真宗大中祥符八年(1015),范仲淹荣登进士,终于实现夙愿。他被授予广德军司理参军。到任后第一件事,就是将老母亲接过来侍养,以尽孝心。后来又上疏皇帝，祈请恢复范氏宗姓，得到恩准，于是弃用"朱说"这个名字，自己取名"范仲淹"，字"希文"。仲是家族辈分用字，淹是博大精深的意思。希文则表明对学问的追求。

天圣五年（1027），范仲淹为母守丧，丁忧居住在应天府。这时，蔡齐为应天府知府，晏殊为南都留守，他们钦佩范仲淹的学问，聘请他到应天府学院讲学。这样，范仲淹回到母校，由学生变为教师，传道授业解惑。这期间，他教授孙复等弟子，又再传石介等，与他们有师生之谊。尽管晏殊比他还小两岁，但因为晏殊聘请了他，名义上他又为晏殊弟子。

宋人十分重视师生关系，凡有发现、推荐之功，即视为师生。如士子考进士，一旦得中，即为主考官的门生。这种关系一旦确立，终生恪守。从晏殊到范仲淹，从欧阳修到苏轼等，师生脉络十分清晰。

天圣六年（1028），范仲淹丁忧期满，晏殊马上将他推荐给朝廷，这才有后来上疏太后，要求还政的故事。

如果不是范仲淹，排挤走李迪后，吕夷简权力第一人的日子会过得很舒坦。但偏偏范仲淹是北宋道德人品第一人，眼里容不得沙子，对吕夷简这样的权相，丝毫不会降低自己的政治标准。接下来发生一件事，让他二人势同水火，尖锐地对立起来，进而酿成仁宗朝第一次朋党之灾。

事情的起因依然是因为女人！上次范仲淹栽在吕夷简手中时的那个女人，废皇后郭氏！

朝廷人事变动的当年，即景祐二年（1035），仁宗突然莫名地想起郭氏。大约是一日夫妻百日恩，离开时间久了，逐渐淡忘了她的种种不是，惦记起曾经有过的恩爱。于是仁宗派内侍前去问候，并写几首乐府诗玩起情调，表示相思。郭皇后也是知情知趣之人，和了几首，语意哀婉凄凉，深深地打动了仁宗皇帝。仁宗有意让郭氏重新回宫。此时仁宗已立曹氏为后，郭氏如果回去，势必位居曹皇后之下，这让曾经沧海的郭氏如何忍受？于是郭氏提出除非重新封为皇后，否则不愿屈就。这显然是个无法满足的要求，仁宗只好作罢，心中对郭后感到些许愧疚。

冬天，传来郭皇后生病的消息，仁宗让大太监阎文应前去探望。皇后本来并无大恙，蹊跷的是，阎文应去后不久，郭皇后竟然暴毙。当初在废除郭皇后时，阎文应与吕夷简推波助澜，如今郭皇后又死得可疑，外界纷纷传言，阎文应怕郭皇后有朝一日重新回到皇帝身边，对自己不利，因此加害于她。

宦官干政，一直是皇权社会挥之不去的恶疾，譬如秦朝的赵高、东汉的张让、唐朝的李辅国，等等。宦官干政必然威胁皇权，侵害士大夫利益，因此受到警惕。阎文应作为宦官中的出头鸟，成为朝臣重点监督对象。这次借助郭皇后不清不楚死亡的事件，朝廷中对他群起而攻之。

先是谏官高若讷、姚仲孙等上疏弹劾阎文应，但仁宗置之不理。

范仲淹再也坐不住了。废除郭皇后时，范仲淹就与吕夷简、阎文应等进行了坚决的斗争，如今觉得他们愈加跋扈，竟然对被废的皇后暗下杀手，因此绝对不能容忍。范仲淹打算面见仁宗，犯颜进谏。他抱着一死的决心安排了家事，对长子范纯祐说："吾不胜，必死之。"

仁宗毕竟是开明的皇帝。他感情上宠爱尚、杨二美人，但理智上知道这是不对的，所以才任由阎文应将她们赶出宫去。他宠信阎文应，但在范仲淹的据理力争下，他还是下令将阎文应逐出朝廷，贬到岭南，阎文应从此退出了政治舞台。

郭皇后因阎文应和吕夷简被废，又因他们而死，冤魂在天，助范仲淹扳倒阎文应，也算报了仇、雪了恨，只是付出的代价过于惨重。

百官图

阎文应是吕夷简在宫中的内应，赶走了阎文应，相当于割去吕夷简的耳目，令他十分难受。他提醒范仲淹，你是皇帝侍臣，不是谏官，不应该对朝政说三道四。范仲淹不同意这种看法，他认为在皇帝身边，正好建言进谏，怎能对朝政得失坐视不言。

第五章　吕夷简和他的对手们

吕夷简跟范仲淹的矛盾进一步加深。除了废除皇后、驱逐阎文应这样具体的事，范仲淹对吕夷简的不满，集中在吕夷简选人用人上。

吕夷简在位日久，深得太后和仁宗器重，许多幸进之徒枝附叶着，连为一体。吕夷简又善于阿附圣意，打击异己，因此权势日大。客观来讲，吕夷简既非庸臣，也非奸臣，为朝廷做过许多有益的事情，才能非张士逊、李迪、王曾等可比。吕夷简也有肚量，有眼光，对于真正的能吏酌情使用。像范仲淹，能重新回到朝廷，虽然是仁宗意愿，其中也少不了宰相的成全。只是范仲淹直言敢谏，着实让他头疼。思来想去，他给范仲淹一个新的职务——知开封府。开封府作为京都，事务繁杂，各种势力盘横交错，须小心应对，左右逢源。吕夷简希望通过这个岗位对范仲淹加以历练，磨掉他的棱角，同时耗费其精力，使他不能再给自己"添乱"。

知开封府是吕夷简对范仲淹的权宜之计，但这个岗位如此重要，许多朝廷重臣都有知开封府的历练经历，因此可以认为，此时范仲淹在仕途上迈进了一大步。

吕夷简这招棋可谓恩威并施，只等范仲淹束手就擒。

但范仲淹绝非等闲之辈，要不然日后也不会成为一代名臣。在开封府任上，充分展示了他的政治才干和做事魄力，应付京城事务绰绰有余。他整顿官吏，剔除弊政，到任仅仅数月，开封府社会风气和行政管理大为改观，甚至一首称颂范仲淹的民谣悄然流传："朝廷无忧有范君，京城无事有希文。"

开封府肃然称治，让范仲淹有更多精力参与朝政，也使他与吕夷简的矛盾向白热化方向发展。

北宋边患主要来自辽国，从汴京到宋辽边界一马平川，无险可守。立国之初，赵匡胤曾考虑迁都洛阳，但朝廷要员都在汴京安家已久，贪图安逸，不愿西迁，赵匡胤只好作罢。范仲淹忧谋深远，此时重新提出营建洛阳的建议。他说，洛阳地势险要，负关河之固，进可攻，退可守，是理想的建都之地。现在洛阳空虚已久，没有战略物资的储积，应大力营建，以备危急之需。并认为营建洛阳是安国固本的长世之策。

仁宗看到奏章，觉得有理，征询吕夷简意见，吕夷简当头浇下一盆冷水："仲淹迂阔，务名无实。"说范仲淹这个人过于看重名声，喜好纸上谈兵，议论不能切合实际，没有可行性。

客观地说，当时开封有大运河水运之便，迁都洛阳或者营建洛阳虽然在军事上有一定作用，但成本既高，又不利于经济发展，况且宋朝的文官制度，每有大事，一向争论不休，想要真的实施，确实阻力重重。仁宗皇帝看到这一点，于是搁置了范仲淹的建议。吕、范之争，吕夷简轻松扳回一局。

但范仲淹决不是轻易妥协之人。他意识到与吕夷简在政治上已经格格不入，于是义无反顾地集中火力向吕夷简这条大鱼发起了猛攻。

景祐三年（1036）五月，范仲淹向仁宗皇帝上《百官图》，详细解说朝中每一位官员的升迁之路，凡是不合乎程序的，都认为是吕夷简暗箱操作的结果。他向仁宗进谏：您给宰相的权力太大，时间长了宰相会生出二心，朝中大臣也会依附宰相，形成皇帝不能有效控制的势力，不利于中央集权和长治久安。他建议皇帝收回人事任命权，追究吕夷简党同伐异之责。

吕夷简是能吏，为仁宗皇帝排解了很多困难。吕夷简若被追责，谁人可以替代？这些范仲淹都已经为皇帝谋划好了，他推荐老臣韩亿接替吕夷简为相。

仁宗皇帝对此犹豫不决。他不是不知道吕夷简的所作所为，只是"水至清则无鱼"，不愿失去这样的左膀右臂。他又非常喜欢范仲淹以天下为己任的政治品格，两边都不愿得罪，干脆不表态，让范、吕二人殿前质辩。吕夷简对范仲淹说："我考察官员多了，真正有操行的没有几个。"范仲淹针锋相对，说："有操行的人多了，只是你不知道罢了。像你这样对待人才，有操行的人士不愿与你同流合污。"范仲淹指物以类聚，一下子把吕夷简打入没有操行的行列。

双方辩论越来越激烈，吕夷简直指范仲淹"越职行事，荐引朋党，离间君臣"。这是第一次将范仲淹划入朋党范畴，拉开了北宋朋党政治的序幕。

朋党，指为争夺权利、排斥异己勾结而成的小团体、小圈子。唐朝后期，有牛李之争，一派以牛僧孺为领袖，称牛党，另一派以李德裕为领袖，称李党，两派斗争近四十年，朝廷上下，乃至地方官员纷纷选边站队，闹得整个国家鸡犬不宁，严重削弱了大唐国力。

皇帝最忌惮朋党，因为朋党一旦形成，朝臣忠于各派领袖，皇帝的威严大打折扣，势必造成皇权行使不畅的后果。牛李党争就是血的教训。所以一听朋党，宋仁宗的神经立马紧张起来。

御史大夫韩渎也附和吕夷简，朝中一些大臣受过吕夷简恩惠，选边站队反对范仲淹。韩渎要求列举范仲淹的罪责，连同范仲淹的朋党张榜于朝堂之上，以示警戒。宋仁宗没有理会韩渎的建议，但是罢免范仲淹朝中职务，贬谪出京，任饶州（今江西鄱阳）知府。

这是范仲淹第三次被逐出朝廷。第一次进谏太后还政给皇帝，被贬为河中府通判；第二次因反对废黜郭皇后，被贬为睦州知府。虽然三起三落，范仲淹却始终不知悔改，因为他是有理想有抱负的人，他要实现朝廷政治清明的愿望，心忧天下，决不会妥协自己的立场，不会为自己的进退得失耿耿于怀。

范仲淹品行操守皆臻上境，虽然官职不大，在朝中威望很高。范仲淹被贬，激起正直耿介之臣的义愤，在朝中掀起轩然大波。

秘书丞、集贤院校理余靖上疏为范仲淹辩护，说范仲淹前两次被贬，是因为言忤太后和皇帝，这一次与宰相发生争执，怎么能说贬就贬呢？他直指仁宗亲政以来，多次驱逐进谏者，不是太平之政。

因为吕夷简为范仲淹罗列的罪名中有朋党一项，余靖的上疏似乎证实范仲淹确实有许多拥趸，仁宗和吕夷简大怒，将他降职为监筠州（治所在今江西高安市）酒税。

皇帝和宰相本想杀一儆百，哪知却有更多的人飞蛾扑火。

尹洙现在已经回到朝廷，任馆阁校勘、太子中允。他上疏说："要说朋党，有我一个。范仲淹赏识、举荐我，我们既是师生，又是朋友。连余靖都算范仲淹朋党，怎么能把我落下？皇上您连我一起贬了吧！"于是尹洙被贬为郢州（治所在今湖北钟祥市）酒税。

仗义执言有高文

范仲淹还有位知己，他不可能无动于衷。这个人就是欧阳修。

早在洛阳时，欧阳修就倾慕范仲淹。范仲淹在文学上颇多建树，他反对浮靡文风，提出宗经复古、文质相救、厚其风化等主张，即文章内容与语言统一，这跟欧阳修倡导的古文运动颇为契合。诗歌上主张忠于现实、符合时事、不为空言，反对西昆体，也为欧阳修所推崇。

最为欧阳修敬重的，还是范仲淹的个人品德和政治品格。在洛阳，他给范仲淹写了封信，称为《上范司谏书》，希望范仲淹担负起谏官的责任，直言敢谏、兴利除弊。这封书信，是在向范仲淹表明自己的政治态度，在试探两人的政治契合度。后来，范仲淹正是因为勇于进谏而被贬，似乎在与欧阳修同声相应，表明二人精神世界交集颇深。

自此，欧阳修变成了范仲淹坚定的追随者。

欧阳修与余靖和尹洙不同，他没有上疏皇帝，而是把怨气、怒气撒在台谏身上。他认为，朝廷设谏院、御史台，就是为了主张正义，提醒皇帝、宰相立场公允，防止他们犯错误。现在宰相奸猾，皇帝偏颇，忠臣蒙受冤屈，正是需要台谏发声的时候，却没有一个人敢站出来主持正义，这样的台谏形同摆设，不如不要。

他在找台谏的碴儿，还真的找到了发泄的机会和理由。

这位倒霉的台谏叫高若讷。高若讷对范仲淹没有好印象，一次在余靖家聚会，大家对范仲淹贬官愤愤不平，喊冤叫屈。独有高若讷讥笑范仲淹迂腐浅陋，不识时务。当时欧阳修恰好在场，但碍于人多，不便发作。回家之后，他越想越气愤，于是借题发挥，给高若讷写了一封信，斥责高若讷不尽台谏义务，不敢仗义执言，是势利小人。

这一封信在历史上非常有名，叫《与高司谏书》。

信中首先质疑高若讷的人品学识。其一，高若讷与宋庠、宋祁、叶清臣、郑戬等，都是天圣二年的进士，这几个人在文学上各逞其能，唯独高若讷籍籍无名，因此高若讷在学识素养上值得怀疑。其二，台谏的职责是指出朝廷偏失，为受到不公正待遇的大臣声援呐喊。高若讷为御史官时，没有听到他有进谏之言，因此怀疑他品格是否正直。

接着，通过范仲淹事件得出结论，高若讷确实是君子之贼。信中说：范仲淹平生刚正、好学、通古今，立身朝廷始终如一，为天下人认可。而高若讷不但不为范仲淹辩解，害怕受到责怪，反而诋毁范仲淹。欧阳修说：我知道你家有老母，又贪恋官位，害怕饥寒舍不得丰厚利禄，所以不敢反对宰相。这是人之常情，我也理解你。然而你不以为耻，反以为荣，昂然自得，毫无羞愧之色，诬陷贤士，这只能说你是君子的敌人了。

接下来，欧阳修质问高若讷：如果你认为范仲淹不是贤人，天子重用他的时候，你为什么不警戒？如果你认为范仲淹是贤人，在他被罢黜时，为什么你默默无语？欧阳修把高若讷逼入两难境地，范仲淹贤与不贤，作为谏官，高若讷都难逃失职的责任。

欧阳修又借汉代萧望之、王章的典故，谴责高若讷是非不分，忠佞不辨。萧望之是汉元帝时重臣，汉元帝生病时，奸臣石显趁机专权。萧望之提醒汉元帝削弱石显权力，没有被采纳，反被石显陷害，含冤致死。王章是汉成帝时大臣，当时外戚王凤兄弟执掌大权。王章上疏弹劾王凤颛权蔽主，被王凤诛杀。欧阳修质问高若讷："萧望之、王章获罪，被诬陷为不贤。但现在看来，石显、王凤才是奸佞之辈。当时亦有谏官，阿附石显、王凤，攻击萧望之、王章。现在高司谏你不也像当时的谏官一样吗？你能欺骗当代，难道不怕受到后世谴责吗？况且当代之人，你也未必能够蒙蔽。"

欧阳修拿高若讷同前辈敢于直言的谏官做对比,指责他"在其位而不言,便当去之,无妨他人之堪其任者也"。直言高若讷"不复知人间有羞耻事尔"。高若讷的行为,使朝廷蒙羞。

最后,欧阳修大义凛然地说:"我就是范仲淹的朋党。你可以拿着这封信向朝廷揭发我,使我获罪。让天下人都知道,范仲淹被逐,也有谏臣在做帮凶。"

高若讷看到这封信,焉能不怒?真的像欧阳修说的那样,上朝参了一本。欧阳修求仁得仁,被贬为夷陵(今湖北宜昌)县令。

范仲淹等同时被贬,京城政治空气一时十分紧张。多数官员坐山观虎,避而远之,不敢跟范仲淹等接触。唯有李纮和王质前去送行。李纮曾经承蒙吕夷简推荐提携,但他是范仲淹妻舅,二人过往甚密。王质为集贤院校理,为人耿直,不怕得罪吕夷简。他坐着车,车上拉了满满两罐酒,追赶上范仲淹说:"在下送公一程。"他跟范仲淹边赶路,边聊天,边喝酒,一直陪在路上好几天,把两罐酒喝完,才坐着马车回京师。事后,别人拿这事责问他,他说:"范仲淹是贤人,能够做他的朋党,是我的荣幸。"

这场风波并没有随着范仲淹四人被贬而烟消云散。西京留守推官蔡襄,写了一组五首诗,题为"四贤一不肖",四贤指范仲淹、余靖、尹洙、欧阳修,一不肖指高若讷。《四贤一不肖》流传一时,以致洛阳纸贵。契丹过来的使者,还把这首诗抄下了,带回辽国,悬挂在驿馆,造成国际影响。泗州通判陈恢奏请严肃追查,治蔡襄罪。左司谏韩琦再弹劾陈恢越职言事。如此,攻守双方泾渭分明,朋党之势渐成。

梳理一下这场朋党斗争的演变,本来高若讷、姚仲孙、范仲淹目标一致,都是弹劾阎文应。因为阎文应跟吕夷简的特殊关系,加上吕夷简党同伐异,范仲淹趁机将弹劾目标扩展到吕夷简,引发吕夷简强烈反制,从而引火烧身。朝廷一些大臣在二人攻守中选边站队,形成仁宗朝第一次朋党之争。其中支持吕夷简的有韩渎、高若讷、陈恢，支持范仲淹的有余靖、尹洙、欧阳修、蔡襄、韩琦等。

查究范仲淹与吕夷简的冲突，其实反映了他们政治理念和政治品格的斗争。

吕夷简为人圆滑，善于权谋，察言观色，左右逢源，善于平衡，在政治上更重结果而不问手段，属于有能无德。范仲淹人品高尚，棱角分明，讲求公平正义，讲求光明磊落，厌恶投机钻营，属于德能并重。二人在行事风格和政治品格上格格不入，势同水火。

他们之间的关键人物，自然是宋仁宗。对于宋仁宗来说，更重视的是对朝廷的忠心，这一点吕夷简与范仲淹都没有问题。吕夷简多年为相，行政经验更为丰富，多年来让朝廷风平浪静，天下太平无事，这一点甚为仁宗所倚重。宋仁宗既舍不得吕夷简，又很喜欢范仲淹，当二人发生冲突时，自然选择更为老成的吕夷简。

宋仁宗经常在大臣吵架时充当和事佬和老好人，但绝不意味着没有能力。吕夷简跟范仲淹各有追随者，朝中朋党隐约可见，所以宋仁宗把反应激烈的人物贬黜外放，对蔡襄、陈恢、韩琦等不予理睬，正是避免将事件扩大，避免朋党之势愈演愈烈，不可收拾。

所以在仁宗朝，虽然有朋党，但始终保持在可控范围内，没有让朋党左右朝政大局。

第六章
做一只不默而生的灵鸟

庐陵事业起夷陵

在短短的十三天时间里，范仲淹、余靖、尹洙、欧阳修相继被贬。当时是夏五月，天气却一直阴翳不开。范仲淹四人，来不及相互告别，就被催促离开汴京，各自赴任。他们虽然天各一方，但相互通信，相互鼓励，坚持理想信念不动摇。同时，作为管理一方的长官，时间和精力上的自由支配权较多。利用地偏心静的机会，他们在学术上各有建树。其中最突出的当属欧阳修。

欧阳修从汴京坐船到夷陵，顺着汴河，横穿淮河，泛舟长江，用了一百多天才赶到目的地。此时欧阳修已经有不小的才名，一路上走到哪里，都有新朋故友热情款待，像是明星巡回演出一样热闹。"莫愁前路无知己，天下谁人不识君。"这句诗用在此时欧阳修的身上恰如其分。

夷陵在现今的宜昌市，扼守长江咽喉，西、北、东三面环山，峰岭连绵，沟溪纵横，古称蛮荆，是贫穷落后的山岭地区。

对夷陵的艰苦条件，欧阳修早有耳闻，心里做了最坏的打算。到了之后，发现现实情况比他想象的要好，当地能够种植小麦、稻谷，长江多鱼蟹水产，更值得一提的是，这里盛产水果，橘、栗、柚等到处可见，味鲜且美。欧阳修虽谈不上美食主义者，但能享受到出人意料的美味，心理十分慰藉。

夷陵与尹洙的贬所郢州比邻而居，书信来往比较方便。欧阳修给尹洙写信表明心迹，表达不向政敌妥协的决心。他说，给高若讷写信时，怀有极大的愤恨，他根本不曾把高若讷当朋友对待，对他要求并无苛刻。

给尹洙的信中说，这五六十年来，朝廷上下已经习惯了高若讷这样沉默畏慎的小人，我们这样直言敢谏，反而成了另类，让人感到惊讶。其实古代直谏君子很多，他们面对砧斧鼎镬都不会失去大义。他们从容赴死，像躺在床上休息一样随意自然。比起古人我们差太远了。

第六章　做一只不默而生的灵乌

欧阳修提倡古文，以韩愈为榜样。但对韩愈仕途生涯牢骚满腹、怨天尤人颇不以为然。欧阳修在信中对韩愈这一点进行了毫不留情的批评。他写道：

> 每见前世有名人，当论事时，感激不避诛死，真若知义者；及到贬所，则戚戚怨嗟，有不堪之穷愁形于文字，其心欢戚无异庸人，虽韩文公不免此累。

他与尹洙互相勉励："居闲僻处，日知进道""益慎职，无饮酒"，勤勉做官，不敢懈怠。

欧阳修说到做到，他到任后对县衙中的档案簿籍一一整理，将夷陵史上重要人物和事件汇编在一起，收入《集古录》。他翻阅过去的案卷，找出纰漏，进行补救，昭雪了许多冤案。县内大小官员见县令如此敬业，做事皆不敢疏忽。

夷陵县是峡州州府所在地，峡州知州朱庆基跟欧阳修是老相识。他同情旧友的遭遇，又深感夷陵条件简陋，委屈了这位大才子，于是在州府东边建造一间采光明亮、环境清雅的新房供欧阳修居住。欧阳修将新居所命名"至喜堂"，作《夷陵县至喜堂记》以表达感谢之情。

欧阳修在夷陵做的另外一件大事就是着手编纂《新五代史》，这是他在没有朝廷诏命的情况下私自启动的修史工程，是唐宋之后唯一的一部私修正史，是后世所谓二十四史之一。这部史书中，欧阳修用春秋笔法，讲述国家兴衰存亡的道理，其文笔不在《史记》之下，欧阳修因此被认为是魏晋陈寿之后近千年又一横空出世的史学巨擘。

除《新五代史》外，欧阳修在夷陵还有许多经史学著作，撰写了《原弊》《本论》《春秋论》《易童子问》《易或问》《名用》等政论文章，提出许多新颖的经史学观点，开一代学风之先，对儒家经学的研究作出了重大的学术贡献。另外欧阳修在夷陵写了大量诗词文章，歌咏奇山秀水，抒发不屈情怀。

知夷陵是欧阳修第一次被贬，政治上经历坎坷，学术上却造诣日深，所以后人评价"庐陵事业起夷陵，眼界原从阅历增"。欧阳修从此步入经史学研究和文学创作的快车道。夷陵也因欧阳修闪烁着史学的光辉。

与欧阳修在夷陵的艰苦闭塞相比，范仲淹的贬黜地饶州条件要好得多。饶州西临全国最大的淡水湖——鄱阳湖，是著名的鱼米之乡。其州治鄱阳县，有银鄱阳之称，可见其富庶。将范仲淹贬到此地，也是宋仁宗的薄责，格外加恩。

饶州风景秀美，境内河流纵横，处处湖光水色，碧波荡漾。不远处有庐山、黄山，都是天下名胜。范仲淹文人性情，爱山乐水，陶冶在饶州的秀美风景中，挥洒文采，抒写诗兴，在这里留下了许多动人的篇章。

鄱阳湖里有一处八十亩的小岛，形似倒扣在湖中的水瓢，因此得名"瓢里山"。瓢里山树木葱郁、百鸟群集，是休闲观赏的好去处。范仲淹把它称为"小南海"，挥笔写下"福地飞来小南海，禅心静到大西天"的对联，以"禅心"表达忘记朝政烦忧的愿望。他登庐山五老峰，写下《游庐山作》的诗篇：

> 五老闲游依舳舻，碧梯云径好和途。
> 云开瀑影千门挂，雨过松簧十里铺。
> 客爱往来何所得，僧言荣辱此间无。
> 从今愈识逍遥旨，一听升沉造化炉。

五老峰是庐山东南五座并列连绵的山峰，仰望如五位席地而坐的老翁，因此得名。五老峰根连鄱阳湖，范仲淹将它们比作湖上首尾相顾的船只。上山的路径直通云霄，又平缓顺畅，游人一边攀爬登顶，一边轻松从容地欣赏美景。瀑影飞流、松涛盈壑，心中有良辰美景，顿时升沉俱忘，荣辱皆休，逍遥自在。

湖光山色、云径瀑影像麻醉剂，可以让范仲淹一时忘却伤痛，却无法永久医治伤痕。他的伤不是自己荣辱得失的小伤，而是忧国忧民的大伤。

三出专城鬓如丝，斋中萧洒过禅师。
近疏歌酒缘多病，不负云山赖有诗。
半雨黄花秋赏健，一江明月夜归迟。
世间荣辱何须道，塞上衰翁也自知。

这是他的一首《郡斋即事》，坐在办公室里心情不爽，写下这首诗。范仲淹曾任润州、苏州太守，加上饶州，所以说"三出专城"。一句"鬓如丝"，既伤怀时光流逝，又感叹仕途挫折。诗人交往最多的是禅师，通过探讨佛经抚慰受伤的心灵。好久不愿歌酒了，为什么？无非有两种原因，一种是身体不适，另一种就是心情不适。身体多病是表象，心情苦楚才是根源。最后"世间荣辱何须道，塞上衰翁也自知"是明显的反语，如果世上荣辱不须道，诗人又何必在这里强调出来呢？衰翁自知，读者亦可意会。正因为有强烈的仕途挫败感，才会寄情于诗歌，"不负云山赖有诗"。

这首诗，才真实反映出彼时范仲淹的悲哀。

其实，诗中所言"多病"并非虚言，范仲淹来到饶州不久，就患上了肺炎。雪上加霜的是，他的妻子李氏，因为受到惊吓和长途奔波，竟含恨命终饶州。这些都是近疏歌酒的原因。

好在还有朋友愿意为他疗伤。

宁鸣而死，不默而生

范仲淹的悲哀，志同道合的朋友们懂。他们大多捎来诗文，寄予同情，劝他改改脾气，收敛性情，对世事不必太过认真。范仲淹出生于公历8月29日,按照西方星座学,属处女座。处女座追求内心的完美,完全不能屈从和妥协。范仲淹追求品格和道德的完美,以天下为己任,从不敢懈怠自己的政治抱负。他在同朋友的唱和中表达了这样的情怀。

谢绛离开西京洛阳后,代理开封府判官,后来又在吏部为官。谢绛与范仲淹同年及第,家族又有旧交,他寄来一首诗,对范仲淹的遭遇深表同情。范仲淹回了一首《和谢希深学士见寄》,写道:"心焉介如石,可裂不可夺。"心如石般坚硬,可以碎裂但不可以改变。

叶清臣,字道卿,是天圣二年的榜眼。他也寄诗对范仲淹表示慰问。范仲淹同样回了一首诗,题为"和叶道卿学士见寄",写道:"一入谏诤司,鸿毛忽其身。"自从当谏官的那一刻,就把生命视若鸿毛,随时可以牺牲掉。"可负万乘主,甘为三黜人。"范仲淹已经三次被贬,但毫无怨言。相反,感谢朝廷"薄责落善地",把自己安放在鱼米之乡,"拙可存吾朴,静可逸吾神",在此享风雅之乐。

此时,梅尧臣迁任两浙路建德县令,离饶州相对近一些,他与范仲淹诗文往来最为密切。范仲淹一到任,他就写《寄饶州范待制》表示慰问。范夫人病逝,他寄来挽词,表示哀悼。他还专门写一篇《灵乌赋》,劝导范仲淹。这篇赋不长,全文誊录如下:

乌之谓灵者何?噫,岂独是乌也。夫人之灵,大者贤,小者智。兽之灵,大者麟,小者驹。虫之灵,大者龙,小者龟。鸟之灵,大者凤,小者乌。贤不时而用智绐绐兮,为世所趋;麟不时而出驹流汗兮,扰扰于修途。龙不时而见龟七十二钻兮,宁自保其坚躯。凤不时而鸣乌鸦鸦兮,招唾骂于邑间。乌兮,事将兆而献忠,人反谓尔多凶。凶不本于尔,尔又安能凶。凶人自凶,尔告之凶,是以为凶。尔之不告兮,凶岂能吉?告而先知兮,谓凶从尔出。胡不若凤之时鸣,人不怪兮不惊。龟自神而剖壳,驹负骏而死行,智骛能而日役,体劬劬兮丧精。乌兮尔灵,吾今语汝,庶或汝听:结尔舌兮钤尔喙,尔

第六章 做一只不默而生的灵乌

饮啄兮尔自遂。同翱翔兮八九子，勿嗓啼兮勿睥睨，往来城头无尔累。

乌就是乌鸦，传说是种能预言凶吉的灵乌，不过它报忧不报喜，乌鸦叫，霉气到，所以大家都很讨厌它。人间有了凶兆，乌鸦及时前来报告，说明乌鸦对人类的忠诚。但人类不这样想，他们认为是乌鸦带来了厄运。其实，凶险本来就在那里，不管有没有乌鸦报信，该来的终将来临。乌鸦将凶讯告诉人类，使人类有所准备，回避厄运，这是乌鸦的功劳，却被人类误解。

作者深深地为乌鸦鸣不平。最后告诫乌鸦：结尔舌兮钤尔喙，尔饮啄兮尔自遂。结、钤，都是锁住的意思，把你的嘴封住，不让你发声，吃饭喝水你随便。

文中还提到另一类动物，即所谓"大者"，人中的贤者，兽中的麟，虫中的龙，鸟中的凤。这些"大者"是什么样子呢？"胡不若凤之时鸣，人不怪兮不惊。"凤凰该叫的时候叫，该沉默的时候沉默，所以人们都喜欢它。

很明显，梅尧臣将范仲淹比作"事将兆而献忠"的灵乌，劝他多报喜，少报忧，多做事，少说话。凤是乌的反面，指吕夷简这一类见风使舵、明哲保身的大臣。

梅尧臣与范仲淹认识很早，范仲淹第一次被贬睦州时，梅尧臣写诗为他鸣不平，勉励他不要放弃，以后定会重新受到重用。然而这一篇《灵乌赋》，却与过去的态度大相径庭，不是积极支持范仲淹的所作所为，而是劝范仲淹保身待时，闭口不言。

这事情很蹊跷，只能说，梅尧臣为人处世的态度发生了一些微妙的变化。梅尧臣也是一位志向高远的知识分子，具有古代知识分子的通病：渴望当官，当大官，说得好听点是"致君尧舜上，再使风俗淳"，为社稷和老百姓做点事情；说得自私点是改变一下自身的生活，提高一下社会地位。无论出发点是什么，总算是有抱负、有志向、有理想。但梅尧臣科举屡考不中，只好把希望寄托在老朋友的推荐、提携上。那一年，梅尧臣三十五岁,还是小小的县令,而范仲淹已经四十八岁,梅尧臣难免替范仲淹、替自己着急。

应当说,梅尧臣这一篇《灵乌赋》并无恶意,范仲淹说:"梅圣俞因为对我没有成见,所以作赋劝慰我。"但以范仲淹的品格坚如磐石,岂会在逆境中改变操守!

他写了一篇同题文章,表明心迹,作为对梅尧臣的答复。赋中以灵乌为第一人称,写道:

我有生兮,累阴阳之含育;我有质兮,处天地之覆露。长慈母之危巢,托主人之佳树。斤不我伐,弹不我仆。母之鞠兮孔艰,主之仁兮则安。度春风兮,既成我以羽翰;眷庭柯兮,欲去君而盘桓。思报之意,厥声或异。警于未形,恐于未炽。知我者谓吉之先,不知我者谓凶之类。故告之则反灾于身,不告之者则稔祸于人。主恩或忘,我怀靡臧。虽死而告,为凶之防。亦由桑妖于庭,惧而修德,俾王之兴;雉怪于鼎,惧而修德,俾王之盛。天听甚逊,人言曷病。彼希声之凤皇,亦见讥于楚狂;彼不世之麒麟,亦见伤于鲁人。凤岂以讥而不灵,麟岂以伤而不仁?故割而可卷,孰为神兵;焚而可变,孰为英琼。宁鸣而死,不默而生。胡不学太仓之鼠兮,何必仁为,丰食而肥。仓苟竭兮,吾将安归?又不学荒城之狐兮,何必义为,深穴而威。城苟圮兮,吾将畴依?宁骥子之困于驰骛兮,驽骀泰于刍养。宁鹓鶵之饥于云霄兮,鸱鸢饫乎草莽。君不见仲尼之云兮,予欲无言。累累四方,曾不得而已焉。又不见孟轲之志兮,养其浩然。皇皇三月,曾何敢以休焉。此小者优优,而大者乾乾。我乌也勤于母兮自天,爱于主兮自天;人有言兮是然,人无言兮是然。

范仲淹首先解释为什么要报忧。乌鸦的叫声不好听,但能警示于无形,防患于未然。哪怕引祸上身,也要冒死啼鸣。范仲淹把自己比作灵乌,受恩于君主,即使遭人诽谤、受到怀疑也要犯颜直谏。

文章以动物作比,表示决不像太仓里的老鼠、荒城里的狐狸那样苟且偷生,为了眼前利益而放弃自己的立场。宁可像千里马那样狂奔而累死,也不做贪图安逸被圈养的驽马。宁可做鹓鸟在天空翱翔而忍饥挨饿,也不要像鸱鸢为了小利徘徊在草莽之中。

范仲淹决心以孔子、孟子为榜样,即使奔走四方,颠簸憔悴,也不打算闭上嘴巴;即使最匆忙仓皇的时候,也要养浩然之气。

范仲淹借灵乌之口,表达不惧人言、不畏权势的决心。"宁鸣而死,不默而生",是专制社会知识分子对言论自由的觉悟和抗争。这一句,同范仲淹后来的"先天下之忧而忧,后天下之乐而乐"一样,是士大夫的政治理想和政治宣言!这也是范仲淹一生的为官准则。

这两篇《灵乌赋》,表达了不一样的政治观点,也成为范仲淹和梅尧臣友情的分界点。怀有投机心理的梅尧臣从此与范仲淹愈走愈远,又写一篇《灵乌后赋》诽谤、咒骂范仲淹,直至范仲淹死后,还对他恶语相加。

两败俱伤

范仲淹、欧阳修等居江湖之远,像呵护宝玉一样保护着自己的心志。居庙堂之高的宰辅们,新一轮斗争又如火如荼地拉开阵势。

斗争的主角依然离不开吕夷简,这次的对手是王曾。

吕夷简与王曾恩怨已久。

王曾是老资格的宰辅,真宗的时候就任参知政事。真宗去世,遗诏刘娥垂帘,遗诏由王曾代写。王曾写道:"皇后辅立皇太子,权(代理)听断军国大事。"宰相丁谓要求去掉"权"字,王曾据理力争,抗命不遵,最终刘娥只能代理国政。丁谓获罪后,王曾拜封集贤相,知开封府的吕夷简进入内阁,任参知政事,充当王曾的副手。

王曾非常赏识吕夷简。天圣六年(1028),另一名宰相张知白病死,王曾极力推荐吕夷简接替,刘太后却选用了仁宗东宫时的僚佐张士逊。直到张士逊因事被贬,吕夷简才如愿以偿与自己的老领导、大恩人王曾携手为相。

王曾做事认真,不怕得罪人。他对太后左右姻亲加以限制,导致太后不满,找个借口将他贬到青州。这样一来,吕夷简的地位超越了王曾。

在景祐二年二月的人事大洗牌中,吕、王再次搭档,不过这次吕夷简为首相,王曾为次相,二人刚好翻了个个儿。

接着就发生了范仲淹上《百官图》,跟吕夷简死磕的事。范仲淹深知吕夷简根深叶茂,不会那么容易扳倒,希望王曾伸出援手,毕竟朝廷之中,无论是资历还是职位,能够跟吕夷简抗衡的,非王曾莫属。范仲淹找到王曾,说:"明扬士类,宰相之任也。公之盛德,独少此耳。"意思是支持选拔知识分子,是宰相的责任。您老人家哪方面做得都很好,就是这方面差些。因为朝廷中团结在范仲淹周围的都是科举出身的年轻文人,所以范仲淹把自己阵营称为"士类",希望得到王曾的明确支持。

王曾不紧不慢地回答说:"夫执政者,恩欲归己,怨使谁归?"

这句话耐人寻味,可以从多个角度去解释。首先得确定王曾所说的"执政者"指的是谁?史载"仲淹服其言"。既然让范仲淹心服口服,这句话必定是普遍真理,执政者应当是泛指,对吕夷简,抑或对立的范仲淹,抑或彼时作为第三方的王曾都适用,因此这话不应该是对吕夷简的指责,也不会是幸灾乐祸,而是在教范仲淹如何做事。

那么王曾的意思就比较清晰了。执政不可能让每个人都满意,所以应当勇于接纳对自己的怨言和指责。

范仲淹一派,后来被称为"君子党",因为他们讲究道德,重视品格,像鸟儿爱惜羽毛一样爱惜自己的名声,并用近乎苛刻的标准去要求皇帝和每一位官员。王曾对"君子党"的弱点早有认识,这句话就是告诫范仲淹,这个世界五颜六色,每一个人都有可能被泼污水,招致怨言,所以对自己、对别人都要学会宽容,不应苛求。

这句话也是对范仲淹的含蓄反击。我王曾难臻完美，不能做到"明扬士类"，你不必责备求全；吕夷简作为首相，用人选人上招致不少怨言，在所难免，也不一定就是奸臣；范仲淹你爱惜名誉，那么需要为皇帝洗白的时候，让谁代朝廷受过？现在把您罢黜在外，这一点委屈，也要学会承受。

王老宰相这句话充满辩证哲理，这时的范仲淹似懂非懂。当他真正进入宰辅，主持新政时，才有彻底的领悟。

然而那是多么痛的领悟！

当然，对于王曾来说，"怨使谁归"？犹如我不入地狱谁入地狱？这是一种为君主、为社稷彻头彻尾的自我牺牲精神。想当年，他同丁谓斗争时是这样，限制刘太后权力的时候是这样，现在，面对吕夷简，依然义无反顾。

王曾对吕夷简的不满来自吕夷简的飞扬跋扈。失去监督的权力必然导致权力失控。排挤走了范仲淹，吕夷简愈加独断专行，唯我独尊，再也不把自己过去的老领导、大恩人放在眼里，更不用说其他臣僚。王曾感到这样下去很危险，决心舍身相搏，将吕夷简拉下马。

怎样才能让吕夷简心甘情愿地让出相位？王曾动起了脑子。王曾跟吕夷简同岁，至景祐四年，恰好六十。这一天，王曾对吕夷简说："咱们都是一个甲子的人了，年龄不饶人，我打算向皇帝告辞，给年轻人让路。"王曾是在将吕夷简的军，逼他表态共同进退。果然，吕夷简说："老兄宽限十天半月，等我写好表章，咱们一起面圣，给贤达腾位。"王曾见吕夷简上钩，内心欢喜。不料，吕夷简用的是缓兵之计。他抢先一步，独自把辞呈递了上去。等到王曾也递上辞呈，仁宗疑惑不已：这是怎么了，两位宰相一前一后都要辞职？因为吕夷简的辞呈在先，仁宗怀疑吕夷简受到了王曾排挤。

王曾弄巧成拙，偷鸡不成反蚀把米，恼羞成怒。景祐四年（1037）四月的一天，外界传言秦州知州王继明贿赂吕夷简，王曾借机到仁宗面前参奏他。仁宗让二人对质，王曾拿不出证据，一言不发。仁宗问王曾：

"你也有过错吗？"王曾说有。仁宗说："你二人都找个地方反思吧。"于是各打五十大板，将吕夷简贬到许州，又改任天雄军节度使；将王曾出判郓州。

当时的参知政事有三个人，宋绶、蔡齐和盛度。其中宋绶跟吕夷简要好，蔡齐则力挺王曾，盛度却像只蝙蝠，不受双方待见。吕夷简、王曾罢相后，仁宗问盛度："这两个人水火不容，到底怨哪个？"盛度这时候脑子开了外挂，机智地答道："二人心中怎样想的，我也猜不透。但有一个办法可以试探出来，就是征求他们俩谁可接班。"仁宗好奇心强，果然让二人推荐人选。结果吕夷简、王曾两个久历官场的政坛精英，都中了盛度的圈套。吕夷简推荐宋绶，王曾推荐蔡齐。仁宗豁然明了，原来你们争斗，没有一个出于公心哪！于是连同宋绶、蔡齐一并贬黜。宰辅中只剩下狡猾的胖子盛度。

片纸落去四宰执

帝国内阁一下子变成了空壳，急需填充补缺。仁宗想起古书上早有明训，乱世用能人，治世求平稳，遂任命了一堆老人担任宰辅。他们是：

六十五岁的王随、七十五岁的陈尧佐任宰相，六十六岁的韩亿、五十岁的程琳、六十六岁的石中立任参知政事，七十岁的盛度任枢密使。他们不但年龄老迈，最小的也是半个世纪的老人，而且位少人多，仅参知政事就任命了三个。这阵势明眼人都瞧得出，摆明了人浮于事，漫说干事创业，能维持住就行。

果然，没多长时间，两位宰相因身体欠佳，处于半休息状态，能五天上一次朝已属勤政。宰执们议事、办公的地方叫政事堂，本是帝国最繁忙、最紧张的场所，如今却与养老院无异。

宰辅们虽然不愿带病工作，但谋取私利却争先恐后，一点都不像有病的样子。王随一上任就把自己的子孙妥善安置提拔起来，并且贪得无厌，将亲朋好友无论远近只要沾得上边的，一律安排到肥缺部门。陈尧佐也不甘落后，儿子任期未满，就越级提拔，找了个有权有势的岗位，坐享其利。韩亿的次子韩综是天圣年间进士，担任群牧判官。韩亿认为长子韩纲不如韩综，决定先把韩纲安顿好，再慢慢培养发展韩综。于是让韩综上奏，主动把自己的官位让给兄长。韩亿的如意算盘是，韩纲接替韩综，朝廷总不会将韩综闲置不用吧？这样一箭双雕、一举两得。

如意算盘个个打得噼里啪啦地响，然而物极必反，几位老人终于惹出了麻烦。

这一年，各地州试，选拔贡举，向礼部申请省试。结果，陈尧佐的儿子被定为开封府试解元，排在第一名。韩亿的四个儿子同时参加考试，全部脱颖而出，进入省试。

一时间舆论大哗，瓜田李下，无私有弊，引起举子们强烈不满。事情一直闹到仁宗那里，弄得仁宗心烦意乱。

更让仁宗伤心的是，这一年诞下一个皇子，然而当天就夭折了。要知道，仁宗至今无子，那不仅是仁宗的心头肉，更是皇帝的家族基业！

皇子夭折，意味着上天的惩戒。可见，朝政出了问题。

这一年自然天象也频显异常。七月初八，数百颗流星划过天空，向西南方坠落。古人迷信，认为流星坠落，必有灾祸。到十二月二日，先是京师大地震，同日河东大地震。京师地震损失较小，河东地震惨不忍睹，仅忻州就死近两万人，伤五千多人，牲畜死亡五万多头。此后余震不断，老百姓妻离子亡，一时间均惶恐不安。

在中国古代的哲学语言里，没有纯粹的天灾，天灾出于人祸，皇帝应该检讨当政的过失。当时任大理评事、监在京店宅务的苏舜钦上疏指出："发生这么多灾害，应为皇帝您有阙失，上天发出了警示，所以应该鼓励大臣献言进谏。"各路大臣趁机上书言事，纷纷针砭时弊。

直史馆叶清臣上书，为范仲淹等喊冤，说："今年自然灾害这么多，肯定是陛下下失民望，上戾天意。自从范仲淹、余靖等被贬黜，大臣们都不敢上疏言事了，所以朝政有过失，也得不到纠正。希望陛下深刻反省。"

仁宗反省的结果，是将范仲淹从饶州徙往润州，欧阳修迁乾德县（今属湖北老河口）令，余靖监泰州税。这些地方比他们先前的贬所离京城近些，算是减轻处罚。

叶清臣是平冤，右司谏韩琦则陈弊。

韩琦，字稚圭。同范仲淹、欧阳修一样，韩琦少小而孤，但学识过人。天圣五年，他以弱冠之年考取进士第二名，震惊朝野。其间还有个小小插曲，更为人称道。考试快要交卷时，韩琦不小心将墨汁洒在纸上，前面所有的答题全部作废。就在考官为之惋惜不已的时候，韩琦从容不迫提出换张白纸重新答题。最后，相当于韩琦在规定时间内答题两次，并且有条不紊，竟然取得第二的好成绩，可见其有大气度、大格局，上下皆刮目相看。

如今，韩琦做官不过十年，资历尚轻，却诤言谠议，将矛头直指政事堂的老人帮。

韩琦认为祸端源于宰辅的贪婪腐败和行政不作为。他说："难道不是陛下辅弼之臣选择不当吗？您要是选忠正之臣，可以用杜衍、宋道辅、胥偃、宋郊、范仲淹等，如果选能干之臣，王曾、吕夷简、蔡齐、宋绶也不错。为什么不用他们，却用现在一干庸碌无为之人？"他痛心地说，不能让大宋八十年太平基业任由一帮庸臣将其葬送！

仁宗早已不耐烦这帮成事不足、麻烦不断的老人，于是一纸诏书，将王随、陈尧佐、韩亿、石中立四人罢免，这一届老弱病残的领导班子全部改组。这就是韩琦"片纸落去四宰执"的传奇故事。

让韩琦失望的是，新任命的宰辅都不在他推荐的名单之中：张士逊、章得象为宰相；王鬷、李若谷为参知政事；盛度、陈执中为枢密使。

仁宗亲政初期，出吕夷简，任命张士逊为首相，但因为能力不济，不久又把吕夷简请了回来。这一次，张士逊主政，面临的形势比过去严重得多，因为西北狼烟骤起。

第七章
星星之火怎样燎原

战争与和平

同样是中原一支独大的王朝，宋的国际形势与前朝大为不同。

自秦始皇统一以来，中原王朝北方边疆无不抵达燕山之麓，以燕山为屏障，抵御北方少数民族的入侵。晋帝衣冠南渡之后，北方沦陷在胡狄铁蹄之下，这些民族久居塞内，成为华夏族一员。分裂之后的大一统王朝，必定能将北疆推至燕山或者更北。比如南北朝结束，接下来的隋朝北部疆域直抵大漠。

北宋是个例外。

其缘由要追溯到契丹和五代之中的后晋。

契丹是鲜卑族的一支，原本生活在辽水上游，今内蒙古赤峰、通辽一带。唐末，藩镇割据，天下大乱。契丹首领耶律阿保机趁机称帝建国，国号契丹，后改称辽国，耶律阿保机为辽太祖。辽太祖死后，太宗耶律德光即位，成为中国北方一支强盛的政权。

其时，中原正处于五代十国时期。后唐宿将、河东节度使石敬瑭受到皇帝猜忌，朝不保夕。公元936年，后唐派军队包围太原，围困石敬瑭。石敬瑭无奈，向契丹求救，并许诺对契丹称臣，割让幽云十六州。耶律德光觊觎中原已久，苦于没有机会，石敬瑭卖国求荣，正合其意，于是亲率五万兵马增援石敬瑭，辽军不仅解了太原之围，而且与石敬瑭联手攻陷后唐都城洛阳。后唐灭亡，石敬瑭建立后晋，称呼小他十一岁的耶律德光为父皇帝，每年进奉帛三十万匹，并将北方幽（今北京市）、蓟（今天津蓟县）、瀛（今河北河间）、莫（今河北任丘）、涿（今河北涿县）、檀（今北京密云）、顺（今北京顺义）、新（今河北涿鹿）、妫（今属北京）、儒（今北京延庆）、武（今河北宣化）、蔚（今山西灵丘）、云（今山西大同）、应（今山西应县）、寰（今山西朔县东马邑镇）、朔（今山西朔县）十六州割让给辽国。

幽云十六州，涵盖了整个燕山山脉。燕山之南，是一马平川的华北平原。从此，中原政权再无天堑可守，其后的后晋、后汉、后周、北宋等，暴露在契丹和女真的铁蹄之下，时时受到他们的威胁。

事实上，以儿皇帝自居的石敬瑭，他所建立的后晋也亡于契丹之手。

后周世宗柴荣雄才大略，有意收服幽云十六州。他带兵北伐，连克数州，将兵力推进至幽州。时辽穆宗不能敌，有意放弃幽州。不料柴荣恰在这时病重，只好退兵，回京师开封后不久去世，北伐功亏一篑。

假使天命眷顾，辽国可能从此困居塞外，金、蒙古难成气候，历史是怎样一种模样，难以妄加揣测。

当然，如果这样，传承几百年的朝代恐怕姓柴，叫周，而不是赵宋。

历史，有时是由一系列偶然事件决定的。可惜柴荣去世时，年仅三十九岁，正值英年。

赵匡胤、赵炅篡周建宋，统一中原后，试图收服幽云十六州。这一时期，辽朝分别由景宗、萧太后、圣宗当政，政治清明，经济发展，军力强盛，宋太宗数次北伐，均无功而返。太平兴国四年（979），宋攻下太原的北汉政权，打算乘胜收服幽州。不过宋师疲惫，再加上轻敌，在高梁河（今北京西直门外）被辽军击败，赵炅差点成为俘虏。雍熙三年（986），宋太宗赵炅孤注一掷，发三路兵马伐辽，试图合围幽州。宋辽激战于岐沟关（今河北涿县西南），血流成河。最后宋军伤亡惨重，溃败。而后，辽军又击败其他各路宋军，还俘获了"杨家将"中杨继业的原型杨业。

雍熙北伐，彻底改变了宋辽对峙形势，宋国力穷沮，被迫在战略上采取守势。景德元年（1004）秋，辽国大举攻宋。经过三个月攻伐，两军对垒于澶州（今河南濮阳），宋真宗亲临前线督战，辽军不能攻克澶州，又担心孤军深入，补给难以供应，于是提出议和。宋真宗没有取胜把握，担心汴京受到威胁，同意和谈。

经过两国讨价还价，终于达成和议：以白沟河（今属河北保定）为界，于边境设置榷场，开展互市贸易。双方结为兄弟之国，宋每年向辽援助银十万两，绢二十万匹。这份协议就是历史上著名的"澶渊之盟"。

澶渊之盟是中原政权首次以合约形式与他国缔结和平。塞外游牧民族由于粮食、布帛匮乏，因此不断抢掠中原，中原与北方的战争几乎贯穿整部中华发展史。澶渊之盟花钱买平安，宋朝节省了大量军事开支，辽国通过经济援助和边境贸易，得到粮食和布帛，对双方都有利，为中原与游牧民族和平共处提供了一种思路，具有划时代的意义。澶渊之盟后，宋辽之间近百年没有发生战争冲突。不过，宋在战争有利的形势下缔结盟约，永远失去了收复幽云十六州的机会。

和平是朝廷和老百姓共同的期盼，但和平的最大副作用是，久而久之，双方兵备松弛，不愿也不会打仗。在遭受第三方民族入侵时，只能节节而败，割地求和。西夏、女真，甚至蒙古的崛起，追根溯源，澶渊之盟时已经种下因由。

见龙在田

关中平原向北，是风沙漫漫的黄土高坡和一望无际的荒漠高原。沙漠与丘陵交接的地方，沟壑纵横，山梁蜿蜒，滩涂密布。这里有广袤的牧场，出产牛羊和良种战马。还有上好的青盐和丰富的矿产。汉末，这里是匈奴民族集聚的地区。北朝时期，中原分崩，各民族蜂拥鹊起，大小政权星罗棋布。匈奴人赫连勃勃在此筑城，号统万城，割据一方，称夏国，之后这里就被称为夏州。公元八世纪，唐代宗将羌族的一支党项人迁居于此；九世纪，黄巢起义，攻入长安，党项人首领拓跋思恭帮助朝廷讨伐黄巢，收复长安。唐僖宗因功封拓跋思恭为夏州节度使、夏国公，赐姓李。从此李思恭及其后代成为这块土地的主人。唐亡，中原进入五代混乱时期，后梁、后唐、后晋、后汉、后周几个政权走马灯似的更迭，李姓党项人对中原各王朝俯首称臣，中原王朝无暇他顾，李家顺风顺水，得以割据夏州，势力覆盖夏（治今陕西靖边）、绥（治今陕西绥德）、宥（治今内蒙古鄂托克前旗）、银（治今陕西米脂）、静（治今宁夏永宁）五州，包括现在的陕西北部、宁夏和内蒙古部分地区。这一块地区又被赐为定难军。

进入宋朝，李家依然故技重演，奉为正朔。定难军正东，现在的山西中北部，以太原为中心，盘踞着一个割据政权，叫北汉，属五代十国中的十国之一。宋太祖、宋太宗讨伐北汉，李家积极配合，多次打败汉军。两位宋帝见他们没有多少野心，默许了李家政权的存在。

太平兴国年间，李家的当家人叫李继捧。宋太宗有意削掉藩镇政权，将定难军收归中央。他将李继捧及李家宗族都接到汴京，任命官职，给予优厚待遇，然后派官吏到夏州接管政权，准备在李家地盘上实行郡县制。

如果顺利，定难五州将彻底纳入帝国版图。

李继捧一位族弟，叫李继迁，此人志向不凡，不愿老老实实将自家传统领地拱手相送。于是，在一个月黑风高之夜，带领数十名部下逃遁入茫茫的鄂尔多斯大草原。

李继迁相当有政治头脑。他带的人马虽少，但身份高贵。所到之处，向当地酋长、豪强求婚，连娶了数位首领的女儿为妻妾，结为姻亲，和这些人勾结一起，实力大增。

在党项各部支持下，李继迁再整战鼓，打败宋将曹光实，杀回夏州。赵炅派大军讨伐，李继迁就向辽国请降，找强有力的靠山，被契丹人封为夏国王。

此后，宋辽之间展开拉锯战，无暇他顾。李继迁抓住机会，不断发展势力。宋真宗即位后，为息事宁人，承认李继迁对定难五州的统治。但李继迁狼子野心，欲壑难填。宋真宗咸平五年（1002），李继迁攻陷北宋西北重镇灵州（今宁夏灵武市），改名西平府。灵州对宋、夏都有特殊意义，这里毗邻丝绸之路，是西域番邦部落往来要塞。占据灵州，犹如在丝绸之路上楔入一颗钉子，随时可以劫掠通往宋境的商队，阻隔宋朝同诸番邦的联系。

李继迁只用二十年时间，从数十骑发展为拥有河套、河西大片领土的独立王国。星星之火可以燎原，李家的星星之火，已经燃烧出西夏的美好山河。

景德元年（1004），李继迁在同吐蕃作战中，受埋伏中计身亡，其子李德明继位。

李继迁生前，嘱咐李德明一定要与宋朝讲和，"一表不听则再请，虽累百表，不得请，无止也"。如果宋朝不允许，就一直请下去。李继迁的用意，是在宋辽之间投机取巧，获得平衡，这样才能自保。果然，宋辽双方都极力拉拢李德明，宋朝封李德明为平西王，行夏州刺史，并授检校太师兼侍中。辽国则封他为"大夏国王"，这也是西夏国的前身。

李德明脚踩两只船，在宋辽之间游刃有余。除了获得政治上的好处，他还同宋辽进行非正常渠道贸易，大量走私马匹、青盐、粮食等，从中获取丰厚的经济利益。李德明不敢同宋辽作战，转而向西方开疆拓土，南击吐蕃，西伐回鹘，领土面积大为扩张。加上后来元昊拓展的疆域，等西夏立国时，已经统治夏、银、绥、宥、静、灵、盐、会、胜、野、甘、凉、瓜、沙、肃等十多个州。其东南有横山可据，北部横跨贺兰山脉，西边直达祁连山、焉支山险要，都城设在怀远镇，改名兴州（今宁夏银川），西夏俨然成为地域广阔的大国。

《周易》六十四卦，首卦为乾，叙述一个国家，或者一个部落、一个人由蛰伏到崛起的过程。其第二爻曰："见龙在田，利见大人。"龙开始游走在原野，在等待一个时机。经过李继迁的隐忍与抗争，李德明的蛰伏与扩张，现在的夏国，如见龙在田，完成了原始积累，只需要有"贵人"助推，就可一飞冲天。

龙不会甘心永远游走于地面，不受约束的权力必然带来私欲的膨胀，对于一个国家也是这样。天圣十年（1032），李德明去世，其子元昊继位。元昊，出生于宋真宗咸平六年（1003）的端午节。在古代，端午节为恶日，端午出生的孩子就像恶魔，妨碍家人，不利亲友。果然，元昊出生不久，祖父李继迁战死沙场。长大后，元昊身材魁梧，圆脸高鼻，性情凶鸷狠毒，不甘人下，其雄才大略更在祖、父之上。

知子莫若父，李德明知道自己这个儿子不是安生的主，临终前嘱咐："吾久用兵，疲矣。吾族三十年衣锦绮，此宋恩也，不可负。"用兵打仗，连年征战，使兵疲国穷。李继迁跟李德明，都在行将就木的时候认识到和平的重要性，认识到发展经济才是硬道理。但年轻人血气方刚，根本听不进长辈一生的成败教训。元昊尤其对父亲屈膝于宋室嗤之以鼻，看到父亲奄奄一息，强硬地说："衣皮毛，事畜牧，蕃性所使。英雄之生，当王霸耳，何锦绮为？"我们这个民族，本性就是穿皮毛，吃牛羊。大丈夫生于天地之间，就要成就王霸之业，怎么能被华美的衣服所左右？

宋辽的附庸国的地位显然无法满足元昊的野心，他要建国，做一个可以跟宋辽平起平坐，有尊严的真正的皇帝。

改制建国

李继迁、李德明既向辽国请降，又受宋的册封。所以元昊即位后，要继承父亲的官爵。当大宋使臣来到兴州，宣读授爵拜官的圣旨，元昊跪在地上，心里五味杂陈。一方面，平西王、夏州刺史、检校太师兼侍中，这样的官位在大宋绝无仅有；另一方面，向遥远的宋室皇帝叩首谢恩，他又感到深深的屈辱。他下定决心要改变这种不平等的局面！

促使他付诸行动的，是两个汉人。

这一天，兴州临近王府的酒馆里来了两个汉人，他们一到酒店就大吵大闹，故意吸引人们的注意。二人要了上等的酒菜，山吃海喝一通，喝得醉醉醺醺，开始破口大骂。一会儿骂大宋朝廷有眼无珠，一会儿骂夏州王爷井底之蛙。临走的时候，用笔在酒馆的墙壁上写道："张元、昊昊来饮此楼"。酒店老板害怕至极，因为二人的名字中，有一"元"字，有一"昊"字，正犯了元昊的名讳！赶紧报告官府，官府派人蹲守酒店，单等二人再来饮酒，自投罗网。

果然，第二天，二人又来，还是一番吃吃喝喝、骂骂咧咧。等酒至半酣，巡捕突然出现，将二人按倒，问："为何咒骂大夏王爷，为何犯王爷名讳？"二人却不正面回答，只嚷嚷着要见元昊王爷。巡捕见二人不像寻常之辈，就径直押解王府。元昊听到汇报，感到其中必有蹊跷，于是亲自提审二人。张元道："王爷连姓都改了，还在乎名被人冒犯吗？"这话正击中元昊的痛处。在唐朝，皇帝赐他们家姓李，到了宋朝，皇帝又赐他们家姓赵，他们的本姓"拓跋"反而无人知晓。元昊连忙为二人松绑，摆酒设座，促膝而谈。二人所说的话竟句句中心，元昊相见恨晚，就好像文王初遇子牙，刘备访得孔明，于是聘二人为军师。

原来，这二人都是宋国境内的读书人，自认才华横溢，但科举却屡试不第，经常哀叹怀才不遇。有一次，二人结伴到塞上游学，看到天地辽阔，山川伟岸，是用兵打仗的好地方，于是浮想联翩，产生了许多非分之想。过项羽庙，在项羽像前酒醉痛哭："始皇愚昧，才有刘邦、项羽推翻秦朝的壮举！"然后擦干眼泪，决心投奔西夏，辅佐元昊做出一番惊天动地的伟业。

有才能的读书人失去了上升通道，就会旁逸斜出，走上造反叛逆的道路。这也是宋朝十分注重科举的原因。尽管如此，难免有遗珠之憾，促成了西夏的崛起。

查究历史，凡少数民族能够觊觎中原、有所作为者，背后大多站着一些汉族读书人为其辅弼。这些军师谋臣，客观上加快了他们汉化的步伐，促进民族融合。不过，他们怂恿落后民族攻打本族，为华夏文明带来深重灾难。西夏如此，蒙古、满洲无不如此。

宋代之前，民众和读书人只知君主、社稷，不太注重国家概念。所以，叛国投敌，对于不在朝中任职的平民来说，并没有多少道德负担。

正是宋朝皇权观念相对淡薄，传统国境内又活跃着辽、夏、金、蒙古等政权，国家的意识在汉人中才得以巩固和强化。

在张元、吴昊的指导下，元昊对内政进行一系列改革，强化党项人民族意识和身份识别。

第一步就是为自己确立一个"姓"。为此，元昊改名"曩霄"，自称"嵬名兀卒"。"嵬名"是鲜卑"元"姓的党项音译，"兀卒"是可汗、天子。元昊通过改名向世人宣布，他不姓李，也不姓赵，姓元！

接下来，他在年号、装束等方面推行"去汉化"。过去，作为宋的藩属，夏境内用的是宋室朝廷的年号，元昊建立自己的年号，一开始叫"开运"，开运是五代时后晋的一个倒霉年号，有人指出不祥，于是改为"广运"。装束上强制境内党项人"剃发易服"，同后世满洲的发型不同，党项发型，剃掉脑袋顶上的头发，只留四周结成短辫。衣着上，选择回鹘服饰，头戴尖顶冠，身穿圆领、窄袖、收腰白色长袍。西夏灭亡后，党项人的服饰保留了下来，直到清人入关。比如明末起义军领导人李自成，世居银州米脂县李继迁，应属元昊后代，其装束与党项人无异。

元昊的剃发易服只在党项人内部实行，并没有像清朝入关那样遭遇太大阻力。

元昊最重要一项改革，是创立文字。他命大臣野利仁荣组织一帮人，根据党项语言自制党项文字。说是新创，其实是在汉字的基础上增减、移动笔画。其字形繁杂，书写不易。但不管怎样，有了文字，就有了自己民族的文化传承。造字的时候，为了表示对汉人的愤怒，元昊特地把"汉"字造得跟个小虫子似的。透过这个字，看得出他自卑而倔强的灵魂。

所有日常生活中，尽量去除汉文化的痕迹，但国家政治体制上，元昊却不能不承认宋代的先进。在张元、吴昊的一手操纵下，元昊政权设立中书、枢密、三司、御史台，基本是宋朝的翻版。官员则有汉人，有党项人，也算不拘一格用人才。

兵制上，将西夏分成十二个监军司，相当于十二个战区。由于西夏人口比较少，全国只有二百多万，所以在国内实行全民皆兵，青壮年一律编入军籍，军人数量达到五十万。这些军人忙时种田，闲时打仗。

看看西夏立国前做的这些事，不能不佩服元昊，张元、吴昊确实有点能耐。

完成了这些，一个国家的雏形基本形成。宋仁宗宝元元年（1038），元昊在野利仁荣等大臣的拥戴下，正式称帝，国号大夏。升兴州为兴庆府，作为都城。

对于大夏建国，宋辽一定不能接受，为此，元昊做了精心的军事准备。

辽国在北，元昊部署七万兵力以作防范；西南同宋国环庆路（治庆州，今陕西庆阳）接壤，部署五万兵力防范；南边同宋国鄜延路（治延州，今陕西延安）接壤，部署五万兵力防范；在甘州（今甘肃张掖）部署五万兵力，防范吐蕃、回鹘。

部署停当，元昊才派人诏告两位强邻，过去的宗主。

政治正确与实事求是

大夏国的立国诏告送达汴京时，宋朝上下对元昊的所作所为还一无所知。

景祐五年（1038）十一月十八日，对于宋室是个大日子。这一天，仁宗皇帝亲自到京师城南，举行一场高规格的国家大典。大典的主要内容仍然是祭祀天地与先祖。与往常不同的是，这次大典声势浩大，仅仪仗队员就用了两万多人。朝廷之所以如此看重这次大典，是因为群臣要在这次大典中为仁宗上尊号。

中国皇帝原本生前不加尊号，死后才有谥号，如汉代刘彻，谥号孝武皇帝；唐代李隆基，谥号至道大圣大明孝皇帝。唐代之前有些皇帝有庙号，还以刘彻为例，庙号为世宗；唐代之后，几乎所有皇帝都有庙号，如李隆基庙号玄宗。后世称呼唐代之前的皇帝，一般用谥号；称呼唐代之后的皇帝，一般用庙号。

自唐代起，帝骄臣谀，又形成一个恶习，就是为皇帝生前加尊号。如唐玄宗生前加"开元天地大宝圣文神武孝德证道皇帝"一长串尊号。

群臣为宋仁宗加的尊号为"宝元体天法道钦文聪武圣神孝德皇帝"，难念难记，并没有什么用处，只是满足一下皇帝可怜的虚荣心。

在自我陶醉中，仁宗龙心大悦，决定从即日起改年号为"宝元"。按惯例，更改年号一般在新年之际，现在离年底只有四十多天，仁宗皇帝却已经等待不及，心血来潮更改年号，带来记述上的混乱。公元1038年，既是景祐五年，又是宝元元年。

新年号带来的麻烦还不仅如此。帝王改年号要铸造新币，新币要铸上新年号和"元宝""通宝"字样，如"天圣通宝""明道元宝"。新年号的麻烦在于，无论是"宝元通宝"还是"宝元元宝"，总是无法避开重字。怎样合理绕开这个"坑"，仁宗君臣绞尽脑汁。最后，还是仁宗自己找到变通之法，钱币之文铸成"皇宋通宝"，不用年号。这在中国古代绝无仅有，成为孤例。所以现在古钱币市场上，"皇宋通宝"格外珍贵，受到收藏家的追捧。

新年号的种种麻烦，似乎是个不祥之兆。接到元昊的建国诏告，宋国君臣检讨年号，发现了年号里隐藏的谶意："宝元"，应到元昊身上，是以元昊为宝，还是保护元昊？这让朝廷上下大为恼火，将只用了不到一年半的"宝元"年号废止，改元"康定"。康定者，康复河山，平定叛乱之意也。

当然，改年号无异于意淫，要想遏制元昊的野心，还需要有实实在在的应对措施。对此，大宋君臣展开激烈的争论。

国家已经几十年没有打过仗了，就像一个人长时间没有活动筋骨，究竟有多大力量心中没数。但这不妨碍他们夜郎自大，因为西夏在他们看来就像还没长成的小孩子，论人口，论财富，特别是论文明程度，西夏无疑都相形见绌。这样一个贫瘠之地的蛮族，无论怎样也不会是大宋的对手吧？为此宰相张士逊口出狂言："元昊小丑，出师征讨，旋即诛灭。"

谏官吴育是个务实派。他深知朝廷中这一班人，要耍嘴皮可以，真正打起仗了，马上会猛虎变狗熊。他向仁宗建议："元昊已经称帝，他一定经过了精心准备。如果仓促出兵，以无备战有备，恐怕凶多吉少。不如姑且答应他的要求，让他没有出兵的借口。我们这边抓紧备战，争取时间，做到有备而战。"

其实张士逊心里也真没底。但这样抬高元昊，有政治不正确之嫌。作为宰相，总不能长他人志气，显得自己无能吧？他斥责吴育迂腐可笑，杞人忧天。

好在宋朝并不太讲究政治正确，所以仁宗决定问问前线官员的意见。

毗邻西夏盐州的泾州（治所为今甘肃镇原）知州叫夏竦，他从真宗朝就开始为官。到仁宗朝，做过龙图阁大学士、参知政事、枢密副使、三司使等重要职务。元昊反叛，朝廷将他派到前线，为泾州知州。夏竦是位无德有才的官员。他玩弄权术，反复无常，被称为奸诈小人。但他很有才干，曾经帮助朝廷制定对武官的赏罚细则，使武官管理有了明确依据。

夏竦虽然到任时间不长，但对当前面临的形势有了基本判断。朝廷派庞籍来征询他的意见，他向朝廷上了道奏章。从几个方面分析形势，比较了双方军事力量。

从历史经验来看，太宗年间，李继迁背叛，屡次入侵朔方。太宗派五路兵马进讨，都无功而返。后来又派有经验的大将掩袭，也没有能将他剿灭。先皇帝总结主动出击、追讨敌人的弊端，告诫边疆严防死守，不要轻易出击。

从军事发展来看，自从灵州陷落之后，西夏比李继迁时期富足强大多了。而我方呢？现在关中的军队，肯定比不上先朝久经沙场的军队。

先朝能征善战的军队尚且不能奈何西夏，何况现在的太平之师？

从地形地势上看，元昊势力延伸到贺兰山脉、黄河以北，地域广阔，战略纵深大，我方如果贸然出击，分兵深入，军粮会供给不上，劳师费粮，令人担心。

从武器装备上看，我军如果要端掉元昊老巢，必须渡过黄河。长船巨舰不是仓促之间可以准备好的，如果用浮桥牵引，渡河过半，敌人来袭，将无法抵御。

经过多方比较，夏竦得出结论：只宜固守边疆，不可轻易出击。基于这样一个基本观点，夏竦向朝廷提出十条具体建议：

一、训练一支善于射箭的狙击手，作为能够远距离作战的奇兵；

二、笼络关外边陲凶蛮善战的羌人作为依靠；

三、位于青唐城（今青海西宁）的唃厮啰父子与元昊有大仇，诏令他们从背后袭击，协力破贼；

四、评估前线各处地势地形、军队作战能力、守卫武器数量，合理增减调配驻军；

五、诏令各路协同作战，互相呼应增援；

六、当地民风彪悍，熟悉地形，每州招募一两千当地人参军；

七、增置弓手、壮丁、猎户，以增加城池防御力量；

八、边地的小寨，不要积蓄粮草，如果敌人攻势猛烈，就弃小保大，以保存兵力；

九、关中百姓犯罪比较轻的，允许他们用粮食抵罪，以增加边疆财力和军队补给；

十、减少边疆的冗兵、冗官和骑兵，以减轻补养压力。

夏竦这十条，思虑周详，应对得当，说字字珠玑也不为过。但朝廷一开始总是好大喜功，只有碰壁之后，才会实事求是。宰辅和一干朝臣争相献谀，要主动出击，在短时间内荡平西夏。

虽然打算一蹴而就，军事行动毕竟要有一段准备时间。所以，经过激烈讨论，宋朝君臣达成共识，首先采取几条措施：一是削夺元昊的所有官爵，撤销赐封的国姓，贬为平民；二是关闭与西夏边境的交易市场，禁绝一切贸易往来，进行经济制裁；三是调整陕西武装部署，将陕西路沿边地区辟为鄜延路（兼知延州，今陕西延安）、泾原路（兼知渭州，今甘肃平凉）、环庆路（兼知庆州，今甘肃庆阳）、秦凤路（兼知秦州，今甘肃天水）四个区域，称陕西四路，授予其经略安抚使掌握军政大权，为最终解决西夏割据做军事准备。

应当说，这三条都是必要的应对之策。特别是第二条，西夏贫寒，长期依赖宋朝的接济和边境贸易，断绝经贸往来，无异于釜底抽薪。后来西夏在军事行动连续获胜的情况下，向宋朝议和称臣，与经济困顿有很大关系。

可怜宋室对西夏政治军事乃至地理环境一无所知，军事打击一时难以开展，于是诏令有了解西夏国情的，到京师向朝廷陈述武装攻取西夏的方略。对抓获西夏侦探的，赏钱十万。

对西夏这样一枚定时炸弹，平时毫无警戒，放任自流。等狼烟将起，只得临时抱佛脚，这是宋朝军事上的悲哀。

不过，由于对西夏了解太少，使宋朝君臣"出师征讨，旋即诛灭"的策略没有能即时实施，客观上形成对西夏的守势。否则宋朝军队可能会输得更惨。

第八章
西北狼烟

计破金明寨

就在宋朝无所适从的时候，西夏对大宋虎视眈眈，军事部署已经进入实际运作阶段。

张元给元昊谋划说，既然称帝建国，必然得罪辽宋两国。但这两个国家不能同时为敌，需要拉一个打一个，所以要施展连横合纵之策。元昊一合计，辽军能征善战，不好惹，宋国虽然富裕，但重文轻武，官员们一个个沉溺于富贵乡里，哪曾见识过干戈，还是宋国好欺负一些。况且，辽国同西夏一样，严寒贫瘠，打下土地也没有太大收益。宋国遍地财富，让人眼馋，拿宋国开刀比较合适。

明确了战略方向，张元先给元昊制定军事规划，首先设定一个小目标：打下关中，威胁中原！

宋、夏边界很长，中间横贯着横山山脉。横山山脉自东北向西南方向延伸两千余里，形成一条天然分界线。元昊只有突破横山山脉，才能兵临渭水，窥伺关中。然而漫长横山，哪里才是突破口？元昊对各地宋军防务情况进行试探性攻击，了解虚实。

保安军属宋鄜延路所辖，位于银州、盐州、宥州、延州、环州、庆州、原州等几个州府的交界处，是太平兴国年间，宋太宗为防范党项人专门设立的军事要塞。李德明时期，宋、夏关系不错，宋在这里设置榷场，供两国交换物资，开展贸易。宋的丝绸、锦绮、茶叶、粮食，夏州的青盐、牲畜，都在这里交换买卖。

现在，这里无疑是宋、夏战争的桥头堡。

元昊要从这里撕开大宋国的裂口！

宋宝元二年（1039）十一月，踌躇满志的元昊亲率军队，到保安军叩关扬威。这是他对宋国发动的第一场战争。虽然只是试探性进攻，却也志在必得。

西夏军以骑兵见长，所过之处，战马嘶鸣，尘土飞扬，加上冬季寒风呼啸，草木萧萧，大有摧枯拉朽、横扫千军之势，令人胆战心惊。

宋军享三十年太平，将不知兵、兵不知战，哪里见过这样的阵势，早已吓得双腿打战，不要说杀敌立功，就是逃命恐怕也跑不利索了。

所以双方一接触，宋军就呈溃败之势。宋军将领、保安军巡检刘怀忠战死沙场。

就在这千钧一发之际，只见一挺拔男儿，披散着头发，脸上戴一副青铜面具，纵马扬枪，驰入乱阵。他左冲右突，枪挑一片，所到之处，必有敌人血肉横飞，身首异处。其如凶猛罗刹，迅猛捷疾，于千军万马之中，纵横驰骋，锐不可当。西夏军哪里见过这样古怪的装扮、这样高超的武艺，以为武煞星下凡，纷纷溃退，避其锋芒。宋军受到鼓舞，也开始稳住阵脚，展开反攻。顿时，战局形势逆转，宋军越战越勇，西夏军人心涣散，无心再战，像失去巢穴的马蜂，四处散开，乱作一团，仓皇逃命。元昊见败局已定，赶紧收兵，带着残余人马撤回西夏境内。

这位散发铜面的勇士，正是北宋屈指可数的战神狄青。当时他仅是保安军的巡检司指挥使，是军队中最低一级长官，相当于班长。

狄青，字汉臣，汾州西河（今山西汾阳）人，出生于大中祥符元年（1008），与韩琦、苏舜钦同岁，是年32岁。狄青年轻时代兄受过，被押解京城，编入军队，任职拱圣营。古代规矩，犯罪从军的，要在脸上刺字，被称为"面捏"。狄青日后被称为"面捏将军"，起源于此。

拱圣营是皇帝禁军之一，在汴京城南驻扎。元昊反后，朝廷动员军人充赴前线，狄青素有大志，想要建功立业，于是主动报名，就这样来到前线，驻扎在保安军。

狄青作为最基层军官，非战时状态，中心任务是训练士卒。宋朝军队纪律松懈，士卒懒散，不愿吃苦训练，在皇城禁军中轮值的士卒尤其如此。狄青性格刚烈，脾气急躁，急于求成，因此对待这些士卒非打即骂，手段狠辣。成大事者不拘常规，无可厚非，但一次下手太重，竟将士卒打死。杀人偿命，狄青论罪当死。这时，保安军的上级，延州知州范雍救了他。范雍是典型的文人，心慈手软，待人宽厚，有识人之明。他见狄青气度不凡，况且打死士卒的出发点也是为国效忠，于是刀下留人，救下狄青，这才有后来狄青在保安军击退西夏军，保卫边疆的英雄事迹。

为了挡住脸上的刺字，也为了给敌军以更强烈的震慑，打仗时，狄青习惯披散头发，戴上特制的面具。日后，这副铜面具，将变成西夏人的噩梦，变成令敌军闻风丧胆的见证。

西夏军退后，论功行赏，狄青被破格提拔，连升四级，任命为"殿直"。

元昊从保安军退兵后，知道这里不好惹，于是去其他地方寻找突破口。

保安军向西，沟梁山壑，地形复杂，不容易突破。保安军向东，是延州。延州地形相对开阔。范雍到任后，感到元昊有可能从这里下手，向朝廷打报告说："延州地面开阔，防御工事少。士兵寡弱，没有有名的将领，希望能给我们增派一些将士。"但这个报告送上去，就没有了下文。

西夏为反宋蓄谋已久，派很多侦探到宋境内勘察军情，对宋朝的军事部署掌握颇多。他很快就盯上了防线最为薄弱的延州。

延州的前沿要塞是金明寨，由都巡检使李士彬率兵防守。李士彬本身就是党项族酋长，率领金明等十八寨彪悍羌兵，战斗力特别强。最初，元昊想要"不战而屈人之兵"，打算收买李士彬。李士彬不为所动。接着又用反间计，诡称李士彬已经投降，但被延州识破他的诡计。最后，他想出"诈降计"。先突袭金明寨，被打退后，四处散布言论，称赞李士彬英勇无敌，如此一来，李士彬颇为自负。然后，不断有西夏士兵"慕名"到金明寨投诚。李士彬也不怀疑，只是请延州知州范雍将这些投降的士兵别处安置，远离前线。但范雍是个书呆子，军事上基本一窍不通，一厢情愿"以夷制夷"，要求李士彬就地使用这些降兵。西夏前来投降的士兵越来越多，金明寨中，安置了大量西夏士兵。而这些士兵，都是诈降，埋伏在金明寨中，等待时机。

康定元年（1040）正月十八，在春节喜气未退、天气严寒正炽的时候，元昊率两路人马向宋境扑来，一路佯攻保安军，给宋军制造假象，另一路十万大军暗袭延州的金明寨。金明寨埋伏的诈降士兵里应外合，打开寨门，西夏军一拥而进。可怜李士彬尚在梦中，已经身首异处。

元昊轻取金明寨，延州城失去屏障，暴露于西夏军铁蹄之下。

三川口之战

延州知州范雍见西夏军兵临城下，慌了手脚，他异想天开地打算派一名能言善辩之士，到西夏兵营，凭三寸不烂之舌，说服元昊退兵。一位老兵对他说："不需要这么麻烦。我在延州很久了，这样的阵势经常见到，西夏军队不善攻城，围困几天，他们就会自行离去。"听到这话，范雍才稍微放心，和城中诸将动员城中士兵百姓，合力守城。过后，有人问这位老兵："你说的是真的吗？"老兵说："我只是想安抚人心，坚定范知州的斗志。"

范雍此时还兼任鄜延路、环庆路经略安抚使。他一边部署守城，一边命令驻守鄜延、环庆其他地方的将领前来增援。鄜延路副总管刘平是员老将，文武双全，驻守庆州。他得到消息，匆忙点三千骑兵赶往延州，中途遇到鄜延路副都部署石元孙、鄜延路都监黄德和、鄜延路巡检郭遵、万俟政，大家兵力会合一处，得骑兵步兵一万余众。部下有人见兵少将寡，跟敌人实力悬殊，建议先观察，再想办法救援。刘平说："忠义之士帮助别人，赴汤蹈火在所不惜，何况是为国家！"于是日夜兼程向延州挺进。而元昊早有防备，在延州西北的三川口埋伏截击，单等宋军入瓮。

鄜延路巡检郭遵，建议先派侦探在前开路，以免中敌人埋伏，刘平不听。中午时分，大军行进到三川口，西夏军以逸待劳，在延河东岸已经等候良久。宋军前面濒河，左右皆山，只有来时一条小路。但宋军丝毫不乱，列队迎敌，双方隔河对峙。

西夏军涉水而过，首先发起进攻。刘平令郭遵、王信率领骑兵等敌军半渡而击。郭遵手持钢鞭，一马当先，杀将过去。一名西夏勇将前来阻挡，郭遵一鞭下去，将夏将敲个脑袋开花。郭遵所向披靡，杀敌数百，宋军皆奋力而战，西夏军死伤惨重，数千人溺水而亡。无奈西夏军人数是宋军数倍，优势太大。最后还是渡过了延河。

宋军与西夏军短兵相接，双方展开混战。刘平身先士卒，奋勇杀敌，头部、腿部都中箭受伤，但丝毫没有怯阵，仍然坚持战斗。关键时刻，宋神卫都头卢政带领二百名弓箭手，发射伏弩强弓，将敌人逼退回延河对岸。

这时天色已晚，宋军也伤痕累累，消耗巨大。卢政建议说："这里环山涉水，地势险要，如果敌人从高处袭击我们，怎么抵御？不如暂时撤退，在山上安营扎寨，等明日再决斗。"然而刘平不听。

宋军一些士兵以为可以松口气了，拿着战利品向刘平邀功请赏。刘平怕大家松懈，忙说："现在敌人还没有撤退，一会儿还有大战，各部先记下功劳，战后一定重赏。"

果然，夜幕降临，忽然更多西夏军队蜂拥而至。位于宋军后阵的黄德和胆怯怕战，见势不妙，掉转马头便跑。众兵士见将帅带头逃遁，跟着溃退。刘平的儿子刘宜孙追上黄德和，苦苦哀求他勒兵回击，合力御敌，黄德和不为所动。宋军不战自败。

刘平无奈，急忙阻挡其他逃跑士兵，成功截住一千多人。他带着这一千多人，同西夏军展开殊死搏斗。郭遵抱着必死的决心，纵身敌阵，拿着一根长枪左冲右突，如入无人之境。敌人抵挡不住，试图用绳索绊住郭遵的马蹄，被郭遵一枪挑断。最后，敌人用乱箭射中他的坐骑，马扑倒在地，郭遵被杀。正是因为有郭遵这样的将士，迫使西夏军再次回到延河东岸。

刘平不愿就这样放弃对延州的救援，于是带来残余士兵退到一座山头之上，砍木条为栅栏，修建了七道栅寨，做成防御工事，算是安营扎寨，牵制住敌人。元昊两次派人前来劝降，被刘平义正词严地拒绝。宋军在山上苦苦坚守，终因寡不敌众，第二天清晨被西夏军攻破。宋军绝大部分战死，刘平与石元孙双双被俘。

虽然击败了宋军主力，但西夏人深深地被刘平等英勇无畏的气概所震慑。他们没有想到，平日看起来软弱可欺的汉人，也有如此宁死不屈的血性！加上天公不作美，竟下起了纷纷扬扬的大雪，道路泥泞不堪。西夏翻山越岭进入宋境作战，后勤补给不给力，围困延州数日后，只好退兵。

也是范雍老夫子运气好，加上延州墙高城坚，才得以保全。

在延州激战的同时，为减轻守卫压力，宋朝急令西夏周边的宋军出兵牵制敌人。府州（今陕西府谷）知州折继闵率军出塞，从西北攻击敌人，取得胜利。并州宋将王仲宝，带兵深入贺兰山脉，击败西夏军。这些队伍，长期在宋辽边境险要环境中，作战能力比较强。他们对西夏的胜利，也是促使元昊撤军的重要原因。

三川口之战，是宋夏开战以来，宋军遭遇的一次重创。宋军失败，败在以寡敌众，败在轻敌冒进。刘平是员老将，他跟朝廷其他官员一样，认为西夏蕞尔小邦，不堪一击。不过，刘平援救延州心切，忠义可嘉。后来虽处险境，不愿独善其身，同西夏军死战到底，确是抱着以身许国的决心。三川口牺牲几千士兵，但呼应了延州保卫战，应该说，延州能够保全，与三川口宋朝士兵流淌的鲜血是分不开的。这些勇士向死不惧、血战到底的气概，令西夏人望而生畏，这也是他们不敢在延州纠缠太长时间的原因。三川口的鲜血，还为折继闵等其他军队战胜西夏军争取了时间。他们虽败犹荣！将士们英勇不屈，喋血沙场，实乃帝国荣耀！

当然，宋军中也有贪生怕死之人，比如黄德和不忠不义，等战争结束后，反而向朝廷打报告，诬陷刘平、石元孙叛变投敌。仁宗大怒，派禁军包围刘平在汴京的府第，拘捕刘平一家二百多口人。但好在仁宗并没有丧失理智，而是静静地等待更多从前线传来的消息。宋将卢政、王信侥幸从战场逃脱,向朝廷如实禀报。仁宗难辨真伪,令殿中侍御史文彦博在河中府(治所为今山西省永济县)开庭审理此案,将庞籍调过来协助审理。文彦博调查了很多边民,终于使真相水落石出。仁宗将刘平平反,将黄德和腰斩,正义得到伸张。

除了腰斩黄德和,范老夫子范雍在延州保卫战中应对失措,丢失金明寨,对三川口战败也要负责,应当严惩。但老夫子人品好,人缘好,只是能力差些,所以得到从轻处理,被调到安州,远离战场。

范吕将相和

枢密院是最高军事管理部门,对西北战局应当负责。元昊刚反时,仁宗问枢密使对策,知枢密院事王鬷、陈执中竟无言以对。三川口之战后,宰相张士逊进言:"军旅之事,枢密院当任其咎。"三月,将二人同日罢免,调晏殊、宋绶知枢密院事。晏殊自明道二年被贬到亳州后,又转知陈州,五年后才得以回朝,先后任刑部尚书兼御史中丞,又为三司使。宋绶任枢密使不久,改任兵部尚书、参知政事,然而不幸的是,这位十五岁就进入秘阁读书的天才少年,于当年十二月因病去世,享年五十岁。

战争对宰辅是一个巨大的考验。整个战役中,宰辅无所作为。甚至战役结束后,夏竦打报告要求增兵派粮,宰辅们也拿不出主意该不该应允。究其原因,在于张士逊本人能力有限,做太平宰相倒也无妨,一到关节眼上,就虚弱得拉不起套。更加糟糕的是,为补充西北兵力,诏令从皇家车马护卫队御辇院中挑选四十岁以下兵士充禁军,赴边疆,总共挑选了千余人。这些士兵不愿上前线打仗,他们的老婆孩子大闹政事堂和枢密院。彼时刚好张士逊骑马上朝,听到喧哗,坐骑受到惊吓,张士逊也跌落在地,摔得不轻。借着这个机会,大臣纷纷要求更换宰相,张士逊也有自知之明,上奏章请辞。仁宗顺水推舟,准张士逊退休。

空下的相位，谁能胜任？此时王曾已死，能担此重任的，只有吕夷简一人！

无论是资历还是能力，吕夷简都是不二人选。五月，吕大相公再次走马上任。

吕夷简已经是第三次拜相，因为其突出的协调能力，每逢帝国关键时刻，就会起用他，从而成为政坛不倒翁。丁谓是他手下败将，李迪没有斗过他，王曾没有斗过他，张士逊没有斗过他，范仲淹也没有斗过他！

朝廷大换血，更紧要的是西北！西北需要强有力的精英人才去应对元昊这只凶狠的恶狼！然而，谁是帝国精英？

这时仁宗想起夏竦曾提出十条建议，后悔没有采纳，于是发布通告，解除贬黜范仲淹时禁锢言论的命令，鼓励大家广开言路，积极向国家建言献策。并升夏竦为陕西路经略安抚使，总理陕西军政事务。

宝元二年（1039），四川受灾，韩琦前去赈灾，回来后议论西北战局，韩琦剖析边备形势，说得头头是道。仁宗正愁找不到了解边备的大臣，韩琦如雪中送炭，好了，就是他了。康定元年（1040）二月，任命韩琦为陕西安抚使。安抚使为负责军事的长官。

韩琦刚上任，马上推荐时任越州知州的范仲淹接替范雍。他说："宜召知越州范仲淹委任之。"推荐范仲淹是有涉嫌朋党风险的。韩琦说："如果我们是朋党，误了国家的事，愿意株连九族。"

到三月，仁宗终于下定决心，起用范仲淹知永兴军（今陕西西安），还未上任，转为陕西都转运使，掌管陕西财政大权和军队粮草供应。

两人刚刚出发，职务又变了，同为陕西经略安抚副使，做夏竦的副手。夏竦驻守永兴军，韩琦主持泾原路（治渭州，今甘肃平凉），范仲淹主管鄜延路，后来兼知延州。

这一年，韩琦三十三岁，范仲淹五十二岁。

同时，任命庞籍为陕西都转运使。

宋朝君主疑惧武将，所以西夏大兵压境，任用的守边大臣依然为文臣。对于任用文臣这一点，君臣都无异议。韩琦谈论文人带兵，说："文武都是一个道理，昔日孔夫子也学习过用兵，对军事有很深刻的理解，所以才敢说'我战则克'。"他又说："作为文人不懂军事，作为武将不读书，都是取败之道。"宋明二朝，基本上都是文人将兵，并且打了很多胜仗。

任命范仲淹时，仁宗犹豫再三，因为范仲淹与吕夷简之间矛盾很深。宋仁宗熟读史书，将相和的道理当然知晓。仁宗皇帝先征求吕夷简意见，吕夷简非常赞同起用范仲淹，并且主张把他放到重要岗位上。吕夷简说："范仲淹是贤能之人，不能仅仅恢复旧职。"

仁宗也积极做范仲淹的思想工作，对他说："范爱卿，这次调整职务，吕宰相没少说你好话。他年长你十来岁，你应该主动冰释前嫌。"范仲淹说："我跟吕宰相相争执的是国事，我们私人之间哪里有什么怨恨！"

临行前，范仲淹给吕夷简写了封信，信中说：

> 过去郭子仪与李光弼有矛盾，二人互相不理睬。安禄山造反时，二人执手含泪告别，勉励忠义为国。平定安史之乱，主要是他们两个的功绩。现在宰相您有郭子仪的心胸，范某却无李光弼的才能，昼夜不安，恐怕担负不起朝廷的委托。

郭子仪和李光弼都是唐朝名将，携手同力平定了安史之乱。最初，两个人不和睦，坐在一张桌子上不说话。安史之乱起，郭子仪担任朔方节度使，当时李光弼为副使。李光弼怕郭子仪报复，请求说："我死没什么，请您放过我老婆孩子。"郭子仪走到堂下，握着李光弼的手说："现在国家混乱，皇帝受辱，需要你去平定，我怎么敢怀有私愤呢！"两人冰释前嫌，郭子仪推荐李光弼担任河东节度使，两人同心合力，最终破贼。

范仲淹举这个例子，就是把吕夷简比作郭子仪，把自己比作李光弼，国难当头，希望以大局为重，不要斤斤计较私人间的矛盾。

吕夷简和范仲淹都表现出政治家的胸襟和风度，从这封信开始，二人将相和，再没有发生过龃龉。

范仲淹还举荐和辟召了大批人才，这些人大多追随他到了前线。其中包括同年滕宗谅，任泾州（今甘肃州泾川北）知州。好朋友尹洙，被任命陕西经略安抚判官。另外还有试校书郎胡瑗等。范仲淹还向欧阳修发出邀请函，请他担任经略掌书记，掌管军中文书。欧阳修觉得屈才，婉言谢绝。

韩琦和范仲淹都是不出世的政治家，夏竦虽有才能，但领导这二人明显吃力。因此，接下来西北的舞台，主要由韩琦和范仲淹来表演。

"西北狼毒"种世衡

范仲淹到任后，针对沿边军队编制和作战方式不合理的现状，进行大规模的整顿和变革。宋朝军队官制，有总管、铃辖、都监等级别。其中总管额定带兵为一万，铃辖五千，都监三千。作战时，不管敌军什么情况，都由低级军官率领弱旅率先出战，高级将领率领精兵在后面压阵。范仲淹对此深恶痛绝。他说："选派谁出战，需要根据战斗的具体情况决定，怎么能这样死板呢？将不择人，以官为先后，取败之道也。"他对鄜延路各州驻军情况一一了解，检阅军队，然后挑选出一万八千名精锐，分成六队，派素质过硬的将领日夜训练，根据敌人数量多少，作战能力高下，让他们轮流出战，锻炼兵力。然后从这六队中，每队挑选出二十五名作战能手，一人对口帮扶十人，提高部队训练水平。

宋朝紧急调配边防将领时，元昊一刻也没有清闲，不断骚扰边境，占领了一些营寨。范仲淹积极训练士兵，部队作战能力得到提高，陆续收复被占领的营寨，如金明寨、塞门寨等。鄜延沿边防线得到加强。

鄜州（今陕西富平）判官种世衡，字仲平，洛阳人，出身书香门第。种世衡向范仲淹建议说，在延州东北二百里，有一座废弃的城堡，为宽州遗址。这个地方虽被遗弃，却是战略要冲，右可声援延州；左可连接河东，向北可图取银、夏州旧地，还可以贯通粮食补给线。现在西夏人还没有意识到它的重要地位，应赶快派兵扼守此地。

范仲淹摊开地图，觉得种世衡眼光敏锐，同意了他的意见，任命他到那个地方负责修筑城堡。从此，他对种世衡这位年龄还长他五岁的下层军官另眼相看。

种世衡带着小股部队开始筑城，西夏人发现了他的动向，开始发起争夺战。种世衡一边修城，一边打仗，终于砌好了城池，盖好了营房。这时一个严峻的问题摆在面前：故宽州群山环抱，左涧右隘，地势险要，秀延河、无定河从城外流过，但山上没有泉水，新修的城堡无水可饮！城内无水。一旦打起仗来，敌人围攻城池，城中部队将干渴而死！

解决缺水困难最直接的办法是打井。问题是，种世衡派人向下打井，打到一百五十尺，碰到了岩石，还是没水！众人议论纷纷，表示这城白修了，无法防守，不如放弃。

种世衡不信这个邪。让石工继续向下挖。石工不干了，说挖不动石头。种世衡命人抬来一箱银子，说，挖出一箩筐碎石上来，赏一百钱，这些银子，就是赏银。

重赏之下，不仅有勇夫，也有苦匠、巧匠。这些石工拿着铁器，一点一点凿石，终于凿破岩石层，挖出了井水。

修筑城堡大功告成！为了纪念这可贵的水源，朝廷将这座新城命名为"清涧城"，升任种世衡为内殿崇班、知青涧城事。如今，清涧城旧地叫清涧县，属陕西省榆林市，其政府所在地叫宽州镇。著名作家路遥就出生在清涧县。

种世衡在清涧城，有仗打仗，无仗练兵。他训练士兵有自己的方法，比如练射箭，把亮闪闪的铜钱吊挂在箭靶上，射中了直接拿走。有犯罪者，令其射箭，射中免罪，射不中就对不起了。有人请他办事，他也以

第八章 西北狼烟

能否射中而作定夺。

要治理清涧城，少不了用钱。钱从何来？光凭向朝廷要是不行的，朝廷的钱数量有限，还有纪律约束，不能乱花。自己挣来的钱花起来才畅快。怎样挣？发展经济！整个清涧城种世衡一个人说了算，他开垦荒田两千顷，属于清涧城地方所有，不属于国家，不用向朝廷纳税，也不属于任何私人，不需要向他们征用。他把开垦的营田租出去，招募商人做买卖，不但使清涧城衣食丰盛，而且官府也有大量的银子可供支配。

可见，种世衡不仅是位出色的军事家，还是精明的生意人和优秀的管理人才。

种世衡在清涧城，很重要的职责是团结山下的羌族部落，把他们争取过来，成为自己的盟友。羌人生性彪悍，战斗力极强，但这些部落有时在大宋和西夏之间摇摆不定。种世衡对他们施以恩惠，让他们死心塌地地站在大宋这一边。他经常请羌人过来饮酒，或者到他们的寨子里拜访酋长。喝到高兴处，随身佩戴有珠宝、首饰什么的，随手就送给客人。有位叫奴讹的酋长，邀请种世衡第二天到帐中饮酒。不想夜里下起大雪，山高崖陡，雪深路滑，行走艰难。左右侍臣劝种世衡不要去了，种世衡说："我正要结信于羌人，不能失约。"见到种世衡到来，奴讹大为感动，说："过去从没有官员愿意到我们部落来，这是您对我们莫大的信任呀！"表示愿意听命帐下。

对于小恩小惠不能降服的部落首领，种世衡也会费些心机，用一些奸诈诡计。羌人酋长慕恩部落最为强大，一天晚上，他请慕恩欢饮，中途让侍女加酒，他找个借口离开。其实他并未远去，而是折身在窗口偷看。他看见慕恩与侍女调情，故意不作声、不制止。等到关键时刻，突然出现。慕恩大窘，害怕种世衡治罪，连声赔礼。种世衡问："想得到她吗？"很大方地把侍女送给了慕恩。从此慕恩部落对种世衡拼死效力，立下很多功劳。

从清涧城选址、营建到经营，再到团结蕃部首领，种世衡都表现出不同凡响的政治军事才能。他像一朵荒野里的狼毒花，在西北贫瘠的土地上肆意生长，绽放出与众不同的艳丽色彩。纵观整个仁宗年间的宋夏战争，种世衡是最有成就的将军。

忠义春秋

范仲淹练兵强军，修营筑寨，西夏人无机可乘。西夏军队一万多人再次进攻金明寨，延州都监周美带领三千宋军守卫，与敌人对峙一天。傍晚，周美派人到后面的山坡上设疑兵，打着旗帜在山中穿行。西夏军看见，以为援军，匆忙撤兵。西夏军无法在鄜延路得到便宜，他们说："小范（范仲淹）胸有千万兵，不像老范（范雍）那样可欺。"到鄜延路叩边骚扰大为减少。

范仲淹终于可以松口气，以文人的眼光审视这边陲之地。

范仲淹年轻时曾游历关中，但从未到过西北边陲。这里的风景与关中、中原大不相同，站在高高的城墙上，远望一片萧瑟。黄土高坡四野八荒，唯有枯草冢沙。一道道沟梁如划在西北汉子身上的伤疤，一簇簇山峰如唱彻黄沙的悲壮军歌。秋风起处，寒风彻骨，范仲淹感慨万千，写下不朽名篇《渔家傲·秋思》：

塞下秋来风景异，衡阳雁去无留意。四面边声连角起，千嶂里，长烟落日孤城闭。　　浊酒一杯家万里，燕然未勒归无计。羌管悠悠霜满地，人不寐，将军白发征夫泪。

范仲淹辟召很多朋友跟随他来到西北边陲，但在各自任上，有自己的任务，他身边都是武将，这样的好词没有人能够欣赏。他想起汴京的诗酒风月，想起两浙江南的湖柳烟霞，想起那些争吵过、欢笑过、温暖

第八章　西北狼烟

过的朋友，越发感到寂寞惆怅。"明月楼高休独倚。酒入愁肠，化作相思泪。"他独自呢喃着。

忽然，侍卫来报："经略判官尹洙求见。"

范仲淹大喜，好花待人赏，懂词的人来了。

然而尹洙并不是来同他诗酒唱和的。他带来一个人引荐给范仲淹。

只见这人身材挺拔，面容俊秀，举止有度。这人就是狄青。

原来，有一次，狄青到陕西经略府汇报工作，认识了尹洙。尹洙深深地为狄青的英雄事迹和军人气概所折服，因此特意将他引荐给自己的好朋友、上司范仲淹。

"在下一直以为狄汉臣（狄青字）是一员蛮将，深入了解才知道，即使古今名将，也不过如此。"尹洙对范仲淹感叹道。

范仲淹在越州时就留意边关，怎会不知道狄青！只是来后公务繁忙，狄青职位又低，还没有来得及认识。他又深知尹洙是孤傲之人，能入尹洙法眼的，一定不是寻常之辈。

范仲淹急忙带着二人回到衙门，找个后院小厅，同二人欢言畅谈，一来同尹洙叙别后情谊，二来考察一下，狄青究竟有什么非凡的才能。

通过交谈，范仲淹对这位小自己将近二十岁的年轻人刮目相看。只见他谈吐不凡，见识卓绝，显然熟读兵书，对军事战略战术有自己的理解。古往今来，能打仗的武将不少，有见识的良将却不多。而狄青，显然是块良将之才！

范仲淹大为兴奋，今日之战场，正需要这样既能指挥军队，又能上阵杀敌的将领！大宋帝国，正需要懂战事、会打仗，能够驾驭全局的军事人才。

范仲淹问狄青："汉臣的志向是什么？"

狄青答道："愿成为关云长那样威武神勇的大将。"

范仲淹顺着这个话题说："关云长跟随刘皇叔南征北战，斩华雄，诛颜良，杀文丑，守荆州，堪称武圣。那么汉臣认为，关云长身上最可贵的是什么？"

"忠勇二字"，狄青答道。

"关云长最爱读什么书，汉臣可知道？"范仲淹追问不舍。

狄青熟知关羽事迹，但关注的都是行军打仗，对这样文绉绉的情节并未留意，一时语塞。

范仲淹站起身，从一旁的书架上取出一本书，说："裴松之言'羽好《左氏传》，讽诵略皆上口'，关云长无论战事多么繁忙，一卷《春秋》常伴左右。因为兵书讲的是打仗的道理，《春秋》讲的是做人的道理。"顿了顿，范仲淹放慢语气，说："打胜仗，更要做好人。"

狄青意识到，这句话，寄托着这位年过半百的士人领袖对自己的殷切期望，连忙跪拜曰："多谢相公教诲。"

范仲淹将手中的《春秋》递给狄青，说："老夫也在闲暇之时，常读《春秋》。这部书上，有老夫的批注。熟读此书，可以断大事。今天，就送给你了！"

《春秋》是东周时期鲁国的史书。东周王室衰微，各诸侯国逐渐坐大，每个国家都要自己修史，但全部失传，只留下鲁国的历史，称为《春秋》或《鲁春秋》。孔子晚年对《鲁春秋》进行修订，后被奉为儒家经典，称为《春秋经》。由于《春秋》记述简略，春秋末年史官左丘明为其作注解，注解版本就是《春秋左氏传》，简称《左传》。后人所说的《春秋》，大多指《左传》。

《春秋》为什么被奉为儒家经典？关羽为什么爱读《春秋》，并被为后人所敬仰？其一，《春秋》中对各个历史事件是否合乎礼仪规范都有评价，有些还借君子之口论述其是非。这些评价论述标准，为儒家所赞赏，所以能成为儒家经典。其二，《春秋左氏传》中有对战争的详细描述，可以看作一部军事著作，非常适合武将阅读。自汉代起，社会上开始尚文，武将习文成风，以读《春秋》为荣。

这也是范仲淹建议狄青读《春秋》的原因。将自己批注的书籍赠送晚辈，无疑有指导传授的意思。狄青接过此书，可以算是范仲淹的学生了。这无疑是一位低品级军官的莫大荣耀。

自此，狄青牢记教诲，不但征伐在沙场，而且品读于书斋，终于成为经文纬武的一代名将。

第九章
穷兵黩武和尖爪獠牙

主动出击还是步步为营

元昊惹不起范仲淹，就更换目标，伺机到其他地方寻找突破口。韩琦所在的泾原路承受了更多的防御压力。

沿边许多军事设施，大小寨堡，韩琦对它们进行了重新规划，原则上并小入大。小寨留守三二十人，其余入城，避免兵力分散，防御起来首尾难顾。其次，处分了一批畏懦不敢战的将领士兵，做到赏罚分明。其三，挑选年轻力壮、有胆有识的士兵，训练一批精兵、奇兵。

尽管如此，泾原路还是麻烦不断。

三川寨，地处大营河中段西侧，属原州镇戎军，是韩琦泾原路防线上的据点。寨长三千尺，宽一千尺，四面有瓮城、护城河，算是边防上比较大的寨子。康定元年（1040）九月，元昊率大军南下，攻破三川寨，守将镇戎军西路都巡检杨保吉战死。第二天，泾原路都监刘继宗、李伟、王秉等率五千人马救援，晚了一步，又被西夏军战败，刘继宗还受了伤。

西夏军乘胜追击，又拿下刘璠堡，然后直扑镇戎军城（今宁夏固原），将镇戎军城团团围住。泾州驻泊都监王珪率三千人前来救援，在镇戎军城下与西夏军展开一场惨烈的生死激战。

王珪从小习练拳术，特别是马上作战。他右手铁鞭，左手铁杵，人送外号"王铁鞭"。他突入西夏军阵中，一位西夏将军手持长枪，向他挑战："谁敢和我较量！"王珪更不答话，直接冲了过去。那西夏将领确实有些本事，一枪刺中王珪右臂。王珪大怒，扬起左手，一杵下去，敌将头颅开了花。紧接着又一名敌将冲了过来，王珪左臂夹住敌人刺过来的长枪，右手一鞭让敌将致命。连杀两名西夏勇士，敌军惊慌失措，没有人再敢上前挑战，于是放箭掩护，步骑溃败撤退。

韩琦血气方刚，不愿被敌人压着打，他一直寻找机会主动发动进攻。在庆州安化县（今甘肃庆城）北有一座白豹城（今陕西吴起县白豹镇），这里是白豹川与其支流交汇处，城寨修筑在半山腰上，城池坚固，地势险要。白豹城原为庆州土地，后被元昊占领，并修筑城池，设置太尉衙署，委派团练级将领镇守。白豹城是重要的军事基地，控制着东进鄜延、南下庆州的交通要冲，犹如钉在边防线上的一个楔子，令宋军十分头疼。

韩琦决定拔掉这根楔子。

这个任务交给了任福。

任福，字佑之，开封人，为庆州知州兼环庆路副总管。

九月十八日，任福以巡检边防的名义来到距离白豹城七十里的柔远寨，在这里大宴宾客。客人有他召集的当地各寨军事首领，还有当地的羌族部落首领。宴席间，任福突然宣布进攻白豹城，并做了军事部署，安排一部分兵力围攻白豹城，另外分兵截击可能到来的增援部队。部署完毕，严令柔远寨各门关闭，不允许任何人出入，防止走漏风声。

当天下午，任福带着汉、蕃军七千多人向白豹城进发。大军沿柔远河谷北上，翻打扮梁，下郭克郎，顺白豹川东进，后半夜抵达白豹城下。宋军按部署展开合围，开始攻城。那些西夏守军还在梦中，猝不及防。等天色大亮，白豹城头上的旗帜，毅然由"大夏"变为了"宋"。

宋军共斩杀夏兵首领七人、士兵二百五十人。任福放纵兵士烧城，白豹城一片焦土，烧死党项居民不计其数。城外，攻破党项族帐四十一处，城周二十公里内收获的庄稼全被烧毁，搜获牲畜七千多头。整个战斗，宋军仅阵亡一人，负伤一百六十四人，大获全胜。

任福撤退的时候，西夏增援部队赶到，在后面紧追不舍。任福早有部署，半路设伏，又斩首四百级，俘虏七十余人。

白豹城的胜利，极大地鼓舞了宋军士气，正应乘胜扩大战果之际，西北的主帅们却吵了起来。

他们的意见分歧在于对西夏战略是攻还是守，攻守之争一直持续到好水川之战。

韩琦年轻气盛，又刚刚在白豹城打了胜仗，对元昊有"不过如此"的判断，坚定主张主动进攻。他认为从数量和质量上对比，西夏根本不是宋军对手。宋军处处被动，主要是因为分散在大小营寨之中，给西夏军队各个击破的机会。不如宋军集中优势力量，寻找西夏主力，消灭他们的有生力量。

范仲淹认为西夏犹如困兽，食物、布帛都难以自足，如果多修营垒，步步为营，不给西夏以可乘之机，打持久战，西夏人会很快支撑不住，主动请降。如果贸然出击，反而给敌人获胜的机会。

公说公有理，婆说婆有理，双方各执一词，互不相让。

最初，夏竦召集大家研究对策，主张防守的占据上风。夏竦给朝廷上奏章说，现在人事调动刚刚完成，将领还不熟悉情况，应当持重自保，大军不可轻举妄动。

然而白豹城之战后，韩琦看到了胜利的前景，向朝廷上奏章，建议五路大军同时发动，一举荡平西北，一劳永逸地解决西北问题。此时朝廷上对攻、守二策争论同样非常激烈。宋太宗北伐契丹失败后，宋朝君臣一直厌谈兵事，早已没有开国之初的恢宏雄心，更没有汉家皇帝"明犯强汉者，虽远必诛"的凌云霸气。听说韩琦要五路伐夏，大家已经失去了想象的勇气，更不用说支持了。

汴京没有回音，韩琦怂恿夏竦亲自上书，说服朝廷。夏竦老奸巨猾，自然不会做别人的探路灯。他对韩琦说："我准许你亲自回京师一趟，当面向皇上争取。"没有夏竦的准许，韩琦是不可以擅自离开防区的。所以夏竦算是用实际行动支持了韩琦，韩琦于是和进攻政策的忠实拥趸者尹洙一起回京面圣。

仁宗这一代，从小老师教的是怎样用仁义礼智信治理国家，兵法攻伐没有列入教学内容，对打仗是门外汉，只能靠有限的常识去判断军事战略的是是非非。没有专业水准，最容易受别人的蛊惑，东家说的有理，西家说的也可行，摇摆不定，首鼠两端。

韩琦、尹洙把五路大军进攻西夏的前景描绘得风清月朗，不由仁宗不心动。几天之间，韩琦成功地把仁宗争取成进攻派。但仁宗不愿冒太大风险，也不想倾全国之力去攻打一块没有实际意义的蛮荒之地。况且，像韩琦、范仲淹这样有分量的将帅也凑不够五个。于是同意以现在的兵力，以现在的布局，由韩琦统帅的泾原路和范仲淹统帅的鄜延路两路进发，联合出兵，即使兵败，不至于全国倾覆。

皇上同意两路进攻，韩琦也算不虚京师之行。然而他想不到的是，刚回到陕西，朝廷风向又变，作战计划被迫搁浅。

原来，仁宗把两路进军的命令传达给范仲淹，范仲淹拒不执行，说：我们鄜延路坚壁清野，已经把元昊这只猛兽困在银、夏这个笼子里，等不了多久，不战而胜，元昊就会主动请降，圣上你坐在龙椅上静候捷报吧。

朝中大臣分成两派，支持范仲淹的持多数，仁宗又是左右不定之人，觉得范仲淹说的也在理，于是诏令韩、范二人各行其是，在各自的权力范围内攻守自便，按照自己的主意进行，朝廷不干涉。

韩琦失望到了极点，皇帝、朝臣，还有朋友范仲淹，这都是怎么了，关键时刻掉链子，没有人站在自己这一边！难道真理有时候真的很孤独？

他派尹洙亲自到鄜延路试图说服范仲淹，范仲淹立场坚定，尹洙无功而返。

仅凭泾原一路兵马，孤军深入，哪里有把握战胜贺兰山上的虎狼之师？

韩琦正在犹豫的时候，元昊给了他一个机会。

好水川的累累白骨

康定二年（1041）二月，元昊在折姜（今宁夏同心县预旺东）检阅军队，准备从天都山方向进攻渭州（今甘肃平凉），韩琦认为这是以逸待劳、消灭西夏军队的有利时机。

韩琦制订了缜密的作战计划。这个计划包括：自己亲赴渭州北边的镇戎军（今宁夏固原），抽调镇戎军精锐宋军，交由大将任福带领，包抄到敌军后面，伺机进攻，争取将敌军一网打尽。韩琦生怕任福所带部队不足，几乎倾巢出动外，还新招募一万八千名兵勇，并配备泾原路最强悍的武将王珪、武英、朱观、桑怿、耿傅等。韩琦打算毕其功于一役，给西夏致命一击。

需要说明的是，镇戎军虽然在渭州北边，却并不是前线阵地，因为镇戎军位于六盘山东麓，而西夏的行军路线是从六盘山西麓南下，然后东折进攻渭州。韩琦给任福制定的行军图是：从镇戎军到怀远城（今宁夏固原西），再抵达得胜寨（怀远城西，今宁夏西吉南），向羊牧隆城（得胜寨南）进军。韩琦的战略意图是，敌人进攻渭州。这时，任福大军始终在西夏军西侧后方，始终对西夏军虎视眈眈，择机作战，配合渭州的防守，对西夏军形成前后夹击、包抄作战的态势，等西夏军攻城疲惫，兵力消耗，大军从后方杀出，西夏军势必难以首尾相顾。韩琦特意交代任福，不可过早投入战斗。

这几个城堡相隔不过四十里路，相互呼应，便于作战，便于休整和粮草供应。从这个战略部署来看，似乎无懈可击。

然而战争提前打响了。任福刚到怀远城，发现不远处，在张家堡（今宁夏德隆境内）宋、夏两军正在激战。将军的使命使任福不能罔顾不管，于是从侧翼突入，打得西夏军措手不及，数百人成为刀下鬼，其余丢盔卸甲，仓皇逃窜。任福当即审问被俘西夏军，得知西夏军队并不多。于是，果断命令乘胜追击，消灭更多敌军。

宋军深入六盘山，在崇山峻岭中追击三天，没有找到敌人。早春二月，山中春晚，犹自雪花纷飞，寒风料峭。宋军缺衣少粮，人困马乏，迫切需要休整。走到一块滩涂地，任福命令停止追击，原地待命。

这块滩涂地在好水川（今甜水河）岸。这里因为这次追击而腥风血

第九章 穷兵黩武和尖爪獠牙

雨，一千年后，仿佛仍能看到累累白骨，听到嗷嗷哀鸣，触摸北风中弥漫的血色。

休整了一个晚上，宋军起了个大早，打算打道回府，进驻羊牧隆，补充给养。大军刚刚启动，忽然发现路边放置一些银白色的箱子，里面还有扑腾扑腾的声响。宋军感到奇怪，打开箱子一看究竟。箱子刚打开，几百只鸽子蜂拥飞出，扑棱棱翱翔空中。原来，这些鸽子是元昊故意设置的信号。张家堡被打得七零八落的西夏军，目的就是将宋军引诱进包围圈。鸽子起飞，表明战斗可以打响。四周寂静的山峦上突然黑压压凭空冒出大批西夏军队，如从天降，排山倒海般的向宋军冲杀过来。

这一战，宋军一万多人全军覆没，主将任福战死，随军的将校二百多名全部死亡，在镇戎军城下血战西夏军的英雄王珪，也未能生还。

但是，整个战役中，宋军没有一位将领放下武器，束手就擒，或者投降敌军！

整个好水川的滩涂地上，尸横遍野。整个好水川的水流，血色满河。整个好水川的崖石，都将镌刻烈士的不朽英名。

这就是宋夏战争史上著名的好水川之战。

最后，在泾原路安抚副使兼秦凤路军马总管王仲宝的增援下，才将元昊赶回西夏。

这次失败，尽管主因是任福违背了韩琦的军事部署，过早暴露目标，轻敌冒进，但作为统帅，韩琦依然罪责难免，被免去陕西经略副使职务，降为秦州（今甘肃天水）知州。

面对好水川累累白骨，暂时平静的鄜延路总管范仲淹也流下痛惜的眼泪，感叹：此情此景，再难置胜负于度外！

不过，几乎同时，秉承步步为营蚕食西夏策略的范仲淹，也遭遇和韩琦一样的命运，被降职使用。不同的是，韩琦降职因为"战"，范仲淹降职则因为"和"。

元昊在战场上不断骚扰侵袭宋境，又大玩"战""和"两面手腕。

他派人到延州，表达讲和愿望。范仲淹虽然保持着高度警惕，但对橄榄枝来者不拒，亲笔签名写了封信，派将军韩周回访兴州，交给元昊。当时元昊正忙于好水川之战，将韩周晾在一边，在兴州待四十多天，没有取得任何外交成果。等元昊获胜归来，更加骄横傲慢，让韩周带来一封措辞不恭的回信。

范仲淹看过回信，大怒，斥责元昊毫无信义，当着使者的面，焚烧掉信件中不恭的内容。范仲淹怒烧来信，目的是给元昊传递信息，表示宋朝决不会接受他的傲慢无礼。过后，范仲淹仅将来信中求和部分上报朝廷。不料，这事在朝中引起轩然大波。

外交属于"国事"，权力归于中央政府，地方上不能与外帮私自往来，甚至达成协议。范仲淹未经授权与西夏通信，商量议和大事，有架空朝廷的嫌疑。

宰相吕夷简对参知政事宋庠说："人臣无外交，希文怎么这样胆大，犯这样的低级错误！"

宋庠是个书呆子，说话办事不会拐弯抹角，经常为一些小事跟吕夷简争论。在宋庠看来，这是正常工作，但吕夷简三度为相，扳倒了多少重臣名宦，年龄越大，越不能容忍别人对他"不敬"，所以给宋庠下个套，等着他往里爬。

宋庠果然上当，以为吕夷简跟范仲淹一向不和，肯定支持严惩范仲淹。他弹劾范仲淹："范仲淹私下与元昊通信，相当于通敌，罪大当斩！"

枢密副使杜衍忙为范仲淹开脱，说范仲淹招降元昊，是替朝廷办事，通敌无中生有，不应治罪。

双方唇枪舌剑，各持己见，争论不休。仁宗皇帝秉承一贯风格，将皮球踢给当事人，让范仲淹亲自解释这件事。

范仲淹立即上表说明原委，主要观点有：让韩周到兴州是宣示朝廷恩威；当场烧毁来信，是为了表明我方对西夏不妥协的态度；没有将来信原件上奏朝廷，是因为来信中有侮辱性语言，不能让皇上受到羞辱。

范仲淹说得貌似很有道理，仁宗皇帝又为难了，干脆将中书省、枢密院这些重臣召集一块儿，听取他们的意见。仁宗让宋庠、杜衍各自复述自己的意见后，又将范仲淹的上表让大家过目，然后各自站队，表明自己的观点。

诸大臣中，当然宰相吕夷简的意见最为重要。宋庠心里窃笑，以为吕夷简一定支持自己，这下子杜衍必输无疑。谁知吕夷简慢吞吞地说："杜大人所言极是，范仲淹忠心为国，纵然有错，略加惩戒即可。"吕夷简、范仲淹因为朋党之争，曾经闹得朝廷鸡犬不宁，朝臣记忆犹新。现在连吕夷简都力挺范仲淹，其他人还有什么话可说？

于是轻贬范仲淹知耀州（今陕西铜川）。命夏竦驻防延州，陈执中驻防泾州。不久又将范仲淹调任知庆州兼办理环庆路部署司事。宋庠也因为这件事，引起仁宗不满，被免参知政事，外放扬州。翰林学士王举正接替宋庠，任参知政事。

困兽犹斗

三川口、好水川两战，宋朝损失一万多人，西夏也杀敌一千，自损八百，没有得到一点好处，与张元为元昊谋划的"兵临渭水，窥伺关中"更是相去甚远。元昊感到些许失望，宋朝对陕西防御不断加强，逼迫他不得不调整战术，将目光转向夏、宋边境上的其他城池。

先来仔细看一下宋、夏边境。当时，今西宁、海东一带被唃厮啰占领，兰州、会宁、海原一带被西夏占领，其南同宋朝的秦州（今甘肃天水）、渭州（今甘肃平凉）接壤。往东依次为怀德军（今固原市原州区黄铎堡镇）、镇戎军（今固原市原州区）、环洲（今甘肃省环县）、定边军（今定边县）、庆州（今甘肃庆阳）、保安军（今陕西志丹县）、延州（今陕西延安）、绥德军（今陕西绥德）。上述都是宋朝原陕西路所辖州、军。以黄河为界，再往东，进入宋朝的河东路，河东路与西夏接壤的州、军从南向北，依次为晋宁军（今陕西佳县）、麟州（今陕西神木）、府州（今陕西府谷）、丰州（今内蒙古准格尔旗）。其中丰州、府州西边与西夏接壤，北边与辽国相邻。

元昊将剑锋一转，指向麟州、府州、丰州河外三州。

麟州是戏曲中杨家将的故乡和发祥地，府州是历史上折家军的地盘。杨家的老奶奶佘太君，原姓"折"，后来口口相传中，变成了"佘"。佘太君是折家军第五代传人，同西夏对峙的折继闵是第七代传人，说起来折继闵得向佘太君叫声老姑。

这些州府是英雄辈出的地方，岂容元昊在这里撒野！元昊从康定二年七月对河外三州用兵，一直打到十一月，虽然攻破了悬于塞外的丰州，但在其他两州，西夏军死伤无数，最后全线溃败，落荒而逃。

也就是这一年十一月，宋仁宗将年号改为"庆历"。所以，康定二年，又称庆历元年。

"庆历"的意思是可喜可贺的日子。对于宋朝来说，这真是个吉祥的年号，西夏军不仅在麟府丰遭受重创，在陕西的日子也日益艰难。

范仲淹固执地按照坚壁清野、步步为营的攻防思路，不主动出击，不同西夏军进行野战。那么就这样无所作为，眼看着西夏为所欲为？并不是。从种世衡修筑清涧城受到启发，范仲淹主要做一件事：修城堡。在宋夏接壤的地方修筑城堡，一点一点向前方推进，逐渐蚕食西夏领土。

这招虽笨，但特别有效。

修筑大顺城就是一个有代表性的例子。

庆州西北有个地方叫马铺寨（位于今陕西华池县山庄乡），深入西夏境内。如果占领此地，对西夏白豹城、金汤寨等形成压迫，会极大地改变环庆路攻防形势。

范仲淹派自己的儿子范纯如和部将赵明首先率军占领此地，规划好修城方案。然后才派士兵带筑城工具前去修城。边境筑城讲究一个"快"字，同打仗一样，需要速战速决，因为敌人会不断骚扰，阻止施工。宋军在筑城之前，严守秘密，都不知道行军的地点和任务。部队一到，来不及休息，立刻开始筑城。敌人发现果然来袭，他们一边抵御，一边施工，昼夜不停，只用十天，就修好了城池。

等西夏的大部队赶到，这里已经城坚墙厚，只好无功而返。

城池修好后，仁宗皇帝亲自题名"大顺城"，范仲淹为此赋诗写道："三月二十七，羌山始见花。将军了边事，春老未还家。"

范仲淹用这种方法蚕食西夏土地，像一把把钢刀，悬在西夏人的头顶，令西夏寝食难安。

韩琦在好水川之败后，吸取教训，团结当地羌人，整肃军机，训练士兵，注重防御，致使西夏无机可乘。韩琦、范仲淹在西北经营时间长，威信高，当时传诵着这样的歌谣："军中有一韩，西夏闻之心骨寒。军中有一范，西夏闻之惊破胆。"

长此下去，西夏总有一天会被侵蚀掉！元昊觉得必须反击！谋士张元坚持兵临渭水、窥伺关中的战略，但在具体策略上进行一些修正。张元说：宋朝的兵都集中在边境，关中空虚，如果牵制住宋朝边境的兵，带领大军直接进入关中，占领长安，扼守潼关，就能掐断蜀地与中原的联系，这样宋朝削去半壁河山，将不得不向西夏让步。

这实在是一个低劣的作战方案，即使成功，宋、夏边境军事寨垒星罗棋布，如果不能吃掉这些寨垒和边城，西夏军纵然到达潼关，关中也是西夏的一块飞地，那些西夏军定然有去无回。

后来的作战结果也证明了这一点。

困兽犹斗，元昊不愿坐以待毙，况且开国君主身上流淌的大多都是冒险家的血液，最终决定姑且一试。

元昊运气不错，遭遇了宋夏史上最诡异的一场战争，让宋朝君臣目瞪口呆。

庆历二年（1042）九月，西夏十万大军南下，目标依然是渭州。元昊锁定渭州，一来是上次攻击渭州，在好水川打了一场漂亮的歼灭战。

人都有些迷信心理，元昊大概觉得渭州是西夏军的福地。二来西夏军没有更多选项，因为只有渭州防守最弱。这个时候，陕西四路，夏竦已经调回。驻守鄜延路的是庞籍，驻守环庆路的是范仲淹，驻守秦凤路的是韩琦，这些人都不好惹。驻守泾原路的是王沿，从没有搭过手，可以一试。

王沿是个文人，当然宋朝军队的统帅无一例外都是文人。王沿与范仲淹不同，他的强项不在写诗作赋，而是研究《春秋》的专家。并且，他在兴修水利上还有一套。水利是农业的命脉，为官一方，凡兴修水利的，都有好名声。难能可贵的是，王沿还颇为关注军事，在宋朝半壁江山的情况下，算是有责任心的官员。他主张边疆在当地募兵，不要到内地招兵。元昊攻打麟、府、丰州时，他上书建议放弃丰州，居然与战争结果一致。仁宗皇帝感到王沿还是有一定军事见解和军事能力的，所以将他调到泾原路，任经略、安抚、招讨使，总领军政大权，并知渭州。

王沿在渭州，扩大了城池，修筑了新的城墙。这个措施，不久将见到功效。

王沿的副手，叫葛怀敏，颇有些来历。葛怀敏的父亲葛霸跟着太宗皇帝南征北战，有军功。葛怀敏算是名将之后。葛怀敏曾驻守宋辽边境，后来做禁军将领，之所以来到陕西前线，是因为仁宗皇帝很赏识他。葛怀敏在莱州当团练使时，曾经干脆利落地镇压了一起兵变，有过实战经验。并且，葛怀敏曾上《平燕策》，提出收复"幽燕十六州"的军事计划。仁宗皇帝认为这是个不可多得的人才，把镇守西北二十多年未有败绩的名将曹玮穿过的铠甲赐给葛怀敏，可见寄期望之厚。他被派往西北前线，开始在范仲淹手下做事，但范仲淹不欣赏他，说他"猾懦不知兵"，意思是投机取巧又胆小怕事，不懂兵法。他在范仲淹处不得志，于是请调王沿手下为副手。

葛怀敏具体实施了阻击元昊部队的战役。

诡异的定川寨

元昊按照原计划，从天都山（今宁夏海原东）出兵，一路遇到宋军营寨，即留少量部队攻打，牵制住宋军，他自己亲率大部队马不停蹄，直扑渭州。

王沿在渭州得到情报，多座营寨遭遇攻击，但并不清楚元昊的战略，以为同以往一样，西夏军专心攻城拔寨，于是自己坚守渭州城，令葛怀敏到前线巡视各个营寨，酌情协调兵力，坚守阵地。

王沿建议葛怀敏驻扎在离渭州不远的瓦亭寨（今宁夏隆德东北）。

葛怀敏到达瓦亭寨后，接到战报，七十里外的刘璠堡遭到敌人攻击。葛怀敏感到离前线太远，没有按照王沿的建议停驻在瓦亭寨，而是带着驻守瓦亭寨的刘贺及五千人马北上，试图增援刘璠堡。

因为手中军队不多，葛怀敏调驻守附近的曹英、赵珣、向进、刘湛等各自带领本部人马，在瓦亭寨北四十公里的第背城集合。会集后，宋军约一万人。

这时，前线战况有新的发展，情报显示，西夏军越过刘璠堡，战线正向定川寨（今宁夏固原市原州区中河乡上店子村）推进。

定川寨离第背城大约三十公里，葛怀敏命令众将到定川寨阻击敌人。

二十一日，遭遇战在定川寨打响。

中午时分，西夏军在定川寨门外集结，葛怀敏排兵布阵，隔着壕沟与敌人对垒。同时，葛怀敏派刘贺攻占寨西的一条河流，不想被西夏军抢了先，西夏军掐断定川寨水源，并且破坏定川寨附近的桥梁，打算将宋军困死在定川寨。

形势危急，唯有背水一战。

下午，西夏军向寨里发起进攻，正面冲击葛怀敏所率亲兵。这是这支临时"拼凑"起来的部队的精英，西夏军没有得逞。而后，西夏军转而冲击侧翼的曹英部队。这时，诡异的事件发生了，空中突然刮起黑色大风，宋军迎着风，睁不开眼，拿不起武器，立不住阵脚，于是纷纷向寨中溃逃。混乱之中，曹英中箭，葛怀敏被挤倒踩压，险些致死。所幸赵珣率刀斧手在门桥奋力防守，才击退西夏军。

尽管躲进了寨中，但宋军已经失去作战勇气。下一步，商讨向哪里突围。

对于突围的方向，将领们发生了激烈的争执。定川寨离镇戎军只有18公里，大多数将领主张突围到镇戎军，只有赵珣主张原路返回，退往更南的笼竿城（今宁夏隆德）。赵珣的理由是，西夏军必然在通往镇戎军的道路上埋伏截击，笼竿城虽远，至少安全些。

争论了一夜，镇戎军一方占了上风，最终决定第二天早上突围。

诡异的事情再次发生。二十二日早上，突围时，葛怀敏居然指挥不动部队。他骑上马坚持往外冲，属下拽住马缰不让前行。他命令骑兵先行突围，骑兵队长找个借口跑得没影。最后，葛怀敏气急败坏，挥剑砍向拦马的士兵，这才脱身，带领部分将领向镇戎军方向突围。走到半路，果然如赵珣所料，西夏军早已等候多时，将葛怀敏等围困在绝路，十四名将领全部阵亡。

至于他指挥不动的士兵，共九千四百人，其下落如何，是被俘还是被杀，史书语焉不详。

这些士兵为何要拦住葛怀敏的马？是不同意他的突围方案，还是有其他隐情，甚至哗变？不得而知。

十四位将领大部分支持葛怀敏的突围方案，并且全部跟随葛怀敏突围就义。难道士兵们的见识和军事才能比那些将领更高？讲不通。

如果说发生了哗变，或者士兵们消极怠工，不愿送死，士兵们应该杀掉葛怀敏，或者放他逃走，而不是拦住他的坐骑。

也有一种说法：葛怀敏只顾自己逃走，不顾及士兵，士兵们才拦马阻止他。然而，如果没有士兵拼杀，只凭十几个军官，如何突破西夏军的密集防守？葛怀敏又不是傻子。

诡异的一场战争，满满的谜团。

也许是因为那场战争，宋军全军覆没，无一生还，失去了第一手资料来源；而西夏国又没有修史记书的传统。真相被淹没在戈壁滩漫漫黄沙之中，我们今天看到的，只是剥落得面目全非的残壁颓垣。

突破了定川寨防线，西夏军顺利越过六盘山，接下来就是一马平川的关中平原。顺泾河而下，渭州城像一只待罪的羔羊，首先进入西北枭狼的视野。

王沿站在渭州城头，眼见狼烟滚滚，烽火连天。他不懂军事，但丝毫没有慌乱，令守城士兵在城墙上遍插旗帜，让城中百姓换上军队的服装走上垛口、角楼，密密麻麻站在城墙之上。元昊打马走近，见渭州还有这么多兵马防守，短时间攻城没有把握，不想在这里浪费时间，拍马走人。

关中很大，遍地黄金，不在乎一城一隅。

于是，西夏军队在城池之间任意驰骋，纵横六百里，如入无人之境。宋朝各地守城军队龟缩城中，不敢迎战。西夏军烧杀抢掠，焚民宅，毁营寨。所过之处，鸡犬不宁，白骨累累。关中大地经受一场浩劫。

关键时刻，陕西最杰出的两位军事家向泾原路伸出援助之手。从不主动求战的范仲淹，带领步骑向泾原路六盘山上集结，试图掐断西夏军回兴庆府的归路。而韩琦也从右翼向范仲淹部队靠拢，试图会合照应，共同对西夏军发起致命一击。陕西诸路有大军二十多万，远远多于西夏全国军队，如果全部出动围困西夏军，元昊无疑将成为丧家之犬，坐等宰杀。权衡再三，元昊只得放弃攻取长安、扼守潼关的宏伟计划，在劫掠了大量财物之后，仓皇撤回西夏境内。

从宝元元年（1038）到庆历二年（1042），打了四年战争，宋、夏互有胜负，但元昊始终没有能向宋境推进一步。从战略上讲，元昊一无所获。

定川寨之战，摧毁了宋朝泾原路防线。葛怀敏之败，王沿负有领导责任，被调离前线。谁来接任泾原路和泾州？仁宗打算把这个重担交给范仲淹，把秦凤路、泾原路、鄜延路、环庆路合并为陕西路，由范仲淹出任经略使。但范仲淹没有同意。范、韩齐名，二人应该同进退。他建议由他与韩琦二人共同经略泾原路，得到批准。朝廷命二人在各自经略本路的基础上，共同驻军泾原路，驻扎泾州。如果泾原、秦凤、环庆有事，二人同心协力，相互声援。仁宗还任命韩琦、范仲淹、庞籍三人共同担任"陕西四路都部署、经略安抚兼缘边招讨使"，这是个新设职务，并且三人共领，不分高低，也是亘古未有。好在三人都有君子之风，一心为国，没有私心，关系又融洽，之间没有芥蒂。

经略范围扩大了，原来兼任的知州就难以兼顾。范仲淹等推荐文彦博知秦州，滕宗谅知庆州，张亢知渭州，这些都是一时之人才。帝国精英，齐聚西北前线，至此，西夏如浅塘之鱼，再也掀不起多大风浪。

第十章
一个人的外交

辽国前来趁火打劫

三个人的世界里,两个人相爱相恨,相攻相杀,全然忘记另一个人的存在,第三者难免无事生非。

辽国就是三人世界里的第三者。

人们都喜欢当主角的感觉,宋、夏连年战争,辽国冷眼相看,时间长了,觉得被边缘化了。俗话说"坐山观虎斗""鹬蚌相争,渔人得利",闲得无聊,辽国君臣决定来个趁火打劫,向双方敲一竹杠。

辽国在位的是辽兴宗耶律宗真,他比宋仁宗小几岁,按照两国约定,称宋仁宗为皇兄。

庆历二年(1042)年初,辽兴宗写了封信,列举宋朝的"三宗罪"。

第一宗罪很严重,属于重大的"领土问题",即关南十城。

"关南十城"的"关",指益津关、淤口关和瓦桥关,合称"三关"。三关故址在今河北霸州、雄县境内,原属石敬瑭割让给契丹之地,后由周世宗柴荣收复了三关之南的十座城池,称为"关南十城"。宋朝继承了后周遗产,对关南十城行使着事实上的主权。

澶渊之盟,宋朝以金帛换和平,双方并没有涉及关南十城。辽国没有提出这个问题,相当于默认了宋朝对该地的主权。

从法理上讲,宋、辽之间已经没有领土之争。

但辽兴宗蛮不讲理,他向宋朝提出,关南十城是辽国的固有领土,周世宗不义,强行霸占,我们辽、宋既然约为兄弟之国,大哥您就应该归还我们的土地。

辽兴宗在信中列举宋朝第二宗罪,是宋朝向辽、宋边境派军。

元昊攻打河外三州时,为了支援麟、府、丰三州抗夏,宋朝向三州运送粮食并投入一些兵力。三州处于宋、辽、夏三国交界之处,辽国强词夺理,认为宋朝向辽国边境增兵。澶渊之盟规定,为了确保和平,宋、辽两国都不准向两国边境投入新的兵力。抓住这一点，辽兴宗说，皇兄您背约了。

过去西夏既是宋朝的藩属，也臣服于辽。并且辽兴宗的姐姐嫁给了元昊，二者还是亲戚之国。辽兴宗在信中说，打狗看主人，皇兄您将西夏打得民不聊生，事先也不知会我们一声，这不是友好邻邦的所作所为呀。这是宋朝的第三宗罪。

辽兴宗把信封好，派使者送到宋国朝廷。他知道仅耍笔下功夫是不行的，最重要的是亮出肌肉，让宋朝君臣胆战心惊。所以，在书信送达开封后，又派南院宣徽使萧特默和翰林学士刘六符出使宋朝，问罪仁宗，同时在宋、辽边境部署军队，做出一副要打仗的架势。

宋朝君臣收到信、接到情报，朝廷炸开了锅。如果开战，宋朝将两面受敌，同时遭受辽、夏两国进攻。这样的后果宋朝难以承受。

仁宗皇帝喊来吕夷简等一班宰辅积极磋商。宋朝从来不缺少逃跑主义者。真宗景德年间，契丹萧太后萧燕燕和辽圣宗耶律隆绪南征，大臣王钦若、陈尧叟等都极力主张放弃开封，迁都南逃。宰相寇准力排众议，力请宋真宗御驾亲征，才有澶州之战和澶渊之盟。现在，朝廷又重演四十年前的那一幕，辽军尚未开战，一些大臣就畏敌如虎，开始谋划后路。他们撺掇仁宗修筑洛阳城，移驾西京。洛阳城三面临水，又有邙山险要，比起开封城，多一份安全保障。

这一次，力排众议的是吕夷简。吕夷简说："契丹凌强欺弱，如果在洛阳筑城，会示人以弱，助长契丹的嚣张气焰。"吕夷简举澶州之战的例子，说："如果不是真宗皇帝渡黄河亲征，契丹不会那么快屈服。"他驳斥修筑洛阳城的主张，说："如果契丹渡过黄河，单靠城高池深，就能抵御敌人吗？"吕夷简主张："升大名府为都城，以示陛下打算御驾亲征，抗敌卫国。"

仁宗皇帝采纳了吕夷简的建议，建筑大名府，升格为北京。

宋朝的另一个应对措施是极力避免战争，选派官员同辽国谈判，争取外交解决危机。

这名官员,不能懦弱,又不能过于刚直,要进退有度,不卑不亢,需要有胆略、有技巧。国家荣辱、朝廷得失系于一身,谁适合担当这个重任?

吕夷简向仁宗皇帝推荐了富弼。

富弼是洛阳人,年轻时受到范仲淹等人的赏识,晏殊还把女儿嫁给了他。仁宗废郭皇后时,富弼曾上书为范仲淹喊冤叫屈。那时候,他仅是河阳签判,一个八品小官。现在,富弼三十九岁,已经入京任右正言,是中书省内低于右司谏的官员。

宋、辽交好之后,两国使者往来频繁,出使、接待都是平常的事。但这次不一样。这次辽国主动挑衅,已经作出了战争的姿态。如果使者往来是战争的前奏,那么随时有生命危险。杀使者以祭战旗,在历史上并不是没有先例。唐朝淮西节度使李希烈反,唐德宗和奸相卢杞派太子太师、著名书法家颜真卿前去劝降,结果惨遭叛军杀害。

面对这样的凶险,朝中大臣都为富弼担心。已经回京任知谏院的欧阳修向皇帝上奏,指出出使辽国无异于与虎谋皮,富弼可能是又一个颜真卿。关键是,富弼才三十九岁,年富力强,忠贞贤正,万一遭遇不幸,是朝廷的一大损失。

奏章送到政事堂,吕夷简压着不上报。帝国正是用人之际,任何人的生命在朝廷利益面前,都一文不值。

正式任命前,皇帝例行召见富弼。富弼到皇宫便殿,向仁宗叩头表态:"主忧臣辱,臣不敢爱其死。"仁宗大为感动,记住了这位不惧生死的忠贞之臣。随后正式任命富弼为接伴使,到边境雄州(今河北雄县)接待辽使。

不卑不亢

富弼二月到达雄州,萧特默、刘六符三月才姗姗来迟。富弼和一名

第十章 一个人的外交

中使（代表皇帝的宫中太监）前去迎接，只见萧特默端坐车辇之中，他高大威武，头上只有些许毛发垂于两鬓，穿一身灰蓝色的左衽长袍，脚上蹬着一双半高筒靴，显得利落干练。座位旁放着一把长柄大砍刀，这是萧特默在马上使用的兵器，现在放在车辇之中，显然是为了炫耀和威慑。

"这是个不好对付的主儿。"富弼暗想。

果然，只听萧特默缓慢而倨傲地说："我足上有疾，就不见礼了。"

富弼面色一凛，两国使者相见而不行礼，是极大的蔑视和侮辱。如果忍气吞声，下面的谈判就会处处受制于人。

富弼不卑不亢地回敬道："以前我曾出使辽国，也卧病不起，但还是坚持拜见贵国皇帝和大臣，绝不敢失礼。您对我失礼也就算了，中使代表朝廷陛下，您坐在车上不肯下来，算什么礼节？"

萧特默没想到这位宋使如此大义凛然，反倒是自己吃了一惊，慌忙从车中站了起来。但他既然说足上有疾，只好装模作样让人搀扶着下车，向宋朝中使和富弼见礼。

第一回合，富弼取得心理上的优势。萧特默佩服这位年轻的宋使，于是不再拐弯抹角，在接下来的接触中，直截了当地给富弼交了底：战争是可以避免的，关键是开出什么条件。

富弼松了口气，试探辽国底线。萧特默也不掩饰，告诉富弼：要么割地，把关南十县奉送给辽国，要么结亲，将宋朝公主嫁给辽国皇子。宋朝可以二选一。

富弼又倒吸一口凉气。割地与和亲，都是宋朝不能承受之重。回顾中国历史，除了五代后晋石敬瑭，从来没有哪个朝代、哪一任皇帝向异族以土地换和平。以汉、唐之强大，一边倒地从异族手中开疆拓土；即使晋朝这样相对弱小的朝代，或者南朝这样分裂的小国，可能会通过战争丢失土地，但断不会不经流血而主动放弃国土。至于和亲，汉、唐开国之初，国力尚薄，嫁公主以祈求和平，但宋朝开国以来，赵氏崇尚文明，对外族一向保持文化上的优越感，根本没有考虑过让公主到北方贫寒之地受苦受罪。

割地与和亲，都代表着屈辱。

富弼没有马上应答，将辽使带到京城。萧特默、刘六符复述辽兴宗信件中的内容，要求宋朝做出回复。宋仁宗坚决不同意割地，对于和亲，也只能把宗室女子嫁过去，他的亲生女儿金枝玉叶，娇生惯养，可不愿到蛮荒之地受苦受难。宋仁宗希望能用钱解决问题，凡是用钱能解决的，都不是问题！

从澶渊之盟中，宋朝尝到了甜头，花钱买和平，"市列珠玑，户盈罗绮，竞豪奢"，宋朝财大气粗，不缺这点小钱。

接下来，富弼将回访辽国，就辽兴宗书信所列事宜进行交涉谈判。

这是一趟生死未卜的行程，为了激励富弼，按照惯例，皇帝要为他加官晋爵，准备授予他礼部员外郎、枢密直学士。富弼说："国家有急，唯命是从，这是臣的职责所在，为什么要赠送官爵呢？"坚辞不受。

礼尚往来，宋仁宗让富弼给辽兴宗带一封回信，对辽国所列宋朝"三宗罪"一一驳斥。

关于关南十城，回信说，澶渊之盟已经四十年，两国对领土均无异议，现在北朝突然问罪，没有道理。况且，石敬瑭将燕云十六州送给辽，后周世宗夺回关南十城，都是前朝的事情了，与本朝何干？如果北朝讨要关南十城，那么我们也有理由要回燕云十六州。

关于征讨元昊，回信说，元昊被宋朝赐姓，对宋朝称藩，现在僭越朝纲，扰乱边陲，我们商量讨伐，让郭稹专程到辽国通报，怎么能说没有照会过呢？

关于在边境筑堤开塘，回信说，前一阵子因为下大雨，造成水患，陂塘是用来疏通水渠的，不用猜疑。至于操练军队，也是边境军队日常职责，不要做过分解读。

这封回信由翰林学士王拱辰执笔，条理分明，入情入理，几乎无懈可击。

第十章 一个人的外交

带着信，富弼到了契丹。

辽国首都在上京临潢府（今内蒙古赤峰市巴林左旗南波罗城），辽兴宗的父亲辽圣宗时，朝廷常年居住在中京大定府（今内蒙古宁城县天义镇）。这里地处燕山东段北麓，丘陵广阔，河道舒缓，草原丰美，确是游牧民族理想的居住之地。

富弼没有心思观赏草原美景，到后第二天，就请求拜见辽兴宗。

辽兴宗对仁宗的回信没有多少兴趣，因为谈判就是讨价还价，所有的责难不过是个由头，有谁会认真地讲道理呢？

可惜了王拱辰的笔墨。

辽兴宗依然拿宋朝的"不友好"说事，劈头盖脑地责难富弼："你们南朝违背盟约，派兵把守雁门关，增辟水塘，整修城墙和护城河，征调民兵，你们这是要干什么？北朝群臣都很气愤，要发兵南下。我劝阻群臣，派使者索要土地，如果南朝不答应，别怪我们先礼后兵！"

辽兴宗这是赤裸裸的威胁，富弼也以牙还牙，不过考虑自己的使命和安危，说得比较含蓄。他拿历史说事，提醒辽人宋朝不会被吓倒："辽国忘记真宗皇帝的大恩大德了吗？想当年两国会战于澶州，如果真宗皇帝听从将军们的建议，辽国士兵恐怕会全军覆没。"

当年，萧太后和辽圣宗发兵入侵宋朝，进攻宋朝保州、定州等城池和威虏军（今河北徐水）、顺安军（今河北高阳）等军事重镇，都遭受重挫，死伤一万多人。辽军孤军深入，进攻澶州。宋真宗御驾亲征，击毙辽军主将。河北诸镇军队掐断后路，对辽军形成合围之势。就在这样有利的情况下，接受辽国请求，缔约澶渊之盟，辽军得以安全撤退。所以富弼说宋真宗对辽国有大德。

在气焰上压倒辽兴宗后，富弼问："中原幅员辽阔，有精兵百万，陛下认为打起仗来，辽国一定能赢吗？"

辽兴宗也是老实人，回答道："不能。"

富弼顺势从利益上加以诱导："如果南北两国开战，陛下认为得益的是哪些人？"

辽兴宗依然傲慢地反问："你说呢？"

富弼从容地为辽兴宗分析说："两国和平，中国向辽国输送的银子、绢帛，都到了陛下的小金库中，得益的是陛下您。"顿了顿，继续说，"如果用兵，胜利了功劳归将军，失败了责任在陛下。陛下仔细想想，哪个划算。"

这句话说到了辽兴宗的痛点上。辽兴宗即位后，政局一直不稳，他的母亲、弟弟窥视皇位，朝中奸佞当道，各人打着各人的小算盘，皇权并不牢固。辽兴宗本想借助战争凝聚人心，听富弼这样一分析，当即醒悟，战争绝对不能打。

不过，辽兴宗到底心有不甘，不能这样轻易罢手。于是说："你说得有道理。但是，关南是祖先的土地，南朝还是应该归还的。"

富弼把仁宗给辽兴宗的书信复述一遍，表示两国应该向前看，不要纠结于过往。辽兴宗无言以对，只好让富弼先退下。

外交大事如同儿戏

辽国安排的接伴使是刘六符。富弼在朝堂之上与辽兴宗唇枪舌剑，到了驿馆还得提防刘六符处处设陷。

富弼前脚刚到，刘六符就追到驿馆，对富弼说："我家君王每年接受南朝金币，觉得羞愧，所以坚持讨回关南十县，你觉得如何？"富弼知道刘六符在试探宋朝的底线，坚定地说："本朝皇帝说过：'我为祖宗守护土地，岂敢随便送给别人！辽国想要得到的，无非是这些土地上产生的税赋。朕不忍心让两国生灵涂炭，所以委屈自己增加岁币代替割地。'如果辽国坚持索要土地，就是毁弃澶渊之盟，只不过拿割地当作借口罢了。"

富弼借此表明决心：土地没有商讨的余地，让辽国尽早死了这条心。

第十章 一个人的外交

第二天，辽兴宗特地组织一场围猎活动，带着贴身部队到草原上追逐禽兽。辽国主要是骑兵，擅长骑射，其马壮膘肥、弓强兵猛，在草原上驰骋纵横，恣肆撒野，弓箭响处，一只只大雁应声而落，一只只麋鹿、野猪哀嚎扑地。草原上飘荡着契丹人的欢呼声和自然生灵的血腥气。

辽兴宗邀请富弼一起观猎。他用这种方式告诉这位宋朝文人：谈判，最终要凭强弓利刃说话！

兴头之上，辽兴宗和富弼骑马并肩，不失时机地说："如果契丹能够得到关南十县，那么两国友谊可以永存。如果得不到土地……"辽兴宗停了下来，搭箭弯弓，"嗖"的一声，箭带风声射了出去。身边的骑士纵马向前，到达箭落处，用枪挑起一只麋鹿。四周三呼"万岁"，响彻云霄。辽兴宗哈哈大笑，声震四野。

笑声、欢呼声中，富弼将音量放到最大："辽国以得到土地为荣耀，宋朝一定会以割让土地为屈辱。把荣耀建立在他人的屈辱之上，还算兄弟之邦吗？"

然而，除了身边的刘六符，似乎没有人听到他喊什么。

就这样，富弼跟辽国君臣拉锯似的讨价还价，但在割地问题上，坚决不给辽国半点可乘之机。

富弼像一块又硬又臭的顽石，让辽国君臣无可奈何，最后只好做出重大让步。刘六符对富弼说："我家君王觉得你有些话说得还是有道理的，我们不要土地了，希望能够同宋朝缔结婚姻，将宋朝皇帝的女儿嫁给本朝太子。"富弼说："本朝公主出嫁，嫁妆只有十万缗钱，哪里有年年获得岁币实惠。况且，缔结婚姻容易生出嫌隙，谁知道小两口能不能过到一块儿？到时候反而对两国不利。"

刘六符把富弼的话报告给辽兴宗，辽兴宗也犹豫不决。他召富弼进殿，说："不如你先回去吧。"

富弼一听就愣了，事情还没有说妥，怎么就让回去？难道是辽国反悔啦？

只听辽兴宗继续说道："缔结婚姻还是增加岁币，一时难以确定。你回去之后，多拟订几套方案，写好几份誓书，再来时我们挑选一份。"

这种谈判结果出乎意料，主动权似乎还在辽国手中，但实际上由宋朝说了算。

两国交战这样白骨露于野的大事，如同游戏般的轻松化解。

澶渊之盟后，宋辽关系不像兄弟，更像夫妻，吵吵嘴、怄怄气，时而拿离婚吓唬吓唬对方，到最后，可能买一件新衣二人又和好如初了。

听清楚了辽兴宗的意图，富弼禁不住嘴角微微上翘，露出满意的微笑，心里的石头终于落地。

对于宋朝君臣来说，这是天大的好消息。富弼成功地避免了战争和割地，光荣地完成了任务，真是大功一件。这次出使，也奠定了以后富弼在朝廷中的威望和地位。

至于誓书，经过研究，宋朝写了三份，第一份按缔结婚姻写，第二份按增加岁币十万缗去写，第三份按增加岁币二十万缗去写。当然，如果增加岁币二十万缗，宋朝也是有条件的，那就是辽国要约束元昊对宋息兵称臣。

三份誓书，就是三份盟约，最终哪一份算数，由辽国确定。

富弼要求盟约上再加入三点：一是边境不再扩建水塘，二是两国不得无故向边境增兵，三是两国不得收留对方的逃亡人员。这三点，是富弼在辽国时谈妥的外交承诺，对宋朝也没有利益损害，自然要写上。

一切商议停当，已是八月。仁宗皇帝下令富弼抓紧时间再次出使辽国，免得夜长梦多，再生变故。这时誓书还没有最终拟出，但皇帝已经等不及了，要求富弼先行，誓书稍后派人快马追赶，交给富弼。

富弼走到武强县的时候，朝廷的誓书终于送到了他的手中。

按规定，国书一旦封好，外交使臣无权拆封。但这封国书非同等闲，是两国的盟约，而富弼是盟约的谈判者，他必须知道最后的誓书是不是

第十章 一个人的外交

贯彻了两国交涉达成的共识。

富弼果然是不寻常规的胆大之人，他决定冒着被处分的风险拆封誓书校验一遍，第六感官告诉他，誓书可能有遗漏或者错误。

历史有时候就这样奇妙。誓书这样重要的文件，居然会真的出现纰漏。富弼要求加入的三点，全部没有写入誓书。

外交无戏言，如果己方出尔反尔，又如何让辽国信守承诺！

但富弼再次面临两难选择：没有皇帝命令，外交使者只能往前走，不能擅自回京！

关键时候，富弼已经顾不上这些规定了，毕竟盟约事大。他将行李甩给副手保管，自己跳上马，日夜兼程赶回汴京。

富弼不按程序到政事堂向吕夷简等宰辅报告，而是直接向皇宫闯去，他要向皇帝告御状！

到皇宫门口，天还未亮，富弼被侍卫拦下。皇宫什么地方，岂能想进就进？至少得等禀告皇帝，得到允许才行。但富弼等不及了，呵斥侍卫："外交大事，你耽搁得起吗？"富弼从辽国立功而来，一时间成为人们心目中的英雄传奇，也是朝廷上的红人，京城谁人不知？侍卫得罪不起，只好一边放行，一边向内传话禀报。

见到仁宗皇帝，富弼直接把矛头指向吕夷简等："宰辅删改誓书，不仅是想害死我，更是把国家生死存亡当儿戏，请陛下明察严惩。"

仁宗皇帝大惊，如果真是这样，严重时可能因此导致战争。他令人马上传唤吕夷简、晏殊等进行责问。

老奸巨猾的吕夷简显出很惊讶的样子："真的有这回事吗？"打开誓书确认后，赶忙向仁宗皇帝叩头谢罪，说："此误尔，当改正。"这是个失误，应当改正。

这种解释有些蹩脚。这么重要的国书、盟约，居然出现这么明显、低水平的失误，怎么可能！即使是失误，也是严重失职！严重失职是要追责的。

富弼揪住不放，就在皇帝面前穷追猛打，说吕夷简很多难听话。参知政事晏殊忙出来替吕夷简解围，说："宰相也不是有意为之，一定是公务繁忙，一时疏忽。人非圣贤，孰能无过，这不过是一场误会而已。"

晏殊是富弼的岳父，对富弼有赏识之恩，更有妻女之亲。但富弼这时候已经顾不上恩情、亲情，他的心中唯有忠诚和大义。他指着晏殊对仁宗说："晏殊是个奸臣，与吕夷简狼狈为奸，欺蒙陛下。"

仁宗心内暗笑：这真是一个出淤泥而不染的年轻人，好可爱。

论理，宋仁宗应当支持富弼，严惩吕夷简。但官场之上，位高为尊，明知大官欺压小官，上级也愿意睁一只眼闭一只眼。何况外事还没有摆平，内乱先起，这不是仁宗愿意看到的。这时，仁宗发挥了他的特长：和稀泥！他把翰林学士王拱辰诏来，令重新书写国书，命富弼先回驿馆休息，王拱辰国书一旦拟就，皇帝亲自过目后派人交与富弼。至于对吕夷简则不了了之。

有人说仁宗稀里糊涂，有人说仁宗大智若愚。仁宗受契丹人的气，受党项人的气，也受大臣的气，但却开创了古代史上最繁华的盛世。

水至清则无鱼。有的时候，糊涂一点并不是坏事。

这件事就这样翻篇了。

忽悠出的和谈

人生就是在不断地清除羁绊中前行，本国的不顺，似乎注定了辽国还要再生波澜。

果然，接到誓书，辽兴宗提出了新的无理要求。他说："缔结婚姻让宋朝骨肉分离，也不是我愿意看到的。况且，王子与公主将来也不一定两情相悦。这样看来，还不如增加岁币。"

这正是富弼想要的，但他高兴得太早了。辽兴宗接着说："如果宋朝每年增加岁币，盟约上要写成'献'字。"

以下奉上谓之"献"。如果用"献"字，宋朝不是明显矮辽国一截吗？

富弼说："宋朝是兄长，辽国是弟弟，哪有兄长献于弟弟的道理？"

"宋朝同意增加岁币，说明害怕我。钱都给了，还在乎一个'献'字吗？"

富弼说："我朝同意增加岁币，并不是害怕你们，只是我朝皇帝爱惜生灵，不愿干戈相向。陛下不要错误判断，把两国拖入战争泥淖。"

辽兴宗咳嗽两声，清了清嗓子，说："既然不想用'献'，那就用'纳'字吧。"

"纳"有上缴的意思，用"纳"字，意味着宋朝给辽国岁币是应尽的义务。

澶渊之盟中，宋朝每年给辽国银十万两，绢二十万匹，写明是"助军旅之费"。现在由"助"变"纳"，宋朝由主动变被动。

富弼再次否决。

辽兴宗耐心地想说服富弼："'纳'字自古有之。"富弼说："古代只有唐高祖李渊向突厥借兵，对他称臣。当时到底怎样措辞，也无法考证。后来唐太宗擒获突厥颉利可汗，就再没有发生过这样的事。"

辽兴宗大怒：这个富弼真是一根筋。他向富弼吼道："你就不顾忌两朝生灵，不怕血流成河吗？"富弼不卑不亢地回敬道："血流成河也不是一个国家的事情，战争的结果谁能预料呢！山可以翻越，但你们想得到'献''纳'二字，比登天还难！我头可断，血可流，决不会答应你们的要求！"

这个富弼，真让朕头痛，辽兴宗心想。但辽兴宗有自己的解决办法。你富弼不同意，就把你撂过一边，我直接跟宋朝皇帝谈。他对富弼说："关于用词问题，你就不用考虑了，我会派使者向宋朝皇兄说明的。"于是辽兴宗派北院枢密副使耶律仁先和刘六符再次使宋，专门议论"献""纳"二字。

富弼得到消息，暗叫不好。他知道，朝廷为了和议，什么条件都有可能接受。于是在回国的路上，赶紧给仁宗皇帝上奏，说明情况，请求说："辽国要求誓书写'献''纳'二字，臣以死拒之，他们不会为这点小事诉诸武力，所以一定不要答应他们。"

富弼为两个字急得火烧火燎，后方朝廷却跟没事似的。从澶渊之盟开始，宋朝皇帝就转变了思路，要的不是面子，而是里子。耶律仁先跟刘六符交涉用词的时候，宋仁宗召集宰辅们商议，大家很快形成共识，采用晏殊的提议，决定用"纳"字，毕竟比"献"字温和些。

"献"还是"纳"，已经刺激不到大宋君臣的神经。

庆历二年（1042）九月，当富弼回到汴京时，一切尘埃落定，誓书已经签署：宋别纳金帛之仪，用代赋税之物。每年增加银十万两、绢十万匹。加上澶渊之盟约定的数字，宋朝每年给辽国银二十万两，绢三十万匹。

辽国开出的条件是：约束元昊不再与宋朝为敌。不过这个条件代价惨重，这是辽兴宗当时料想不到的。辽兴宗以调停宋夏矛盾为由，打算再向西夏勒索一把。辽夏矛盾日深，宋庆历四年（1044）十月，两国大打出手，辽军深入推进西夏境内，打算一鼓作气，荡平兴平府。不料，元昊再一次得到上天眷顾，如定川寨之战一样，一股黑风刮起，辽军军中大乱，溃散而逃，辽兴宗险些成为西夏的阶下囚。

这是后话。

如今，宋朝解决了与辽国的纠纷，可以腾出手专心致志地对付元昊了。当然，这次不是战争，而是议和。议和，几乎是贯穿两宋的一个重大主题。

如果说宋辽议和赖富弼一人之力的话，宋夏议和，也得力于一个人，那就是庞籍。

庞籍任鄜延路总管，知延州。他同范仲淹一样，采取步步为营的策略，蚕食西夏土地。当时名将狄青、王信等都在他的麾下，他派狄青率军队修筑诏安寨，派部下周美袭取承平寨，派王信修筑龙安寨，总共修筑十多座城寨，然后招募百姓进行耕种，鄜延一线生机盎然。

这个时候，范仲淹、韩琦、庞籍坐镇西北，元昊已无机可乘，战略上处处被动。

和平的曙光已经出现。

定川寨那场诡异的战争之后，西夏内部对战争也出现了严重的分歧。同宋朝交恶，让党项人缺衣少粮。虽然元昊说过："衣皮毛，事畜牧，蕃性所使。英雄之生，当王霸耳，何锦绮为？"但当真正过起衣皮毛、事畜牧的原始生活，西夏人开始叫苦连天。战争、独立本来是为了过上更好的生活，如果日子一天不如一天，为什么要选择战争呢？另外，宋夏战争中，虽然西夏取得了三川口、好水川、定川寨三场战役的胜利，但每次胜利都付出了极其惨重的代价，杀敌一千，自损八百。况且，除此之外，西夏军在其他战役中都遭受重创，特别是麟府丰三州之战中，更是死伤不计其数。西夏人口本来就少，按当前的伤亡率继续打下去，必是自寻死路。

既然战争让西夏民不聊生，接下来只有一个出路：求和。

关键是宋朝会答应吗？

战争是一桩两败俱伤的买卖，除了占领人口、领土，否则很少有一方能从中渔利。战争是强者的游戏，老百姓永远是受害者。提起对外战争，中国人必称强汉。汉武帝一朝，对匈奴战争最多，取得的胜利也最辉煌。但不仅文景之治积累的巨大财富被汉匈战争消耗殆尽，而且汉武帝末期，已是天下愁苦，国内动荡不安。

宋朝文人治国，最精于算计，也比前朝更体恤百姓。他们用商业的眼光去看待战争，认为战争是最不划算的生意。战争不仅带来生命的伤亡，而且消耗的财富，远比每年给异邦一些钱帛奢侈得多。所以，宋朝人也愿意停止战争。

宋夏双方这时已经形成默契，关键是怎样操作，让双方坐到谈判桌前。

庞籍就是促成和谈的中间人。而庞籍促成的手段很奇葩，基本靠忽悠。

他给仁宗皇帝上了个折子，说西夏百姓贫困交加，人心思变，元昊内外交困，准备投降。请陛下指示该怎样做。

西北战场上，仁宗最信任的莫过于范仲淹，所以他征求范仲淹的意见：接受不接受元昊的议和？如果接受，可以满足他提出的哪些条件？

范仲淹是一贯的主和派，当然极力支持议和。范仲淹建议每年向西夏提供三十万援助，以金钱换和平。

三十万是什么概念？大约是宋朝一个普通州的赋税，而北宋管辖三百多个州！所以，三十万只是九牛一毛，用三十万钱换来西北的长治久安，比打仗划算多了。

范仲淹的回答正合宋仁宗的心意。仁宗于是给庞籍下达旨意：如果元昊愿意臣服，西北边境可以维持现状。元昊只需去掉帝号，即可和谈。

庞籍心中有数，朝廷果然也是急于求和呀。这时，一名叫作李文贵的西夏将领前来投降，庞籍认定是诈降，将他遣返回去。庞籍巧妙地借遣返李文贵，让他给元昊捎话，只要归顺，朝廷会网开一面，对战争罪责不予追究，还会给予更优厚的待遇。

庞籍判断得没错。李文贵一五一十地将宋朝朝廷的意思转达给元昊，元昊正急于找台阶下，于是在宋庆历三年（1043），派一位叫贺从勖的使臣，带来一封信，交与庞籍。

信是写给宋仁宗的。信中开头称呼是："男邦泥定国兀卒曩霄上书父大宋皇帝……"其中，"男"是儿子的意思；"邦泥定国"是党项语，西夏对自己国家的自称；"兀卒"，是党项语天子的意思；"曩霄"是元昊给自己取的党项名字。单凭这封信的开头称呼，可以传达出元昊对西夏的定位：党项是个独立的国家，但像儿子事父亲一样对待宋朝。

庞籍一眼看出问题所在：只称子，不称臣，不行！他对贺从勖说："天子是至尊的称呼，周朝时诸侯称王，只有周可以称天子。你们怎么可以称'天子'呢？这封国书名体不正，我不会呈报朝廷。"

贺从勖说："儿子侍奉父亲，就像臣下侍奉皇帝一样，这没有什么问题呀！你只管报上，让皇帝定夺。"

人臣无外交，庞籍不敢私自决定，于是派人送使者到汴京，亲自向仁宗汇报。不过，庞籍同时给仁宗一道奏章，认为西夏的投降心理很迫切，劝仁宗先不要答应他们，以争取更好的谈判时机。

仁宗答应了庞籍，以名体不合为由，将贺从勖赶出京师。

第一次和谈失败。

但元昊知道这仗没办法打了，为今之计，只有求和一条路，双方不过是在比耐心，看谁首先让步。于是，元昊再次上国书，但立场没有根本性变化。宋夏和议一时陷入僵局。

第十一章
新政来了

吕夷简的灰色人生

西北无战事，仁宗皇帝就想把范仲淹、韩琦等调回中央。仁宗皇帝现在认识到，只有这些人，才是帝国的中流砥柱。

想调回他们的另一个原因，是最能干的官场不倒翁吕夷简，终于离开了相位。

庆历二年（1042）冬，六十五岁的吕夷简忽然得了风眩，眩晕、胸闷、神昏、搐搦，难以正常上朝就班。吕夷简上书请辞，仁宗不准，反而拜他为司空、平章军国重事，宽许他平时可以不上班，几天到中书省一趟，裁决重要事项。但吕夷简的身体一日不如一日，请假越来越频繁。一天，仁宗皇帝派内侍给他送来一包胡须，诏说："古人说胡须可以治风眩，我把自己的胡须剪下了送给你，试试看能不能治病。"胡须治病大概是以讹传讹，但仁宗对吕夷简的关心和体贴可见一斑。

仁宗不愿吕夷简辞职，但有人惦记着他，希望把他早日赶回家。

庆历三年（1043）正月，西北前线执掌后勤供应的陕西转运使孙沔上书弹劾吕夷简。孙沔说："自从吕夷简当上宰辅，罢黜忠言，废除正直的做法。他被贬许昌的时候，推荐王随、陈尧佐接自己的班。王随、陈尧佐担当重任，但才能平庸，谋划不到一块儿，整天争争吵吵，被人取笑，导致政事荒芜。又推荐张士逊担任首相，张士逊缺乏远见卓识，致使国事懈怠。这些都是因为吕夷简不为社稷考虑推荐贤臣，而专门推荐不如自己的，以稳固自己的地位，让陛下觉得辅相的位子离不开他，希望有一天重新想起而召用他。自从他重新执掌朝政，三年没有做过一件像样的事。他把得过且过作为安定的手段，把逃避批评作为明智的举动。西北将帅不断战败，契丹贪得无厌，乘人之危。现在国家士兵牺牲，财富减少，民生疲惫，士民怨嗟。过去繁盛的基业，忽然到了这种地步！吕夷简在中书二十年，三任辅相，他说的话陛下没有不采纳的，所请求的事情陛下没有不应允的，有宋以来，还没有第二个这样受恩宠的臣子。但他是怎样报答陛下的？吕夷简的罪过真是罄竹难书！"

孙沔的奏书说出了许多大臣想说但不敢说的话，大家激动地等着结果，一方面为吕夷简被弹劾而高兴，另一方面为孙沔敢于直言而担心。宋仁宗再一次以他惯用的技法处理这件事：置之不理。令人大跌眼镜的是，吕夷简听闻奏章，不仅没有恼怒，反而逢人便讲："元规（孙沔的字）药石之言，但恨闻此迟十年尔。"他向仁宗推荐升孙沔为礼部尚书，主政庆州。

于是，大家又纷纷赞扬吕夷简大度宽容。举重若轻，变坏事为好事，是吕夷简主政二十年历练出来的功夫。

但吕夷简这次是真的不想干了，一来年老体衰，二来他也知道许多人对他不满意，如果死在任上，咽气之时，就是群起攻之、身败名裂之时。现在隐退或许人们会逐渐淡忘他，落得个清清静静安心辞世。

他再上辞呈，仁宗再次不准；再上，再驳回。如此三番五次，仁宗知道他去意已决，无可挽留。三月，仁宗在延和殿召见吕夷简，特许他骑马到殿门，令内侍扶着他下马，持凳子供他垫脚，恩典他免行大礼。仁宗郑重宣告，准许其辞呈，免去宰相职务，授予司徒、监修国史，并且赋予他与宰相、枢密使同等的议论军国大事的权力。后来又准许他以太尉的身份辞去所有官职。

司空、司徒和太尉是汉朝的三公之一，是最高等级官员。隋唐以后，不设三公。现在仁宗重新拾起旧职，只是个荣誉职务，算是给功绩卓著的老臣一个安慰。

之后，虽然仁宗还经常向他咨询国事，但事实上，吕夷简已正式告别政坛。

次年九月，吕夷简在郑州病逝，也彻彻底底、完完全全地告别了政坛。讣闻传来，仁宗伤心痛哭，说："安得忧国忘身如夷简者。"下令辍朝三日，追赠太师、中书令，赐谥"文靖"。

憋民惠礼曰文，宽乐令终曰靖。文的意思就是惠以成政，表彰吕夷简在辅政方面的功绩。靖的意思是性宽乐义，以善自终，吕夷简辅政时间最长，没有大的过错，这个靖字也算到位。

这是皇帝的评价。在当时和后世，吕夷简却是非常有争议的人物。

乾兴元年（1022），仁宗即位，刘太后称制，吕夷简拜相。当时，满朝文武，唯有吕夷简能够协调两宫，既能够照顾太后颜面，又能够遏制太后的权力欲望，迫使太后始终在赵氏宗法的范畴内行使权力，对安定局面、巩固皇族地位功不可没。

仁宗亲政后，吕夷简每每在关键时刻发挥作用，为仁宗皇帝所倚重。宋夏战争，吕夷简和解范仲淹，相将协力，同仇敌忾，有功于国。契丹浑水摸鱼，索要关南十县，吕夷简举荐富弼，成功化解危机，亦不失为知人善任。

但是，正如范仲淹进"百官图"和孙沔弹劾中所言，吕夷简为巩固自己的权力，不惜黜忠言，废直道，排斥异己。他多次截留大臣的上表奏章，使诤言不能达于圣听。他怂恿仁宗废郭皇后，并放逐孔道辅等正直谏臣，使仁宗一度下令不得妄议朝政，堵塞言路。范仲淹上"百官图"，论官吏使用中的腐败，吕夷简指责他狂妄放肆，加以贬黜。他罢相时，推荐张士逊、王随、陈尧佐等进入内阁，这些人明显才不配位，使皇帝不得不起用他。富弼出使契丹，他删减国书，试图陷害富弼。这些都暴露了他贪恋权力的私心。

后世重新审视吕夷简，上述问题属德行有亏，他当政最严重的问题还在于，对朝廷冗官、冗兵、冗费问题不作为，造成繁荣富庶的大宋朝竟然难以为继，被迫革新，为庆历、熙宁变革埋下伏笔，大宋风华未至，而挽歌的序曲已经谱就。

仁宗朝中，以范仲淹为首，聚集着一群道德品行高尚的君子。在君子眼里，这个世界、包括世人非黑即白，而吕夷简恰恰是灰色的。

第十一章 新政来了

朝廷新气象

范仲淹看透这个世界时,已是庆历中期。当时,范仲淹为参知政事,政务不顺,想重新回到陕西边境。他特地到郑州拜访吕夷简,在郑州逗留数日,与吕夷简推心置腹,尽释前嫌。吕夷简告诉范仲淹,离开朝廷难免被小人中伤,这一去想回来就不容易了。

这个时候,范仲淹自己依然是眩目的白,但他承认,灰色也许更适合这个社会。

范仲淹在边陲得到吕夷简去世的消息,特地作《祭吕相公文》,云:"得公遗书,适在边土。就哭不逮,追想无穷。心存目断,千里悲风。"可见其后期对吕夷简心怀敬重。

吕夷简离开政坛,极力推荐范仲淹、韩琦等回到朝廷,发挥更大的作用。

领导班子再一次大调整。章得象、晏殊为相,夏竦为枢密使,贾昌朝为参知政事,调韩琦、范仲淹为枢密副使。不久,台谏弹劾夏竦在西北御寇不力,为人奸邪,乃改任杜衍为枢密使。其他人也有微调,章得象、晏殊依然为相,贾昌朝、范仲淹为参知政事,杜衍为枢密使,韩琦、富弼为枢密副使,王尧臣为三司使。

开始任命富弼为枢密副使时,富弼固辞,说:"我以过去的身份出使契丹,契丹所有高级官员都能够见到。过去使者不敢说的话,我也敢当着他们的面说,所以对契丹有很深的了解。契丹如果对我们用兵,实在难以抵御,愿朝廷不要因为签订了和约就麻痹大意。万一契丹不遵守和约,天下人一定会将罪责加到臣的身上,臣恐怕要遭受斧钺之刑。我不怕杀头,但害怕公论。希望陛下收回任命,那样人们就不会因为签订了盟约而懈怠守备。"仁宗见其真心实意地推辞,便没有强求。一个月后,再次任命他为枢密副使,并让宰相对他说:"这次任命是因为你的能力,不是因为出使辽国的缘故。"富弼这才接受任命。

对于韩琦、范仲淹的任命，富弼也有话说："韩琦、范仲淹最了解西北形势，现在西寇未除，若二人同时回朝，恐怕不妥。建议召来一名，使处于内。另一名授枢密副使职务，还留在边关。二人表里相应，才能更好地发挥作用。或者二人一年更换一次，劳逸均摊，也是稳便之策。"但仁宗没有采纳他的建议。

帝国的另一个引人注目的系统是台谏。仁宗皇帝任命王素、余靖、欧阳修、蔡襄为谏官。王素的父亲是真宗时期的名相王旦。孔道辅非常欣赏王素，任御史中丞推荐他为侍御史。后来孔道辅谏废郭皇后被贬，王素也受牵连出知鄂州（今湖北武昌）。蔡襄是天圣九年（1031）的进士第十名，那一年，他年仅二十岁。四人余靖稍长，四十四岁，其余三人都是三十多岁的年轻人，都以敢于直言而闻名，时人称为"四谏"。

新的内阁在朝野掀起一阵波澜。特别是范仲淹、韩琦在西北战场积累了巨大威望，进入二府众望所归，朝野上下欢呼雀跃，似乎过去整个国家都暗无天日，范仲淹、韩琦是救生民于水火的大禹，是辅佐圣君的周公。

范仲淹在应天府时教过的学生石介，二十六岁中进士，学富五车，才高八斗，任国子监直讲，从者甚众，成为明星学者。石介在哲学上颇有作为，是宋朝理学的先驱。石介心中的楷模，就是他的老师范仲淹。听到范仲淹入阁，石介兴奋得不能自已，一口气写下九百五十四字的长诗《庆历圣德颂》，他在颂诗中写道："皇帝明圣，忠邪辨别。举擢俊良，扫除妖魅。众贤之进，如茅斯拔。大奸之去，如距斯脱。上倚辅弼，司予调燮。下赖谏诤，维予纪法。左右正人，无有邪孽。予望太平，日不逾浃。"长诗颂扬仁宗皇帝选贤任能，擢拔俊良，远离奸佞。皇帝任用这些人，天下马上会出现太平盛世。皇帝任用这些人，大臣慑服，诸侯敬畏，四海顺从。皇帝任用这些人，四海欢欣，连鸟虫鱼兽都为之兴奋。

长诗一一点名评价二府和谏臣，特别是对范仲淹、富弼不吝颂扬之词，称他们为舜帝时的贤臣夔和契。

这哪里是颂扬皇帝，分明就是颂扬范仲淹、富弼、韩琦等一班新任宰辅，庆历中那些推行新政的君子。

这哪里是颂扬这些君子们！分明是把他们放在火上烤、笼里蒸啊。这样赤裸裸地高调颂扬，只会让皇帝嫉妒，让那些所谓的"奸佞"记恨。所以石介的好友孙复说："这首诗恐怕会给你招来厄运。"

不久，孙复的话将会得到应验，不过现在宋仁宗急于振作朝纲、有所作为，看着这帮有口皆碑的名士君子，也兴奋不已，哪里还顾得上琢磨石介的阿谀之作。

但天不遂人愿，这些官员刚安顿好，老天又令仁宗头痛不已。

自庆历三年（1043）正月以来，京城滴雨未下，持续干旱达一百多天。本来中原就十年九旱，但像庆历三年这样严重的旱情却不多见。古代生产力水平低下，挖井代价很高，农田灌溉除了靠天收，就是引河水。长久干旱，河水干涸，庄稼难有收成。民以食为天，望着天上火红灼热的太阳，仁宗如何能不心急如焚！

古人迷信，以为天灾都是人祸。像地震、旱涝，都是皇帝不行德政所致。皇帝应该检讨自己的德行，并向上天祈雨。

五月的一天，仁宗皇帝说："朕想要下罪己诏，撤减饮食，但怕别人说崇饰虚名。不如日夜祷告更能让上天知道朕的心意。"

谏官王素说："罪己诏不必下，但要远离女色。"

仁宗说："朕也没有沉溺女色呀。"

王素说："听说有人给陛下进献美女。"

仁宗说："哦。最近王德用确实送来两位美女，我很喜欢，就留在了宫中。"

王素说："看看，因为陛下沉溺女色，上天也不满意了。"

仁宗舍不得两位美女，长时间纠结，最后终于下了狠心。命令下人："那两位美女也不容易，每个人厚赏钱财三百贯，让她们离开吧。"说完，竟涕泪涟涟。

王素说："陛下只要认为臣说得对，也不急于马上打发她们走。过一段再送出宫也不迟。"

仁宗说："朕虽为帝王，也有儿女之情。我怕跟她们耽溺久了，情到深处，不忍离别。"语甚凄切，充满伤感。

就这样，皇帝心爱的女人再一次被驱逐。贵为皇帝，却屡屡不能保护自己的女人，算是仁宗朝的一大特色。

仁宗之仁

虽然大臣一再苛求仁宗皇帝，凭心说，仁宗确实是位有仁德的好皇帝。

他是位勤政敬业的皇帝。他改变太后垂帘以来单日上朝的惯例，恢复每日上朝问政的祖宗旧制。对百官奏章，无论大事小事，都亲自览批。他对大臣们说："朕承先帝之托，处理天下政务，怎么敢贪图安逸！"

仁宗格外节俭朴素。他吃家常便饭，穿普通衣服，一件衣服洗了又洗，旧了也不舍得扔掉，连宫里的人都看不上眼，暗地里当作笑话。为节省开支，他还一次遣返二百名宫人，后来又多次遣返，减少宫中冗员。

仁宗有爱民之心。京东路受灾，他从专门供应宫中的内藏库中拿出二十万绢送给灾区。开封、河北、河东、陕西、江南、两浙、湖北等地，有孤老寡幼无人照料，仁宗下令官府把他们赡养起来，不能让他们流离失所。

仁宗的所作所为，大臣们看在眼里，喜在心里，因为这样的皇帝，符合儒家道义，可谓皇帝的典范和榜样。吕夷简曾当面称赞皇帝，说即使古代的圣君贤主，不过如此。仁宗羞涩地说："不要对外人宣扬，显得我好像在沽名钓誉。"

尽管如此，大臣们依然对他不依不饶，连后宫情事也要过问。当然，

第十一章 新政来了

远离女色是皇帝修德之举,让老天下雨才是眼下急迫之事。

君臣继续讨论祈雨的事。

"陛下应该到道观里去祷告祈雨。"王素说。

仁宗说:"掌管天文历法的太史预报天气,说某日有雨,我提前一天去祈雨。"

王素说:"我不是太史,但我知道那一天不会下雨。"

仁宗皇帝惊问其故。王素说:"陛下听说要下雨,所以前一天去祈雨,说明心不诚。心不诚,上天是不会眷顾的。"

仁宗想想王素说得有道理,祈祷最讲究的就是心诚则灵,不能心怀侥幸。于是说:"明天就到醴泉观祈雨。"

王素说:"醴泉观太近了,跟皇宫的外城差不多。怎么能怕热不到远处祈雨呢?"

仁宗有个奇怪的生理特征,每当心动的时候,耳朵会变红。他红着耳朵说:"明天就去西太一宫。"西太一宫也是座道观,仁宗天圣年间所建,在汴京城外西南八角镇。王安石有咏西太一宫的诗作,苏轼与黄庭坚和之。

王素不依不饶地说:"请陛下现在就下旨。"

仁宗说:"车驾出宫,不能事先向外告知。你不懂这里面的规矩?"

王素说:"建国之初,御驾出宫不预告,是为了防止不测。现在天下太平,预先告知,百姓争相目睹陛下清光,亦是盛事,不用担心。"

第二天,烈日炎炎,大地焦赤,飞尘张天。仁宗亲自到西太一宫祈雨。按说,谏官不需随从,但仁宗特地带着王素前去,也让他体会一下夏日天旱远行的苦楚。这一路,仁宗一脸不高兴,心里埋怨着王素,但不好意思表现出来。

回到皇宫,他急匆匆跑到曹皇后处,说:"朕渴坏了,赶紧弄些水喝。"曹皇后很奇怪地问:"陛下带那么多随从,为什么不让他们伺候喝水,忍了一路到宫中才讨水喝?"仁宗说:"朕一路屡屡回头观察,发现随从都没有准备水壶。如果我要水喝，肯定会有人为此受到处罚。我不忍心，所以一路忍着没有喝水。"

曹皇后责怪说："都是王素惹的祸。"仁宗说："他也是为社稷百姓着想。我今天去西太一宫，见宫上有云气，或许今晚就会下雨。"

当晚，仁宗在殿前再次点起香炉，对天空三拜。然后站在院中，痴痴地等候雨水降临。

上天不负苦心人。子夜过后，雷电交加，一场大雨倾盆而下。仁宗像个乐傻的孩子，站在雨中由衷地笑着，衣服完全被淋透，还不肯回屋。侍从劝不回皇帝，只好在雨中陪淋。

雨过天霁，月华冉冉升起。曹皇后赶紧送来干衣。仁宗顾不上换衣服，命人重新在殿前焚香，再拜以谢上天恤民之恩。

消息传到朝廷，大臣们都说："如果不是陛下至诚，怎么能感动上天。"

天地有伦，四时有序。即使灾祸，也是由于气象变异造成的，这样简单的道理古人却不明白，非要跟君王大臣施政优劣结合起来。不过，这样也有积极作用，让专制下不可一世的皇帝有所顾忌。

自然灾害归结于上天的喜怒，由自然灾害而引起的民众造反，却不会看在上天的面子施以仁慈，那只有两个字：镇压。

旱灾不仅发生在京师开封，毗邻开封的京东路也是重灾区。旱灾之后必然跟随蝗灾，蝗虫过后，天昏地暗，庄稼颗粒无收。一时间，粮价疯涨，路有饿殍，官府却丝毫没有放松赋税的催缴。没有饭吃的农民只有两条路可走：要么逃荒，要么造反。

沂州（今山东临沂）穷途末路的农民造反了。贫民们冲进官府，抢夺粮食，社会秩序大乱。

对付这些小规模的流民造反，用不上正规军——禁军，通常由地方民兵进行镇压。地方上有一种武装力量，叫"捉贼虎翼卒"，专门缉盗缉匪。捉贼虎翼卒属于当地招募的民兵，亦农亦兵，大户人家不屑为之，都是赤贫农民被强征入伍，待遇很差，经常有上顿没下顿。碰到残忍暴虐的军官，还要挨打受虐，忍受皮肉之苦。

朝廷命沂州巡检使朱进带领捉贼虎翼卒前去镇压。朱进就是个欺上瞒下、凶狠残暴的主儿，为了催促虎翼卒尽快捉拿造反的农民，朱进不仅恶语相加，而且鞭抽棒打，将兵卒视同犯人。

不堪忍受的虎翼卒，本来是前去镇压造反农民的，结果掉转枪口，加入了造反队伍。他们杀死沂州巡抚使朱进，占据沂州，宣布起义。

宋朝士兵和平民起义不少，不过规模都很小，难以动摇国本，这也是不同于其他朝代的地方。之前的秦汉隋唐，其后的元明清民，无不在农民风暴中摇摇欲坠，只有赵宋安之若素，不伤大体。

不堪重负的"三冗"

与宋朝其他叛乱一样，当下的起义也短暂而弱微，不过其过程却耐人寻味。

起义军首领叫王伦。三百年后，一位叫作施耐庵的教书匠写了本农民造反的书，叫《水浒传》，其中最早拉起队伍上梁山的头领也叫王伦。施老师虚构的这个人物，大概脱胎于仁宗年间真实的起义军首领王伦。

跟着王伦造反的有一百多人，队伍虽然不大，但一路向南，如入无人之境。何也？宋朝的兵甲制度，有战斗力的部队全归中央，要么密布于汴京周围，要么散落在边防前线。前线跟京师之间，是个空白，只有少量厢军和乡军，名为军队，实际只从事工程和杂役，相当于工程兵，待遇差，不训练、不更新，基本没有什么战斗力。

因此，王伦得以先占领沂州，继而攻占密州（今山东诸城），然后掉头向南攻占海州（今江苏连云港）、泗州（今江苏盱眙）等地，行程千里，一直打到扬州。沿途不断有流民加入，队伍逐渐庞大。

对于朝廷来说，义军就是贼寇、反贼，人人得而诛之。但面对这样的小型起义，各地政府束手无策，进而上演一场场颇有看点的悲喜剧。

高邮军（今江苏高邮）位于扬州北，虽然名"军"，但早已不是战略要冲，域内不设兵卒。面对纵横猖獗的义军贼寇，知军晁仲约无计可施。要么螳臂当车，以百姓性命和血肉之躯成就忠义之名；要么开城投降，换得一时安稳，过后等待朝廷秋后算账。内心再三纠结，晁仲约决定好汉不吃眼前亏，过了初一再说十五。他下令当地富豪出资捐款，买上好酒好肉，出城恭迎起义军。吃喝款待后，奉上钱财银两，跟他们商量：高邮小地方，没多少油水，各位英雄豪杰不如放过高邮，别在这里耽搁各位的大生意。义军还真仗义，果真没有骚扰抢掠高邮。

事后，在对晁仲约的处理上，朝廷中泾渭分明形成两派。枢密副使富弼认为晁仲约接济贼寇，视同通敌，依法当诛。参知政事范仲淹却替晁仲约讲情，认为晁仲约本意是为了避免生灵涂炭，情有可原。富弼生气地说："有法不依，如何服众！"范仲淹解释说："不杀士大夫，是本朝盛德的地方，我们为什么要破坏这项制度呢？"范仲淹私下对富弼说："今天我们怂恿皇上杀戮臣子，皇上养成习惯，有一天我们失势，也会被他人落井下石，成为刀下厉鬼。"富弼不服，但仁宗最终听取了范仲淹的建议，没有处置晁仲约。

几年之后，富弼因谗言离开二府，任职地方。后来回京师，仁宗不许他入城，富弼徘徊悱恻，彻夜难眠，真正体会到范仲淹的远见卓识和良苦用心，不由感叹范仲淹真"圣人也"。

这是后话。

王伦造反，朝廷震动。仁宗皇帝遣东头供奉官（武将官阶名）李沔、左班殿直（武将官阶）曹元喆、韩周前往捕杀。起义军攻占密州后，临近青州。青州离河北前线不远，驻有重兵。青州知州兼京东路安抚使陈执中，派京东都提举巡检使傅永吉剿匪。在朝廷禁军和青州驻军前后夹击下，王伦在扬州战败，奔往和州（今安徽和县），最后在采石矶（今安徽当涂）被杀。

第十一章 新政来了

王伦五月起事，到七月才被剿灭。数百流民能够奔袭千里，攻占数州，暴露了宋朝长期以来存在的弊政。

这些弊政归纳起来，就是所谓的"三冗"，即冗官、冗兵、冗费。

冗官问题要追溯到宋太祖赵匡胤。赵匡胤夺取政权后，吸取五代皇权经常旁落的教训，想方设法削弱官员的权力。他推出的措施之一，就是扩大官员数量，数量增加了，分摊到每个官员手中的权力相对就小了。比如，为了削弱宰相权力，宋朝通常会设两个宰相，庆历三年（1043）宰相就有章得象和晏殊。除此之外，宰相之外还设立副宰相，即参知政事来分权，这个时期的参知政事也有两个，即贾昌朝和范仲淹。不仅如此，宋朝的宰相只有行政权，没有兵权，兵权分给了新成立的枢密院。这一时期枢密院有枢密使和枢密副使三位。这样，过去由一人承担的宰相工作，到仁宗庆历三年，变成七人分担。在这个岗位上，官员规模扩大了七倍。

地方机构也臃肿不堪。秦汉魏晋的大部分时间，实行郡县制，全国只有两级政府。宋朝实行路、州（府、军、监）、县三级政府，机构大幅增加。路的最高长官又分安抚使、转运使、提刑按察使、提举常平使，分管兵民、财赋、司法、救恤。州则设知州、通判。除此之外，地方还有节度使、承宣使、观察使、防御使、边境设经略使。这些官职，有的为虚职，有的为临时设置，名称庞杂，人数众多。

宋朝的官制也最为复杂。它实行官、职分离制度，有的官有两个头衔，有的官有三个头衔。依据官位给予俸禄，相当于级别，叫正官或寄禄官；职是实际任命的职务，但并不一定是实际从事的工作；实际从事的工作叫"差遣"。如谏官蔡襄的官职全称是"秘书丞、馆阁校理、知谏院"，秘书丞是寄禄官，馆阁校理是职，知谏院是差遣。

我们一般称呼的官职，指的是从事的工作，即"差遣"。

这样复杂的官制，也造成一官多人，重复设位的现象。

这些官员从哪里来？科举。北宋三年一考，每次开科取士动辄几百人。为了鼓励参加科举，对多年科举不第的举子们，还要特开"恩科"，赐同进士出身，最终也会进入官场。这么多士子补充官员队伍，久而久之，人满为患，人数多于岗位数，只好巧立名目，安排新人。

这就形成了冗官。

冗兵问题与宋朝的国家防御形势有关。燕云十六州被契丹占据，宋朝北边无险可守，怎么办？只有实施人海战术，增加军队数量，大量士兵拱卫汴京周围，是曰"守内虚外"。为防止武将坐大，宋朝实行文官制约武官，岗位频繁轮换，这就是所谓的"兵不知将，将不知兵"。这样造成的后果是军队训练松懈，战斗力低下，连对付小小的西夏都屡战屡败。解决办法是继续扩大招兵，士兵数量越来越多。

宋朝实行募兵制，当兵成为一种终身的职业。士兵年龄超过四十岁，基本上失去了战斗能力，但依然在军队中接受供养。这也是士兵数量越来越多的一个原因。

宋太祖时有兵20万人，真宗时增至43万人，仁宗时暴涨到82万人，加上地方厢军，全国养兵达125.9万。这么多兵，能打仗的却不多，故曰"冗兵"。

养活那么多冗官、冗兵，巨额的兵饷和官俸已使国家的财政难以承受，财政负担越来越重，终于不堪重负。到仁宗时，财政连年出现赤字。京东路大旱，因为财政无钱，仍然对灾害地区收赋收税，这才激起王伦等民变。这就是北宋的"冗费"。

后世每每谈起宋朝，称其"积贫积弱"，主要指其"三冗"问题。但从经济发展角度，宋朝是历代最富有的，只是这些财富大都被浪费掉了。

天章阁召对

同西夏战争一打响，"三冗"问题愈发突出，朝廷中要求变革的呼声不断。

第十一章 新政来了

庆历三年(1043)五月，欧阳修上疏单说冗官："因循积弊，官滥者多，使天下州县不治者十有八九。"他建议朝廷派出强干廉明的按察使，统计排查冗官，澄清天下。

宋仁宗作为帝国的当家人，自然意识到三冗带来的严重问题，为此深感忧虑。他任命新的内阁班子，就显示出变革的意图，因为范仲淹、韩琦、富弼和"四谏"等多次针砭时弊，是朝臣中的"革新派"。

变革，已箭在弦上，那弓，就握在仁宗手中。

庆历三年（1043）九月的一天，仁宗皇帝开天章阁，召见范仲淹、富弼。天章阁为真宗所建，真宗去世后用以收藏他的文稿手迹，仁宗从来没有在此召见过大臣。当时韩琦被派往陕西宣抚边地，宰辅中，范仲淹、富弼最为仁宗倚重，在此召见，足见优隆。仁宗对二人说："天下有名望的人很多，破格提拔你们，就是让你们与宰相一起尽心国事。对当前时政有什么建议，尽管呈递给朕，不要有顾虑。"仁宗赐二人笔札，让二人在天章阁写疏奏章，陈述对"三冗"的革新之策。

范仲淹、富弼都提出了很好的建议，其中以范仲淹的建议更为系统、完备，总共十条，条条切中时弊，应对有策。这十条，后世称作《答手诏条陈十事》，被认为是接下来"庆历新政"的政治宣言和革新设计。

第一条曰明黜陟。黜是降职或罢免；陟，晋升。明黜陟就是严明官吏升降进退制度。宋朝文官三年一调整，武官五年一轮换，称为"磨勘"。只要官吏不犯错误，即使人浮于事，即使愚钝恶劣，即使人莫切齿，也一样加官进秩。范仲淹认为，这不是官吏管理的初衷。他提出建立绩效考核制度，奖勤罚懒，用贤避愚，以振作官场。

第二条曰抑侥幸。所谓侥幸，就是通过非正当渠道做官。除了科举，宋朝对功臣、高官格外开恩，他们可以推荐子弟做官。这些子弟大多不学无术，到官场后凭空享受俸禄，无所事事、无事生非。因为都是子弟，还容易形成裙带关系，结党营私，相互包庇，又是政坛的不稳定因素。范仲淹建议限制高官的恩荫特权，减少财政开支，促进国家政治清明。

第三条曰精贡举。科举取人太多,应该精简。范仲淹还提出改革科举内容,由注重诗赋改为注重策论。因为诗赋是文学才能,而策论才显示出治国能力。减少明经科中要求死记硬背的内容,改为阐述经书中的要义和道理。

第四条曰择官长。这一条是专门针对地方官的。范仲淹认为地方官不称职者十之八九。他建议选派得力能干的人往各地考察官员,对政绩优异的进行奖励,对不称职的降级或者罢免。新任命地方官,也应该经过审查,避免随意造成冗滥。他还建议由二府宰执和重要官员推荐各路转运使、提点刑狱、知州,由知州推荐知县,依次类推,层层推荐。这样得到的官吏对上级负责,便于上下协力,同出一心,提高行政效率。

第五条曰均公田。宋朝地方官,除了俸禄,还分给一定数量的田地供耕种,称为"职田"或者"公田"。公田设置于真宗年间,本意是高薪养廉,增加官员寄养,能使他们安心为官,不与民争利。但时间一长显现出了弊端,官员频繁调动,同级官员在不同地方分配公田多少不均,有些官员多吃多占,有些官员无公田可分。范仲淹呼吁重新确定官员分配公田标准,有不均的均之,有未给的给之。

第六条曰厚农桑。厚农桑就是重视农业生产。唯德善政,政在养民,养民之政,必先务农。历代统治者都很重视农桑。范仲淹认为当下对农桑重视不够,造成粟帛常贵,贫弱之民交不起赋税,所以府库日虚。他建议筑堤开渠,兴修水利,并将农业生产列入官员绩效当中,兴农富民,强固国本。

第七条曰修武备。这条是关于军队建设的。针对募兵制一入军营终身为兵的现状,范仲淹建议招募亦农亦战的新兵。农忙时这些新兵务农,农闲时训练。他们既可以补充正规军的不足,还可以减少财政开支。新兵制度可以先在京师周边实施,取得成效后再向全国推广。

第八条曰减徭役。由于五代连年战争,人口下降幅度很大。宋初人口大约只有唐朝全盛时期的46%,仁宗时人口数仍然比唐朝少很多,设置的州、县却一点也没有减少。这样每户需要负担的赋税劳役就大幅增加。范仲淹建议合并州县，将部分县降为镇，合并署衙，裁减公务人员。这样既减轻了徭役，又可以增加农民数量。

第九条曰覃恩信。覃，延伸，推广。覃恩信就是把皇帝的恩泽和惠政推广到民众当中。范仲淹建议，今后皇帝颁布赦令，要精选臣僚前往诸路安抚，访百姓疾苦，察赦令执行是否到位。

第十条曰重命令。就是严肃法纪，做到政令畅通。法度示信于民，不能朝令夕改。朝廷颁布法令时，应广泛讨论，避免仓促疏漏。应尽量避免那些不能长久实施的法令，删去繁杂冗赘的条款，这样朝廷的法令才能保持严肃性。

范仲淹这十条，一至五条针对"冗官"，第七条针对"冗兵"，第六、八条针对"冗费"，第九、十条是保障措施。从"范十条"可以看出，他治理的重点在官吏。

在所有的弊政当中，人的要素是第一位的；在人的要素中，握有权力的官吏是决定性的。得人便治，失人则乱，是人治社会千古不易之道理。

范仲淹这十条，革新的思路和目标都很明确。但是，客观来说，吏治是一项非常复杂的系统，从古到今都是失败的经验，很少有成功的案例。论资排辈、人浮于事、贤愚难辨的弊端很难清除，最主要的原因就是政绩这玩意儿没有刚性的考核标准。范仲淹提出的种种措施，也只是强调注重官员品行和政绩，至于怎样考核，他也只是"心中有杆秤"，但无法量化成一种尺度。

革新是许多忧国忧民的官员的执念，他们私下互通有无，达成默契。范仲淹十条，虽出自一人之手，但实际上反映了革新派的共同诉求。

"范十条"成为庆历革新的总规划图，天章阁答对成为新政的序幕。

第十二章
新政成了靶子

革故鼎新

　　为了帮仁宗下定决心，革新派中最率直的欧阳修不失时机地"火上浇油"，上一道奏章敦促仁宗早日实施新政。

　　欧阳修写道："自古帝王有心开创治世，必须有个前提条件，那就是能够遇到同心协力辅佐大业的忠臣。明君贤臣，千年一遇。现在陛下与范仲淹，正是千年一遇的明君贤臣。近日听说陛下开天章阁，亲写手诏，询问范仲淹等革新之策，中外无不既惊且喜。天下人延首试目等待着新政实施，陛下能不能成为有作为的君主，在此一举。"

　　文人性情的欧阳修总是夸张而偏激，文字富有煽动力。立志有为的宋仁宗不由得沉浸于革故鼎新的憧憬中。

　　十月，庆历新政全面启动。

　　过去各路最高长官为安抚使，把财赋权分出去，设转运使。范仲淹提议给转运使加上新的权力，即按察、监督、考核分管各府、州、军的官长，把他们的政绩、能力、口碑直接报告给中央，并提出留用升降建议。行使新职权的官职称为"转运按察使"。首批派出去的转运按察使有张昷之、沈邈，还有那位敢于直言的"四谏"之一王素。

　　各路转运按察使将按察结果报告中央，由范仲淹亲自审核。这时期，范仲淹的一项重要工作就是坐在政事堂内，翻着各地报过来的花名册，把其中不称职的官员名字勾掉。富弼见范仲淹删除名录过多，心生忧虑，劝谏说："你勾掉一个名字很容易，但这一笔的背后，是一家老小失去生活依靠而失声痛哭。"范仲淹回答道："让一家人痛哭，总比让一路人痛哭好。"

　　这是宋仁宗和范仲淹烧起的第一把火，落实"范十条"中的"择官长"。

　　接着，仁宗下诏，要求中书省、枢密院重新制定发布磨勘之制，对

第十二章 新政成了靶子

官员进行德、能、劳、绩方面的考核，作为升迁依据。对于碌碌无为的官员，非有勋德善状，不得破格提拔；对于惩处罢免官员，延长磨勘年限，不得异地转任他职。磨勘新制规定朝中官员升迁，需有五人联保，本意是选出那些"口碑"好的官员，但人情复杂，实行过程中千情百状，不但没有起到应有作用，反而恶化了官场风气。

这是落实了范十条中的"明黜陟"。

对于"抑侥幸"，朝廷于十一月连下两诏，之后又陆续完善。诏令主要内容有：对各级官员恩荫子弟的范围和数量做出更严格的规定；皇帝宗室和高官子弟，须二十五岁之后才能出来做官；恩荫官员升迁，须经过一定级别臣僚推荐，并进行严格考试考核。宋朝最显贵的门下、枢密二府的官员，大多出自馆阁，所以馆阁官员是非常特殊的群体，虽没有太大的权力，却代表着一种身份和不可估量的前途。朝廷专门对馆阁职务作出规定：恩荫子弟不可以直接出任馆职；进士及第前三名，差遣一任后，经过考试方可出任馆职；馆职有空缺，递补者须获得二府大臣二名，或者门下、中书两省大臣三名推荐，再审核其著述，方可递补。

"均公田"也有动作。朝廷重新公布了各级官员职田的数量，没有配给的配给上，不足的补齐，原先贫瘠的职田调剂成上好的农田。这一条受到大多数官员的欢迎，因为他们是革新的受益者。但配给、调剂的职田从哪里来？荒田有限，只能从民众手中巧取豪夺。对于官吏来说，"均公田"确实得到了公平；对于国家和老百姓来说，丝毫没有受益。余靖最为反对这一条，上疏说："民患未去，官吏何安？"损害老百姓的利益，官吏们就那么心安理得吗？但作为"庆历新政"的一部分，余靖反对自然无效。

"减徭役"上，朝廷把河南府颍阳、寿安、偃师、缑氏、河清五县改为镇，实现合并行政区划、减轻百姓负担的目标。有意思的是，"范十条"中以河南府为例，实施的时候，只对河南府动手术，其他州府一切如故。朝廷当时的考虑，大概是先以河南府为试点，积累经验后推广全国。但新政命短，来不及铺开就流产了。

对于"精贡举"，仁宗皇帝十分谨慎。因为科举是政治的基石，必须慎之又慎。仁宗诏令当时的学问大家进行论证，宋祁、王拱辰、张方平、欧阳修、梅挚、曾公亮、王洙、孙甫、刘湜等九人联名支持改革主张。庆历四年（1044）三月，朝廷颁布新的贡举法令，规定州县都要办学，凡欲参加贡举的士子，必须先到学校学习三百天才有报名资格。对考试内容，法令规定先策，次论，再次诗赋，大大降低了诗赋的权重。法令颁布后，谏官余靖提出异议。他说："州县办学，士子必须到学校读书，费用谁出？读书人多，财政负担不起；如果让个人负担，贫穷家子女怎么上得起学？这会造成严重的教育不公！"仁宗觉得有理，于是删除了"参加贡举必须先到学校就读三百天"的规定。

至于"修武备"，由募兵制改为亦兵亦农的府兵制，干系过于重大，没有人敢为此承担责任，因此暂未实行。"厚农桑"是贯穿古代社会的基本国策，法令已经完备。"覃恩信""重命令"都是保障手段，严格来说，不算革新措施，无须专门颁布法令。

从庆历三年（1043）十月到庆历四年（1044）五月，短短八个月，新政全部推出，力度和密度不可谓不大。但新政成败的关键不在条文，而在于落实。

保守派在反攻

宋仁宗和范仲淹及群臣们陶醉在新政的憧憬中，但他们似乎都忘记了一条古训："治大国若烹小鲜"，不可操之过急。

革新也好，新政也罢，都是改革的同义项。改革的本质是利益调整，把利益从张三口袋里掏出来，放到李四的衣兜里。改革必然损害一方利益，增加另一方利益。庆历新政中得到利益的一方是谁？失去利益的一方又是谁？新政是为了解决"冗官""冗兵""冗费"问题，收益在国，

第十二章 新政成了靶子

遭受损失最直接的是官吏。

没有人愿意束手待毙。新政一经颁布，就受到强烈反弹。

引发矛盾最集中的是"择长官"一项。朝廷派往各地的按察使，考核官吏，谁合格，谁不合格，谁能用，谁不能用，按察使说了算。但按察使也是朝中一员，能够服众吗？不能！因此，按察官吏这一做法，受到各地猛烈反击。

李绚原为三司度支判官，比三司使低了两个等级。朝廷任命他为京西路转运按察使。京西路辖一府十六州二军，李绚按察后认为：知河南府范雍、知许州王举正、知陈州任中师、知河阳任布这几个人不合格。

范雍就是在延州导致三川口之败的老范，虽然吃过败仗，仕途留下斑点，但曾任三司使；王举正的岳父是庸碌宰相陈尧佐，他本人担任过参知政事；任中师、任布都曾为枢密副使。这些人都是二府旧人，老一辈的人中龙凤，因各种原因遭到贬黜，别说李绚，就是宰相章得象、晏殊对他们也得礼让三分。这些人自然不服，联合起来对抗李绚按察，朝廷无法得罪这么多功勋旧臣，只好将李绚调回京师，按察河南府的事不了了之。

李绚回来后，又向河南府派两个按察使：陈洎和张昇。这俩人吸取李绚的教训，干脆来个不作为：河南府官员都很称职，没有平庸无能之人，更没有违法乱纪之辈。这样的结论让朝廷哭笑不得。择长官在一些地区形同空文。

同择官长一样流于形式的还有"抑侥幸"和"明黜陟"。皇帝宗室和高官子弟恩荫年龄提高，不是短时间内能见效果的，作用不大。磨勘之法，变论资排辈为"能者上、庸者下"，但谁为能、谁是庸，同样没有刚性标准，执行起来难免变形走样。京官升迁要求五人联保，逼迫官员拉帮结派，投机钻营，为自己积攒足够的人脉资源。这样一来，官场阿谀之风、攀结之风盛行，反而没有人注重政绩了。

一些坚定为新政唱赞歌的革新派也发现了问题。景祐元年（1034）

的进士苏舜钦,被范仲淹推荐为集贤殿校理、监进奏院。苏舜钦是范仲淹的"铁粉",每当有人非议新政,苏舜钦都要与他们争辩个面红耳赤。但时间一长,苏舜钦发现自己错了,非议的人说的才是事实。他上书范仲淹,指出新政雷声大雨点小,说得多干得少,收效甚微。他认为是新政本身出了问题,磨勘制度、恢复职田等措施,都不是当下的急务。

崇政殿说书赵师民,也看到了新政推行不力,上书一口气提出十五条建议。但这十五条与"范十条"并没有太大异同。

革新派都发现新政病了,但病在哪里,怎么医治,找不到更好的办法。

其实,人治社会的官场,永远无法根除机构臃肿、效率低下、良莠不齐、论资排辈、因循苟且、人浮于事这些弊端,只有烂与更烂的区别。因为人治社会,人说了算,人是最变化无常的,哪里有公平可言?人又存在懒惰、贪婪、趋利的本性,有几人能自觉地成为殉道者?

即使道德修养如范仲淹这样的君子,面对澎湃汹涌的反对之声和四面八方射来的明箭暗箭,也会选择急流勇退、明哲保身。

这些箭自然来自所谓的"保守派",而革新派的不检点和新政的种种弊端,让保守派轻易地找到了靶子。

革新派第一个沦陷的是范仲淹的好友滕宗谅,也就是后世因一篇文章而闻名的滕子京。

滕宗谅与范仲淹是同年进士。在宋代,同年犹如同学,在官场上互相照应,往往保持一生的交往与友情。滕宗谅与范仲淹就是这样一对关系亲密的同僚。

严格来说,滕子京与新政并无太大关系,这段时间,他一直在西北前线,先为泾州知州,范仲淹回朝前举荐他任环庆路都部署、经略使、知庆州。因为他与范仲淹这一层特殊的关系,尽管不在朝中,尽管新政颁布实施与他没有关系,但还是成为了保守派的靶子。

祭出这个靶子的是陕西四路都总管兼经略、安抚、招讨使郑戬,范仲淹和韩琦回朝后,郑戬接替了他们的职务。郑戬一上任,就发现滕宗谅在泾州期间涉嫌滥用公使钱，向朝廷反映了这一问题。

公使钱是朝廷拨放给各级地方政府的特别经费，主要用于宴请、馈送过往官员，相当于招待费。战争时期，公使钱的作用更为复杂，重要的一项开支是用于收买间谍，侦探敌情。

事情要追溯到定川寨之战。葛怀敏在定川寨战败后，西夏军队在广袤的渭河平原上纵横决荡，如入无人之境。泾州也在西夏军队的威胁之下，承受着战火的焦烤。泾州兵少，难以抵御，滕宗谅征集几千农民，穿上军装，登上城楼，欲作殊死之战。不过这些农民的战斗力如何，大家都心知肚明，因此战战兢兢，惶恐不安。正在这时，范仲淹率领环庆路一万五千人马赶到，给泾州吃了定心丸，让滕宗谅和泾州百姓欢庆鼓舞。

兴奋之余，滕宗谅从百姓处买来牛、驴，大摆宴席款待援军，他还到寺院为定川寨阵亡的将士做法事。款待援军和做法事的开支，用的是公使钱。

其实边关将士打仗卖命，靠的不是什么爱国情怀，靠的是金钱激励！再加上边关事多，需要用钱的地方多，朝廷拨付的那些钱根本不足以打发日常开支，更别说特殊时期突发事件带来的消耗。比如种世衡在清涧城，开销庞大，只好靠经商填补亏空。尽管如此，也涉嫌违规使用官银，要不是庞籍兜着，早就革职查办了。可以说，边关长官如果手脚绝对干净，一定一事无成。

枉费公使钱十分普遍，但滕宗谅滥用的数量过大，初步调查达十六万贯，其本质属于数额巨大的贪污行为。这为保守派提供了反攻的靶子。

公使钱案风波

保守派抓住公使钱案这个靶子，引弓发箭，对革新派展开一波强势反攻。监察御史梁坚，立即上奏章弹劾滕宗谅。皇上正为缺钱大伤脑筋，偏偏有乱花钱的主儿往钉子上碰，仁宗皇帝大为恼怒，召集宰执们通报滕宗谅事件，派太常博士燕度前去调查。

调查结果出人意料，燕度到达之前，滕宗谅一把火把账本全烧了，案件便无从查起。

按常理推断，滕宗谅既然烧账本，一定是为了掩饰罪行。可滕宗谅怎样解释呢？滕宗谅说："公使钱不是用在我一人身上，我不想连累其他人。"

事情到这里基本结束，接下来就是怎样处理滕宗谅案了。

作为好友，范仲淹这时站了出来，极力为滕宗谅开脱。范仲淹提了几点理由，主要有：

其一，滕宗谅贱买百姓牛驴，犒劳军队，也是没有办法的事情。当时元昊贼军离泾州只有一百二十里，军情愁惨，见到一万五千人马赶到，众心欢喜，仓促间收买牛驴犒劳军队，纵有亏空，情有可原。

其二，梁坚奏称滕宗谅到任后浪费公使钱十六万贯，现在只查明坐实三千贯。滕宗谅过手的十六万贯，是供手下所有军官享用的，不能加在滕宗谅一个人身上。

其三，边关主帅，如果不倚仗朝廷威势，怎么能弹压将领军民，使他们不计性命抗御悍敌？这次如果处罚滕宗谅太重，以后哪个主帅还敢便宜行事？如果贼兵突至，不知谁能担当重任。

作为攻击一方，御史台不依不饶。御史中丞王拱辰继续弹劾滕宗谅，说："赏罚分明才能令行禁止。如果做不到这一点，如何劝善戒恶？"

范仲淹以辞职要挟皇上，说："臣亲眼看到的事实如果朝廷不能采纳，说明臣实虚妄之人，不适合在二府任职。"并要求将自己和韩琦在西北的公使钱使用情况，也与滕宗谅案一同审理，以正典刑。

王拱辰毫不示弱，也以辞职相威胁。

仁宗左右为难。一方是二府要员，另一方是御史台谏，该听谁的？

仔细想想，仁宗觉得理在台谏一边：滕宗谅滥用公使钱已经坐实，不管什么理由，确属违规行为无疑。台谏弹劾是分内之职，范仲淹与滕宗谅是同年，有回护之嫌。范仲淹提出辞职，是要挟；王拱辰提出辞职，叫作振职，是谏官的权力。

台谏检察权独立于宰执相权，当监察建议不受采纳时，可以辞职表示不妥协，谓之"振职"。

仁宗对王拱辰说："不因为朝廷不采纳自己意见而灰心丧气，以振职表明曲直，言事官就应该这样。"于是将滕宗谅从西北重镇庆州，调到偏远贫瘠的岳州（今湖南岳阳）。

这个处罚不算重，可见仁宗还是非常给范仲淹面子的，毕竟范仲淹是吕夷简之后他最为欣赏和倚重的大臣。不过范仲淹要求将自己与韩琦使用公使钱情况一并调查，令仁宗非常不爽，与嫌犯同进退，无异于朋党，仁宗心中多多少少埋下了猜疑的祸根。

这起案件余波未平，渭州知州张亢也被查出滥用公使钱，一时间西北将帅人心浮动，人人自危。有人把矛头指向狄青和种世衡，引起更多大臣的忧虑。

一向旗帜鲜明的欧阳修再次挺身而出。他上奏说："近来陕西公使钱案牵连甚多，听说甚至波及了狄青和种世衡。西北战场上能够冲锋陷阵的边将，只有这两个人而已。其忠勇武略，不是滕宗谅、张亢能比的。况且狄青是个粗人，纵使有过度使用公使钱问题也不是有意为之，只是不懂法律而已。希望朝廷不要再追查了。"

已经担任渭州知州的尹洙也替狄青辩护，上疏说："狄青清清白白，从没有公物私用问题，不能鸡蛋里挑骨头，让他时时处于恐惧之中。应该下旨停止调查，让他专心边事。"

在多位大臣的呼吁下，公使钱案才告一段落。

西北战将众多，狄青最后能脱颖而出，除了作战勇敢，与人缘好不无关系。

范仲淹拼命保滕宗谅，革新党内部却烽烟骤起。

烽烟起自一座城，一座似有还无的城。因为一方主张修建这座城，一方反对修建这座城。

这座城叫水洛城。

水洛城现在属陕西省庄浪县，当时位于宋夏交界处，在渭州和秦州的联络点上。其地势平坦，土地肥沃，川流环绕，是边境少有的宜居宝地。

早在庆历二年（1042），范仲淹就看中了水洛这块地方的战略价值，主张在此修建城池，派兵固守，作为步步为营、蚕食西夏的据点之一。韩琦随即提出反对意见，认为水洛只是秦州和渭州的通道，并不能断绝西夏进攻。需要修建的城池很多，修建水洛城需耗费百万，不急迫也不划算。

争论没有结果，加上水洛地区时得时失，就搁置下来。

范仲淹、韩琦回到朝廷，陕西的形势和人事都发生了变化，水洛城争议再起。

搅动争议的核心人物，是一位叫刘沪的边将。

刘沪，字子浚，是在宋夏战争中成长起来的基层军官，范仲淹对他非常赏识，称赞"刘沪是沿边有名将佐，最有战功"。刘沪带兵收复水洛，而后当地氐人叛乱，聚集上万人包围官兵，刘沪只有千余人，并且前后数百里没有宋朝的援军。刘沪以一敌十，坐在椅子上指挥进退，一战而平定叛乱。

刘沪收复水洛有功，同范仲淹一样，也非常看重这块地方，提议修筑水洛城。

刘沪的提议得到陕西四路都总管兼经略、安抚、招讨使郑戬的支持。郑戬上报朝廷，得到批复，派刘沪、董士廉开始施工修筑水洛城。

一切顺理成章，并无故事。

故事是从人事变动开始的。

第十二章 新政成了靶子

争水洛城事件

张亢与滕子京同时被查，渭州知州的位置由尹洙接替，同时兼任泾原路安抚都部署司事。水洛属渭州，尹洙成了刘沪的顶头上司。

尹洙继承韩琦的观点反对修建水洛城。

范仲淹、韩琦在陕西威信甚好，虽然回到朝廷，边境留下了他们的代言人。尹洙是韩琦的代言人，范仲淹的代言人是陕西思路总管郑戬。

郑戬为什么能成为范仲淹的代言人？除了他延续范仲淹稳重防守的对夏战略之外，与他的职务、身份也有很大关系。

郑戬，字天休，是天圣二年进士第三名。曾知审刑院、权知开封府。郑戬刚正不阿，一桩案子涉及吕夷简的儿子和朝廷权贵，郑戬毫不留情，逮捕吕夷简儿子，弹劾大臣，知枢密院盛度、参知政事程琳、御史中丞孔道辅、天章阁待制庞籍等都牵涉其中，受到处罚。由于郑戬精明能干，被升任三司使、枢密副使。后来，吕夷简终于找个理由将他贬出朝廷。

郑戬和范仲淹都娶了宋朝一位老进士李昌龄的女儿为妻，他们是连襟。虽然宋代的文人不太把亲戚当回事儿，但他同样性格耿直，站在范仲淹一边一点也不奇怪。

郑戬支持、尹洙反对，谁官大听谁的，没什么问题。问题是庆历四年（1044）二月，人事再次变动，直接影响到水洛城和君子们内部的团结。

先是欧阳修上奏，说："陕西设四路总都部署，各路又有自己的总管。遇到小事各路自己当家，遇到大事报告朝廷解决。这陕西四路都部署一职没什么用途，还影响办事效率，不如裁撤。"韩琦也不失时机上奏，建议撤去四路都部署一职，恢复各路都部署。朝廷听从了他们的建议，迁郑戬知永兴军。陕西四路总部从庆历二年十一月设立，到庆历四年三月裁撤，仅存在一年多。

无论欧阳修还是韩琦，建议裁撤四路都部署，都是为公考虑，不是针对郑戬，更不是针对修建水洛城。早在商议设立这个职务时，韩琦就持不同意见，现在欧阳修上奏在先，韩琦旧事重提罢了。

郑戬把修筑水洛城当成未竟之事业，心有不甘，临走前命令刘沪、董士廉抓紧时间建成城池，并派许迁率兵增援。

郑戬离开，渭州当家的是尹洙。尹洙坚决反对修建水洛城，下令追回许迁，不准增援修城，责令刘沪、董士廉停工。同时韩琦在朝中也说服仁宗，以朝廷名义正式下令明确停止修城。

修了一半的城停下来，不是因为没钱，也不是因为没人，只是因为当家主事的变了。刘沪、董士廉心里憋屈，干脆不予理睬，照修不误。

有朝廷旨意，自己又是顶头上司，却命令不动刘、董二人，尹洙大怒，派一位叫张忠的将领替代刘沪，接手水洛城工程。刘沪不吃这一套，生生地把张忠撵了回来。

尹洙跟董士廉是同年，无奈之下给董士廉写信，希望他做做刘沪的思想工作，给刘沪讲明道理，主动交出工程。董士廉本身就是修城的坚定拥护者，对这封信置之不理。

长官命令不动下属，是很没面子的事。尹洙恼羞成怒，以至于失去理智，命令西北第一战将狄青带领人马直趋水洛城，以违反命令为由将刘沪、董士廉斩首。好在狄青还没有失去理智，况且狄青虽是粗人，但政治嗅觉极其敏锐，知道水洛城之争表面上是边关将领的争执，实际上是朝中大佬在明争暗斗。最后，狄青用一个比较恰当的方式，拘捕刘沪、董士廉，没有使水洛城事件溅上血腥。

刘、董被拘，马上惊动了朝廷。第一个坐不住的是范仲淹，这是贯彻自己战略意图的手下将领，岂容不明不白做刀下冤魂。他马上面奏朝廷，一是为刘沪辩护，二是请求立即派调查组进驻渭州，彻查拘捕事件。

范仲淹辩护说："刘沪之所以违抗命令，因为水洛地区是他开拓的，对这里有感情，不愿得而复失。当地蕃部也积极支持修筑城池，纷纷捐献物资，修城如箭在弦上，不得不发。"

第十二章 新政成了靶子

刘沪抗命该怎样处理，可以慢慢决定，但调查事情的前因后果是必须的。仁宗采纳范仲淹建议，立即派人到渭州调查处理。

调查组进驻渭州，刘、董二人已被尹洙打入死牢，等候问斩。这二人在牢中受到非人待遇，被打得遍体鳞伤，体无完肤，多亏调查组及时赶到才保住性命。调查组征询二人意见，董士廉执笔，对尹洙等进行控诉。

事情来龙去脉、过程细节基本清晰，关键是怎样处理收场。

君子内讧，范仲淹与韩琦争论不休，胜负取决于谁的影响力更大。其他官员不便发言，知谏院有对所有大小事务发言的权利，无可回避。谏官欧阳修、余靖、孙甫等，都力挺刘沪。欧阳修认为"宁移尹洙，不移刘沪"，因为刘沪修水洛城，功绩不在范仲淹修大顺城、种世衡修清涧城之下。余靖认为尹洙、狄青行事太草率，让新归顺的氐人感到寒心。孙甫认为修水洛城对国家有利，所以不能加罪刘沪。

君子内讧，不必置之死地，谏官们早已为双方留下后路。很快，朝廷直接向狄青下达命令，释放刘沪、董士廉。同时严厉批评刘沪的过错，下令其继续修城，将功补过，立功赎罪。至于尹洙，朝廷轻轻略过，不奖不罚，也不再提起。

从法理上讲，刘沪抗命，尹洙行使自己的职权，似乎无可厚非，但舆论最终将尹洙推向孤家寡人。尹洙一向对自己的才能颇为自负，并同大多数君子一样，坚信黑白分明、是非曲直。此时的他，一定万分失落。卷入政治的旋涡，君子又如何？

君子内讧，尚且有分寸。对手暗箭射来，弄不好就会伤天害命。

第十三章
新政终结者

一场代价惨重的酒宴

接下来倒霉的是年轻的苏舜钦。

苏舜钦长相高大俊美，出身官宦子弟。这样一位明明可以靠脸吃饭的官二代，偏偏勤奋读书，作文吟诗，景祐元年考中进士，被派往蒙城（今安徽）任县令。范仲淹被贬期间，苏舜钦曾借天灾上书说情，范仲淹得以从饶州改迁条件较好的润州。范仲淹、富弼推行新政，延揽人才，推荐他到进奏院。

范仲淹等推荐苏舜钦，除了投桃报李，还有一个原因，苏舜钦是杜衍的女婿，而杜衍为枢密使，支持新政，是革新派的砥柱之一。

进奏院主管朝廷文件往来、官方新闻发布。各路、州向朝廷报告工作、呈递文件，都要经过进奏院。相当于朝廷的机要局、各路驻京办事处的管理中心，虽然级别不高，但属中央重要机构之一。

庆历四年（1044）秋冬之际，按照传统，京城要举办赛神会，各行各业祭祀神灵，保佑事业腾达，工作顺利。朝廷工作部门也不例外，谁都不想来年出点纰漏，惹得上司不高兴，于是大家暂时放下工作，拜神祈福，一幅热闹景象。

忙碌了将近一年的公务员们，不仅可以借此轻松几天，而且还能凑在一起，聚餐宴乐。大家都非常期盼这一场秋冬聚会。

进奏院的行业神是"仓王"，就是传说中长着四只眼、创造汉字的仓颉。这一天，苏舜钦领着进奏院的工作人员，打着箫鼓，演着杂戏，列着仪仗，将仓王神像抬出，依官阶一一祭拜。大家明着祈祷仓王保佑社稷平安、业绩卓著，心里默念官运通达、步步高升。

上午仪式过后，中午就在单位里摆上宴席，啸聚痛饮。单位都有集体食堂，每个人凑些钱，买上酒和菜，就是一顿饕餮盛宴。

今年，苏舜钦没有让大家凑钱，因为单位里有小金库。进奏院既然

第十三章 新政终结者

是处理文件资料的，最不缺的就是纸张。他把过期的公文当废纸卖掉，得四五十贯钱。这四五十贯钱没有上交财政，而是作为单位自由支配资金。这样，大家聚餐的时候，充当酒资绰绰有余。

酒资充足，苏舜钦想起平日交好的青年才俊，于是邀请了馆阁官员王洙、王益柔等十多人一起欢聚。

席间，大家推杯换盏，觥筹交错，各尽豪兴。酒足饭饱，苏舜钦令本单位的工作人员和服务人员先行回去，自己跟馆阁同僚小范围继续玩乐。他们还特意从街上青楼里招来两名歌伎，奏乐唱歌，以助酒兴。

王益柔即兴赋诗，作《傲歌》拍节而唱。歌曰：

九月秋爽天气清，祠罢群仙饮自娱。
三江斟来成小瓯，四海无过一满壶。
座中豪饮谁最多？惟有益柔好酒徒。
三江四海仅一快，且挹天河酌尔吾。
漫道醉后无歇处，玉山倾倒难相助。
醉卧北极遣帝扶，周公孔子驱为奴。

歌落乐歇，大家齐声叫好。在座的都是新进青年官员，意气风发，壮志凌云。大家咀嚼着王益柔歌词中的"欹倒太极遣帝扶，周公孔子驱为奴"，大有傲视天下之势，不愧为"傲歌"！于是话题不由自主地转到政治上，大家都支持新政，反对保守，不免针砭时弊，鞭挞奸佞。

正高谈阔论，忽然有人推门而入，热情地跟每个人打着招呼："今天喝得痛快吧？这么多同道相聚，也不喊我一声。恰好路过进奏院，听说馆阁精英都在这里，便不请自到，讨杯酒喝。"说完哈哈大笑，就要拨过王洙，往歌伎身边凑。

苏舜钦睁大醉意蒙眬的双眼，定睛一看，原来是中书舍人李定。苏舜钦自己曾靠恩荫得官，又中进士，走上仕途"正路"。他特别看不起靠父兄功绩被保任的官员,而李定恰恰就是这样的任职。青年文人追求自由奔放,说话毫不客气,苏舜钦摆摆手说:"乐中既无筝、琵、筚、笛,座上安有国、舍、虞、比。""筝、琵、筚、笛"都是乐器,"国、舍、虞、比"指国子监博士、中书舍人、虞部司郎官、比部司郎官。这些部门,都是安排任职的地方。苏舜钦话里的意思,相当于说:"我们这些进士出身的士子聚会,不适合你们这些靠恩荫的任职。"

这是赤裸裸的鄙视!中书舍人是四品大官,而在座的大多是七品散官。受到低品级官员嘲弄,李定恼羞成怒,拂袖而去。

苏舜钦一句醉话,导致这场酒宴惨痛的结局和自己惨痛的人生。

李定进门之前,早已将这些人谈话、歌唱内容听得一清二楚。宋朝文人议论自由,他本来也不以为意。受到戏弄后,回味《傲歌》内容,李定觉得其中大有文章可做。

说干就干,他马不停蹄,把苏舜钦请馆阁青年士子喝酒并妄议朝政的事,报告给了御史台。

御史台是监督、监察百官的机构,有上奏朝廷、弹劾所有官员的权力。御史台的当家人是御史中丞王拱辰。王拱辰状元出身,脑子够用,性格耿直,监察经验丰富,刚刚以辞职为要挟,成功弹劾滕宗谅。这个人不好惹。

王拱辰感到这件事性质比较严重,直接进宫,将李定揭发的事项面奏仁宗。

整个过程,不过两三个时辰之间。宋朝官场繁文缛节,效率低下,像今天这样的快节奏实在不多见。当时,夜色正浓,宋仁宗下令宫中侍卫,即刻到进奏院,将赴宴一干人等捉拿现行。

宫中侍卫赶到进奏院,宴会已散,食堂内杯盘狼藉,工作人员正在收拾洗涮。跑得了和尚跑不了庙,侍卫马不停蹄搜查各人府邸,将一干人等悉数捉拿逮捕。第二天,仁宗严令开封府审理查办。

第十三章 新政终结者

青年才俊一网打尽

经查，苏舜钦等涉及的违纪违法事实有：

苏舜钦与监进奏院右班殿直刘巽监主自盗。进奏院的废旧纸张，属政府公共财物，卖的钱属公款。苏舜钦在进奏院宴请馆阁好友，超越了部门聚会的限制，宴会性质由单位公共聚餐，变成了私人宴请，属于私人行为。苏舜钦用公款支付饮酒招伎费用，用现在的法学观点来看属私设小金库、贪污侵占公款。但宋代的法律没有这么完备，只能笼统地冠以监主自盗的罪名。

王益柔辱没圣贤君主。《傲歌》中，"遣帝扶"，喝醉后让皇帝给他当拐杖；"周公孔子驱为奴"，周公孔子听他的使唤。这些内容，都是对帝王和圣贤的非议和侮辱。

王洙行为不检点。宴会中王洙与歌伎杂坐一起，生活失节，严重影响公务员形象。宋代官员狎妓很普遍，朝廷也不禁止。但狎妓应去勾栏青楼，在办公场所与歌伎搂搂抱抱，有伤风化。

其他参与人员，涉嫌公款消费，自然也难逃罪责。

案情已经查明，王拱辰指使手下鱼周询、刘元瑜上书弹劾。宋仁宗召集二府和御史台官员商议如何处理进奏院狱案。

御史台官员认为凡是参加宴会的人都有罪。御史张方平认为，周公、孔子是儒学圣人，辱没圣人就是鄙视儒学，罪行不亚于不忠不孝，论刑当斩。

仁宗说："二府爱卿谈谈看法。"

二府中，贾昌朝素来与其他人不睦，对新政也不积极。贾昌朝说："既然事实确凿，臣支持陛下裁决。"含蓄地表达了立场。

如果没有人站出来为王益柔说话，他必死无疑。

挺身而出的是韩琦。韩琦说："王益柔说了不该说的话，这是年少轻狂所致，并不代表他排斥儒学，不忠不孝。谁没有年少轻狂时，没有必要提到重大原则高度。现在国家大事那么多，一些大臣不是同国家休戚与共，不是为陛下分担忧愁，而是抓住一个小小的王益柔不放，其用意恐怕不在《傲歌》上吧。"

仁宗若有所思，想了一会儿，说："祖宗之法，不杀士大夫。能宽则宽吧。"

宋太祖赵匡胤是一员不折不扣的武将，但待文臣最优，曾遗言如果不是造反篡逆这样的重罪，一般不杀士大夫。有宋一朝，文人因言获罪的甚少。

仁宗定了调子，其他朝臣没有异议。几天之后，苏舜钦等的处置结果公布：

集贤校理、监进奏院苏舜钦和进奏院右班殿直刘巽，除名勒停，就是说开除公职。

殿中丞、集贤校理王益柔监复州（治今湖北天门）税，并免去校理的官职。

工部员外郎、直龙图阁兼天章阁侍读王洙降职，并贬知濠州（治今安徽凤阳）。

其他江休复、刁约、周延隽、章岷、吕溱、周延让、宋敏求、徐绶等参加宴会人员，也一律外贬。

苏舜钦被除名后，离开汴京，隐居苏州，从此淡出政治舞台，只与欧阳修、梅尧臣等诗文唱和，成为一名纯粹的诗人。

进奏院狱虽然涉及的是低品级官员，但它在很大程度上影响和改变了北宋政治、文化的走向。

进奏院狱中被贬的十二位官员，大多任职馆阁，都是青年名士，是政治上的未来之星。经过这次打击，每个人仕途都蒙上一层灰暗，每个人的人生都湮没在政治风云的漫漫黄沙之中。一时英俊，斥逐殆尽，台馆为之一空。

第十三章　新政终结者

进奏院狱的领头人物是苏舜钦，被处罚得最重。但事件的核心不是监主自盗，而是诽谤圣人，蔑视朝廷。

章献皇后刘娥宽容文人，文人一时自主意识膨胀，参政热情高涨，行事高调，议论张扬，大有指点江山、主导政治的雄心壮志。进奏院狱，给这种昂扬的士风浇了一盆凉水，告诉跃跃欲试的文人们：冷静点，天下是赵家的，皇权只准膜拜，不准挑衅。

如果说滕宗谅公使钱案、水洛城争执案都是孤立的政治事件，进奏院狱更像是宋朝士大夫的集体悲泣。

历史通过进奏院狱，来阻止文人在精神自由之路上渐行渐远。

这十二人，也是新政的忠实拥趸。他们的集体离开，犹如一场战争，一大批军官被缴械俘虏。

王拱辰不无得意地说："我把这些青年才俊一网打尽。"

王拱辰也曾是新政的拥护者，打击新政也许不是他的本意，他只是在履行一名御史中丞的工作职责，但客观上，他对热气腾腾的新政，来了个釜底抽薪。

进奏院狱也折射了二府宰执对新政的态度：韩琦是坚定的支持者，贾昌朝是暗地里的反对者，章得象、晏殊一言不发，是冷静的旁观者。

在整个事件中，宋仁宗一改软弱、摇摆的作风，处置处罚都坚决、果断。为什么？仁宗并不是无能的皇帝，窝囊只是他的表象，干练才是他的本质。进奏院事件触动了他的底线，他决不会有丝毫的妥协和犹豫。一方面需要打击一下不知天高地厚的士大夫们；另一方面，苏舜钦在单位宴会上，遣散本单位官吏，邀请一批帝国的政治储备人才欢聚，并且议论朝政，涉嫌形成政治团伙势力，这是帝国绝对不允许的。

那是一个多么敏感的字眼：朋党！

唐朝毁于藩镇割据，也毁于朋党之争。历史反反复复地证实了一个道理：朋党是挑战皇权的潜在力量。这是每一位不甘沦陷的皇帝都不能容忍的。

君子有党

那么，范仲淹、富弼这些新政的推进者，进奏院事件中他们在哪里？

原来，他们也处在风口浪尖上，朝不保夕。范仲淹被派往陕西、河东宣抚边疆，富弼则在宣抚河北的路上。

新政推行才几个月，范仲淹感到周围的舆论悄悄地发生了变化。过去人们对新政的期盼、兴奋以及对新政推行者的推崇、赞誉渐渐退却，取而代之的是失望、抱怨甚至抵制。

没有人从新政中得到实惠。从经济上讲，"厚农桑"并没有具体举措，"减徭役"只是合并一些县，还只在河南府试点，小惠未徧，民弗从也。新政唯一受益的人群，是在"均公田"中得到职田的官员，但在职田分配过程中，巧取豪夺的事屡有发生，好事没有办好。

更为严重的是，大部分官吏对新政怨声载道。

派往各路的转运按察使，成了官吏眼中的"酷吏"。范仲淹、富弼推荐杨纮到江南东路任转运按察使，因为查处、揭发官吏隐恶，甚至微小的过错也不宽恕，与江东路的提点刑狱、判官并称"三虎"。他巡查到哪里，哪里的官员宁可辞职，也不愿受他辖制。

宋朝文人崇尚自由奔放，没有官员愿意生活在惶恐不安中如履薄冰。

抑侥幸中，更是得罪了不少高官权贵。

正是在新政受到多数人抵制的情况下，反对派们才敢于向新政拥护者下手。

现在终于轮到范仲淹、富弼这些新政大佬了。

仁宗身边有位内侍叫蓝元震，有一次宫中失火，蓝元震救驾有功，很受仁宗宠信。蓝元震受人请托，趁机向仁宗诋毁范仲淹等，说："过去陛下贬黜范仲淹等，蔡襄将范仲淹、欧阳修、余靖、尹洙称为'四贤'。现在四人得势，于是推荐蔡襄为谏官，报答当年吹捧的功劳。他们是以国家的岗位结交同伙。假使一个人结党十人，五六位高居宰辅位上，就有党徒五六十人。这五六十人再相互提携，不用三两年，朝廷中各关键岗位都会被他们霸占。他们打着择官长的旗号任用同伙、打击异己、胶固朋党，谁还敢说个'不'字。"

这时，仁宗想起石介的《庆历盛德颂》，不禁打了个冷战。

庆历四年（1044）四月的一天，上朝说过正事，仁宗装作漫不经心地随口一问，说："历史上多有小人结成朋党，君子有没有朋党？"

范仲淹回答说："我在边塞的时候，见作战勇敢的人来往密切，贪生怕死的相互聚拢。在朝廷上也是这个理，正义的君子和邪恶的小人各有自己的政治势力，需要帝王用心判断。如果结成朋党传播正能量，对国家有什么危害呢？"

范仲淹承认，君子也有朋党！

关于朋党，是个大是大非的政治问题，稍有政治敏锐性的人，都会嗅出仁宗提问的严重性。但君子们承认有朋党！朋党历来为帝王所忌，范仲淹们为什么还要把自身推到悬崖边上？

因为他们是君子！他们光明磊落，不屑于隐瞒自己的政治观点。如果口是心非，与他们所鄙视的小人何异！

君子，不仅是后人对范仲淹们的赞誉之词，也是他们自我标榜的道德形象。

君子一词最早见于先秦的汉语典籍。如《周易·乾》："君子终日乾乾，夕惕若厉。"《尚书·虞书·大禹谟》："君子在野，小人在位。"《诗经·周南·关雎》："窈窕淑女，君子好逑。"

君子最初只是表示尊崇的地位。《春秋左传·襄公九年》说得很清楚："君子劳心，小人劳力，先王之制也。"劳心的才是君子。《诗经》中"窈窕淑女，君子好逑"，这里的君子也是指贵族子弟。

大约先秦只有贵族有学识、知礼教，所以后来君子代称有道德的人。如《论语·卫灵公》："君子固穷，小人穷斯滥矣。"《论语》中大量"君子"与"小人"对指，就是道德评判，孔子赋予"君子"以德性，他对君子推崇备至，说："圣人吾不得而见之矣；得见君子者，斯可矣。"君子成为仅次于圣人的存在。

自孔子始，君子成为读书人孜孜以求的理想人格。

君子的身价和名声，成为君子们漂亮的羽毛。他们珍爱羽毛，甚于生命。

所以，明知前路是悬崖，范仲淹们还得硬着头皮往前走。

当然，他们也会极力规避险境，化险为夷。化险为夷的最好办法，就是说服仁宗，接受君子之党。

过几天，大文豪欧阳修作《朋党论》，以洋洋洒洒之笔，企图为君子之党辩解。

欧阳修《朋党论》的论点与范仲淹朝堂对答一致，承认君子有朋，并进一步提出"君子之朋"与"小人之朋"的区别：

"大凡君子与君子以同道为朋，小人与小人以同利为朋。"

君子之朋的联系纽带是"道"，小人之朋的联系纽带是"利"。

在这个基础上，欧阳修更进一步，认为君子是真朋，小人是伪朋。因为小人好利禄，见利忘义，即使是兄弟亲戚，也有翻脸的可能。君子则不然。君子所守者道义，所行者忠信，所惜者名节。道义、忠信、名节都是始终如一，不容易改变的。

欧阳修又发挥学问渊博之特长，从上古尧舜谈起，举大量事例，说明小人之朋误国，君子之朋兴邦的道理。

最后，欧阳修得出结论：作为君主，应当远离小人之伪朋，用君子之真朋，这样天下可治。

欧阳修自以为文章写得漂亮，逻辑清晰，事理充分。但毕竟有违千年来人们对朋党的负面认识，以至于朝野上下，朋党祸论甚嚣尘上，过去漠然视之的中间派，现在也群起而攻之，纷纷指责君子结党，危害社稷。

欧阳修《朋党论》中的反传统观点，在历史上也掀起轩然大波。欧阳修之后，司马光、苏轼、秦观、李纲、叶适等许多名人也加入讨论行列。到元明清依然余波不尽，历代都不乏专门论述者。连清朝雍正皇帝也亲自执笔撰文，反驳欧阳修的观点。

范仲淹的次子范纯仁，对欧阳修这篇《朋党论》也颇质疑，他说："朋党之争，盖因趣向异同。同我者谓之正人，异我者疑为邪党。既恶其异我，则逆耳之言难至。既喜其同我，则迎合之佞日亲。以致真伪莫知，贤愚倒置。国家之患率由此也。"

范纯仁指出朋党的本质就是政治结盟，不存在"道""利"之别。

欧阳修的《朋党论》，说明庆历君子们在政治斗争方面还很缺少经验，把现成的把柄送给政敌。这是他们落败的直接原因。

当然，这不是压垮骆驼的最后一根稻草。最后一根稻草来自谪守亳州的夏竦。

最后一根稻草

夏竦是位能臣，但不是君子。

夏竦出身于武将家庭，父亲在对辽战争中战死殉国。夏竦不仅继承了父辈的军事基因，而且诗赋文章名冠一时，连宋庠、宋祁两兄弟都得益过他的指导。夏竦还是古文字、经史、阴阳、律历、佛老方面的专家，是不可多得的天才。尽管如此，夏竦却并非科班出身，他因父亲功勋而受恩荫，一开始被授予三班差使的武官。战场厮杀不是夏竦的志向，他的理想是入阁拜相。他拿着自己的诗文等候在宰相退朝的路上，拦住宰相马头，进谒献诗，受到赏识，被改为文职，任命为丹阳县主簿。

夏竦不甘心做籍籍无名的小吏，有意结交权贵，开始了权力投机生涯。他巴结宦官、阿谀宰辅，到天圣年间，先后出任枢密副使、参知政事，实现了进入二府的愿望。

夏竦与吕夷简不和，很快受到排挤，被外放知颍州、青州。元昊反叛，调知永兴军、为陕西四路经略安抚招讨使，给仁宗皇帝上平定西夏的十条对策。后来随着范仲淹、韩琦的日臻成熟，夏竦被调回河中府，远离政治中心。

夏竦并不想过早终结自己的仕途，他寻找一切机会重返二府。但吕夷简始终是无法逾越的绊脚石，有吕夷简在，他无计可施。吕夷简卸任时，为消除旧怨，向仁宗推荐了夏竦。仁宗对吕夷简几乎言听计从，于是召夏竦入朝，为枢密使。

夏竦急不可耐地从河中府回汴京上任，还没有入城，就接到新的调令：免去枢密使一职，改知亳州。

原来，夏竦阴险狡诈，在朝中形成共识。擢升他为枢密使的消息一经宣布，立刻引起台谏和朝中大臣的交相弹劾。余靖先参一本，说："夏竦是什么样的人，陛下您不清楚吗？在陕西前线，他畏缩懦弱，不肯尽力。讨论边事，总是把大家的意见呈递上来，从来没有自己的见解。巡视前线，带着婢女和歌伎，整日寻欢作乐，几乎酿成兵变。他心术不正，奸邪卑佞，这人万万不能重用！"余靖接连上数道奏章，阻止夏竦入朝。王拱辰则拽住仁宗的衣襟，恳请仁宗改变任命。

这么多朝臣反对夏竦，是仁宗没有想到的。未等夏竦入汴京，就将他改判亳州了。

夏竦赚得灰头土脸，失了官职，丢了面子。他写了一万多字的奏章，为自己辩解，单薄的声音很快又被淹没在众人的口水之中，换来的是加倍的羞辱。石介《庆历盛德颂》中"扫除妖魅""大奸之去""无有邪孽"，指的就是夏竦。

夏竦记住了这个仇，此仇不报，枉自担当起阴险狡诈的恶名。

他时刻关注政坛局势，耐心地守候着报复时机。

《庆历盛德颂》对他羞辱最重，他报复的突破口锁定在石介。他收集很多石介的字迹作为字帖，让家中的婢女临摹仿写，久而久之，竟真假莫辨。

第十三章 新政终结者

在新政的重重阻力之中，他终于浑水摸鱼，成功创造了报复的机会。

石介为给新政打气，给富弼写了一封信，无非是一些鼓励的话，其中希望富弼"行伊、周之事"。因为是名人，这封信很快流传到社会上。夏竦从中嗅出血腥的味道，马上让婢女模仿这封信，只是改动一个字，变成了"行伊、霍之事"。夏竦把新的书信投放到社会上，加上有意宣传扩散，老的版本逐渐被淹没，人们口口相传的，竟是"行伊、霍之事"。

一字之差，是生与死的区别。

伊尹是商王朝的开国功臣，是商朝第一位丞相，为商朝的建立和繁荣立下汗马功劳。商朝第四位君主太甲不称职，贪图享乐、暴虐百姓、朝政混乱。伊尹苦口婆心劝谏，太甲不听，于是将太甲放逐囚禁在商汤的寝陵，自己与诸位大臣代为执政，度过一段没有君主的共和时期。后来，太甲认识到错误，悔过自新，伊尹又将他迎回朝廷，归还政权。

周公是周武王的弟弟，周武王的儿子周成王即位时，年纪太小不能理政，一切由周公代劳。周公修内政，制礼乐，平定诸侯叛乱，是周朝各项制度的实际制定者。周公摄政七年，还政于周成王。

霍光，是西汉权臣。他历经汉武帝、汉昭帝、汉宣帝三朝，是汉武帝的托孤大臣，长期独掌朝政大权。汉昭帝死后，霍光迎立昌邑王刘贺即位，二十七天后，以刘贺荒淫无道为由，将其废除，改立汉宣帝刘病已为帝。

伊尹、周公都是后世推崇的名相贤臣，合称"伊、周"。

伊尹有放逐君主太甲的经历，霍光有废除昌邑王的事迹，后人用"行伊、霍之事"，代指废立君主。

石介鼓励富弼"行伊、周之事"，是要他尽力辅佐仁宗，做贤德有作为的宰臣；夏竦改为"行伊、霍之事"，意思突变，便是鼓励富弼废除仁宗、另立新君了。这事非同小可，即使宋朝宽宥大臣，若果然如此，也难逃杀头之罪。

石介百口难辩，富弼如同坐在火山口，只等岩浆喷薄而出，将自己化为泥石。

宋仁宗就是那座火山。他静静地看着这一幕幕大戏，无动于衷。他相信，满口彪彰忠义的君子们，自己设置的一套道德底线，他们无法逾越。

这是号称三千年来最开明的时代，如果放在前朝，仅凭这三五个字，一定会有一场血雨腥风的文字狱、大屠杀。

受煎熬的是富弼、范仲淹们，尽管那火山暂时是沉默的，可他们不愿与死亡共舞。何况，君子最在意的是道德上的洁白无瑕。他们无法以证据自证清白，就需要用行动来做注脚。最好的办法是放弃权力，以显示不做伊、霍的决心。

恰在这时，西北局势又一次"乱花渐欲迷人眼"，给他们一个台阶，让他们体面地离开了朝廷。

盛世里孤独的背影

宋夏战争不可开交之时，辽国借机向宋施压，要求增加岁币。同时，辽国也没有放过西夏。辽兴宗刚即位时，将姐姐兴平公主嫁给元昊。但元昊妻妾众多，对这位大国公主并不钟情。兴平公主郁郁寡欢，不久病逝。辽兴宗以此为由，要挟元昊。元昊不敢两面开战，只得像宋朝一样，忍气吞声，增加贡奉。

辽宋补签盟书时，辽答应帮助宋"驯服"西夏，于是对元昊更加肆无忌惮。元昊恼羞成怒，加快与宋和谈步伐，最终于庆历四年（1044）十月达成协议：元昊取消帝号，向宋称臣；宋朝付出的代价是，封元昊为夏国主，每年赐给西夏15万匹绢、7万两银和3万斤茶叶。

西夏从庆历三年（1043）夏天开始同宋谈判，庆历四年十月份正式签署协议，宋夏关系缓和。战争逐渐远去，西夏得以抽出身来，专心应付辽，对辽越来越强硬。

庆历四年（1044）四月，西夏引诱原来归顺于辽国的党项部落脱辽归夏，辽兴宗征讨这些部落，元昊派兵援救。辽兴宗大怒，征兵十万征讨西夏。是年十月，就在宋夏和议签署之后，辽夏爆发战争。

这场战争一开始辽国全面碾压西夏，但元昊得到上天眷顾，凭借熟悉的地形和捉摸不定的怪风，反败为胜，几乎全歼辽军。

辽夏战争结果暂且不谈，双方调兵遣将之初，吓坏了宋廷。宋朝得到双方摩拳擦掌的消息，但不知道兵锋所向。范仲淹向宋仁宗分析，辽夏很有可能联手入侵大宋，特别是河东、河北地区首当其冲，宜早做准备。他请求到河北河东，加强防御，抗击入侵。

范仲淹对军事形势的判断，枢密院认为过于敏感，小题大做。富弼向仁宗打包票，辽国绝对不会入侵，愿以性命担保。在对辽关系上，没有人比富弼更有发言权，杜衍等也旗帜鲜明地站在富弼一边。但范仲淹的威望如日中天，仁宗皇帝又是老好人，自然不便表态。

最后，富弼使出撒手锏：我愿一人一骑赶赴河东，不要朝廷一兵一卒，确保河东安然无事！

对于仁宗皇帝来说，这是个好主意。既能解决君子们的争吵，又能平息愈演愈烈的朋党之争。于是，最终的结果是：范仲淹被派往陕西，任陕西、河东宣抚使，负责西北防务；富弼被派往河北，任河北宣抚使，负责北方防务。

范仲淹、富弼达到离开朝廷、躲避谗言灾祸的目的，仁宗正好借此瓦解朋党。辽夏剑拔弩张，宋室无风起浪，殿上殿下，满满都是套路。

八月，范仲淹、富弼黯然离去。大宋盛世，留下他们孤独的背影。

仁宗天章阁召对，向范仲淹、富弼问计，商讨革新之策，二人是新政的发起者和设计师。二人同时离开朝廷，预示推行不足一年的庆历新政日暮途穷，宣告失败。

皇权时代，每个王朝都有自己独特的制度设计。这些制度，总结前朝得失，对前朝制度进行修正和反动。新的制度顺应历史，则新王朝会立稳根基。新制度若过猛、偏差、欠缺，新王朝反而会引火烧身，成为制度的殉葬品。如秦、隋两朝，改革体制，国家政体焕然一新，但制度修正过猛，世人难以适应，群起而乱之，最终只有短暂的国祚，犹如科学实验中的小白鼠，以生命的代价为后来者蹚出一条阳光大道，于是有了强汉盛唐。而新莽王朝，改革不对路，背离了历史发展规律，因此一世而亡。宋朝开国之初，有感于唐朝、五代中央孱弱，藩镇、军将势力尾大不掉的弊病，反其道而行之，重文轻武，虚外守内，弱将弱民，这成了北宋的一项根本性制度设计。它有效避免了皇权旁落的五代宿命，为大宋立下稳固的根基。

新王朝新制度运行过程中，一定会暴露新问题，显现新弊端，日积月累，这些问题和弊端逐渐成为新王朝必须解决的致命伤，因此产生改革需求。如宋初的制度带来的负面作用就是，军队战斗力缺乏，财政拮据，无法有效面对辽、夏的威胁。要不要改革？不改，如慢性病入侵，掏空身体而坐以待毙；改，就是改变王朝最初的制度设计，有可能动摇国之根本。在"祖宗之法"和现实政治之间，总是难以取舍，因此产生思想上的矛盾和认识上的对立，改革的结果往往陷入"党争"。

宋仁宗敏锐地认识到改革的结果将一发不可收拾，因此对新政只能浅尝辄止，发现党争的苗头及时叫停。欧阳修的《朋党论》，无疑是引爆党争问题的一颗炸弹，促使仁宗赶紧浇水灭火。

后世苛求仁宗，认为在改革问题上动摇、妥协，最终葬送了改革。其实，叫停庆历新政，正体现了宋仁宗的政治智慧。二十多年后，宋神宗重启改革，造成元祐、绍圣朋党之祸，士大夫之间相互倾轧，苏轼等有影响力的朝臣陷身囹圄、老死荒蛮。党争消耗了政治资源，说北宋亡于党争并不夸张。神宗熙宁变法血淋淋的教训反证仁宗叫停庆历新政是明智之举。

新政既没，推行新政的"君子党"也命运多舛，各有坎坷。右正言欧阳修被任命为河北都转运按察使；杜衍被罢去枢密使，出知兖州；枢密副使韩琦外放扬州。

至此，庆历新政中主要革新人物全部被逐出朝廷。

最惨的还是石介。

石介是反对派最直接的靶子，在众口一词的声讨中，悲愤交集，身患重病。庆历五年七月，年仅四十一岁的石介竟病逝家中。

石介虽死，但仍不能解除夏竦等人的心头之恨。夏竦造谣说，石介"明修栈道，暗度陈仓"，他并没有死，而是被富弼派到辽国，准备借兵与富弼里应外合攻打宋朝。为此，他还编造许多细节，给石介添加了许多传奇故事。比如说石介向辽国借兵，辽兴宗不愿撕毁盟约，石介只好灰溜溜逃回国内，又潜伏到登州、莱州，暗中联络当地匪徒，准备造反起事。

这些谣言可谓一石两鸟。当时富弼正在河北任宣抚使，无论石介在辽国，还是在河北、京东（今山东），富弼都难辞其咎。

为了让谣言更可信，夏竦竟向仁宗建议，对石介开棺验尸，看看到底死没死。石介是著名学者，拥有众多学生弟子，若被开棺验尸，无疑是精神上的莫大羞辱。石介的墓葬在老家奉符（今山东泰安），时任京东路提点刑狱吕居简，坚决顶住压力，拒绝开棺验尸，并找到当时参加石介丧葬的亲朋友人取证，联名作保。朝中大臣也感到夏竦做得太过分了，纷纷上书为石介辩护，指责夏竦"项庄舞剑，意在沛公"，揪住石介不放，目的是整治富弼、范仲淹等。仁宗虽然没有支持开棺验尸，但罢免富弼，等候查处，使富弼一度处于惊恐不安之中。此事过后，才任命富弼为京东东路安抚使、知青州。

韩琦、范仲淹的拥趸，一向支持新政的欧阳修的洛阳八友之一尹洙，因为仍在西北边陲，没有被波及。但他要为革新派说话，上书指责皇帝说：当时急于起用这些人的是您，现在毫不留情地让他们滚开的，也是您。仁宗脾气好，没有追究他。然而尹洙终究气不顺，这位北宋古文运动的先驱，两年后也病重而亡。

第十四章
处江湖之远

欲加之罪，何患无辞

还有一位大人物，他没有站队革新派，但也殃及池鱼，离开了朝廷。他就是晏殊。

晏殊擢拔过范仲淹、欧阳修，对二人有师遇之恩，又是富弼的老丈人。但在新政问题上，晏殊同章得象一样，冷眼旁观，一副事不关己的超脱态度。这是晏殊一贯的政治作风，正如欧阳修后来评价说："富贵优游五十年，始终明哲保身全。一时闻望朝廷重，余事文章海外传。"所以晏殊有"太平宰相词人"之称。

欧阳修被贬出朝廷，他没有悲伤，反而有一丝庆幸。名义上虽为师生，但二人决裂已久。

景祐三年（1036），欧阳修因为追随范仲淹，作文怒斥高若讷，被贬夷陵、乾德。晏殊内心牵挂弟子，几次试图将他调回京师，但都得不到朝廷批准。晏殊作词表达怅惋之情："一曲新词酒一杯，去年天气旧亭台。夕阳西下几时回。无可奈何花落去，似曾相识燕归来。小园香径独徘徊。"饮着今年的新酒，看着旧年的亭台，遥想昔日与弟子们吟诗填词的美好时光，不知何时才能重聚。

庆历元年（1041），欧阳修终于得以回京，担任集贤校理。彼时晏殊已任枢密使。师生相聚京师，自然满心欢喜，经常欢聚宴饮，友情的小船随风荡漾。

这年冬天，天降大雪，大河上下，银装素裹，汴京内外，分外妖娆。晏殊文人雅兴，邀请欧阳修等弟子到西园赏雪。酒酣耳热之际，命欧阳修赋诗助兴。欧阳修作《晏太尉西园贺雪歌》，其中有诗句"主人与国共休戚，不惟喜悦将丰登。须怜铁甲冷彻骨，四十余万屯边兵"。当时宋夏战争正难分难解，欧阳修心忧严寒中的前线将士，以诗劝谏晏殊。文人相聚，风花雪月，赏心乐事，欧阳修如此扫兴，晏殊大为不满，他对别人说："唐朝时韩愈赴宰相裴度宴会，作诗云'园林穷胜事，钟鼓乐清时'，哪里像欧阳修这样作闹。"他指着韩愈的画像说："欧阳修长得很像韩愈呀。我看重的是欧阳修的文章，而不是为人。"言外之意，欧阳修为人处事令人生厌。

物以类聚，人以群分。人际关系中的亲近疏远都是相互的。欧阳修对晏殊的评价也惊人的相似。欧阳修说："晏公小词最佳，诗次之，文又次于诗，其为人又次于文也。"二人都认为对方为人不如为文。

西园赋诗事件造成不快，但并未对二人的师生友情造成根本性伤害，毕竟都是文坛巨擘，相互欣赏。庆历三年，经晏殊大力举荐，欧阳修得以被任命为谏官，知谏院。一个为相，一个为谏官，二人在朝廷事务中相互碰撞得多了，他们之间为人各异、政见不同的分歧充分暴露，不满逐渐加深。特别是对外关系上，晏殊主张以和为贵，欧阳修血气方刚，持强硬态度，晏殊厌烦其事事与自己作对，遂产生让其离开的念头。

所以，对欧阳修外放为河北都转运按察使，晏殊举双手赞成。欧阳修的同僚孙甫、蔡襄不明就里，乞求晏殊帮助阻止欧阳修外放。晏殊不仅不帮，反而推波助澜。孙甫、蔡襄大为不满，认定晏殊是"落井下石"之人，剑锋一转，集中火力弹劾晏殊。

仁宗生母李宸妃去世时，晏殊为其作墓志铭。孙甫、蔡襄弹劾说：晏殊明知道章懿皇后乃圣上生母，却装聋作哑，墓志铭上隐瞒事实，造成天大遗憾。晏殊罪不容赦！

这真是滑稽。章献皇后刘娥当政时，李宸妃是皇上生母，几乎尽人皆知，但哪个敢提着脑袋指出来？如今时过境迁，却翻出旧账，单单针对晏殊，这真是欲加之罪，何患无辞！太不厚道，也毫无逻辑。然而仁宗皇帝偏偏就采纳了孙甫、蔡襄的建议，一道圣旨，将晏殊贬为颍州知州。

宋朝更换宰辅像走马灯似的频繁，很少能连任数年的。也许弹劾之词只是个借口，没来由地，就是想更换一下宰相。也许因为晏殊与范仲淹、欧阳修的师生情分，仁宗不愿在朝中留下"尾巴"，借机将晏殊驱逐出朝。

反正，二府又一次大清洗。

俗话说"人去政息"。革新人物纷纷倒台，他们推行的政策，自然有人为他们清算。

先是新政推行中，被派往各地纠察弹劾的转运按察使，受到强烈反制。他们就像悬在头上的利剑，让地方官必欲除之而后快。庆历五年十月，仁宗降旨，诸路转运使不再加挂按察使之名。圣旨上说："诸路转运使兼按察使之后，干扰政务、苛求官吏，以至于地方官员无法安心职守，实在没有什么好处。所以予以废除。"

庆历七年，更是将范仲淹等提拔的官员"一网打尽"。仁宗下诏说："前京东转运使薛绅，任部吏孔宗旦、尚同、徐程、李四道为耳目，侦取州县细过，以滋刑狱，陷害人命，时号'四瞪'。前江东转运使杨纮、判官王绰、提点刑狱王鼎，皆亟疾苛察相尚，时号'三虎'。是岂称朕忠厚爱人之意欤！"这些人，因为监察官吏过于严苛受到责难。杨纮早已被贬，其他人也难逃惩罚，被差遣到边远贫穷地方任职。

为了"明黜陟"而颁布的新《磨勘法》，也在庆历五年二月废除。监察御史刘元瑜上疏说："新的课考办法，京朝官升迁需要五人联保，逼迫官员投机钻营，拉关系走门路，不利于养成守廉知耻的官场风气。"仁宗于是下诏停止新的《磨勘法》。

范仲淹等制定新的《恩荫法》，实施过程中困难重重，基本没有得到有效落实。庆历五年三月，仁宗皇帝下诏，将这一纸空文也明确废止。

同月，科举考试也恢复旧制。

君子们的致命伤

如果说宋朝政治体制是一座高楼，庆历新政不是拆旧建新，不过是对旧楼重新加固装修。尽管如此，也半途而废，新设计、新材料、新工程几乎全部推倒，恢复旧貌，一切如故。

第十四章　处江湖之远

从范仲淹、富弼庆历三年九月天章阁召对，提出"范十条"，到庆历四年八月范仲淹、富弼被迫离开朝廷，不足一年，到庆历五年二月开始逐步废止新政，也不过十七个月。

由皇帝主导，宰辅大臣全力推行，朝野上下拍手叫好的新政，只有短短一年多就黯然收场，人们不禁要问，为什么会这样？

后人大多将庆历新政的流产归罪于仁宗皇帝的摇摆不定和反对派的恶意中伤。这些观点是不准确的，或者说缺乏深度思考。

仁宗把范仲淹、富弼、韩琦等调到朝廷，革新的意向是明确的。当时宋夏还未签署和约，许多人建议范仲淹、韩琦应该留一人在西北。仁宗不顾边患未除的危险，迫不及待地同时调二人入朝，就是要启动革新。范、富、韩等到任后，迟迟拿不出改革方案，仁宗比他们更急，主动约范仲淹、富弼到天章阁，给他们下命令、压任务，这才有"范十条"。可见，说仁宗摇摆不定，是没有依据的。

后来废除新政，是因为仁宗看到了新政的弊端，也是无奈的选择。

至于反对派中伤，更是无法自圆其说。所有的政治、政策，不可能只有赞同者，没有反对者。改革更是如此！吕夷简在任时，朝野多少反对的声音？但他挺过来了。庆历新政的堡垒之所以轻易被反对派击破，与新政本身及范仲淹等君子们的执政短板有很大关系。

真正导致人去政息的，还要从革新者自身去查找原因。

范仲淹等是处于道德高地的君子，这一点在当时和后世都没有人质疑。大凡道德高尚的人，都会有一个致命缺陷，就是清高。所谓高处不胜寒，他们严以律己，未必能宽以待人，对人对事严厉苛求，不能左右逢源，亦做不到忍让妥协。然而，改革是需要妥协的，为了达到新政的目标，团结大多数人，争取最广泛的支持。这一点，君子们做不到。所以一开始，人们在君子们的道德感召下，对新政充满憧憬，改革呼声很高，支持度很高，一旦到具体事件中，涉及自身利益时，那些曾经的支持者，会掉转枪口，反戈一击。

比如，在进奏院事件中，中书舍人李定要求参加苏舜钦们的聚会，这本来是好事，但苏舜钦因为在道德和学识上看不起李定，拒绝了这个简单的要求，把李定这位新政的潜在支持者，推向了反对阵营中。王拱辰在奏对中，也多次表达了对新政的支持，然而进奏院事件中，也丝毫没有顾忌新政大局，成为新政的埋葬者之一。这是君子们的秉性，也是范仲淹们不善于聚合改革资源的明证。

范仲淹等推行的新政，新意不多，成效不大，反而烦琐苛刻，也是新政失败的重要原因。以"择官长"为例，下级官员称职与否，由上级官员说了算，与过去的做法有什么不同？无非是把考核的尺度把握在革新派手中罢了。然而谁能保证，革新派一定而且总是公平、公正、客观呢？像朝中官员升迁需要五人联保，更是吏治改革的倒退了。

新政的种种弊端，使人们产生君子结党的怀疑。偏偏这些君子，不屑于隐瞒自己的观点，毫不保留地承认"君子有党"。如果皇帝认可"君子党"的存在，那么，这个国家的最高领导人，是皇帝还是"君子党"的领袖呢？

皇帝之外的朋党，必须铲除！除非社会已经进入票选政治。

这些，都是新政失败的直接原因。如果放在历史的长河中细细考究，拂去经年的尘埃，会发现非暴力变革，成功的少，失败的多。

所谓改革，就是重塑政府架构。

任何一种政府架构，都有利有弊。譬如周朝的分封制，天子委托宗亲和信得过的人管理一块土地，便于控制更大的区域，避免对偏远地区鞭长莫及。而郡县制，加强了中央集权，便于令行禁止，全国一盘棋。秦朝之后的汉、晋，在分封制和郡县制之间反反复复，难以抉择，就是试图寻找二者之间的平衡点。再譬如宋朝实行的恩荫制，其缘由要追溯到宋太祖的"杯酒释兵权"。五代各王朝都很短暂，是因为在频繁战争中，武将势力坐大，朝廷失去驾驭。宋太祖赵匡胤为了解决这个问题，和平解除了实权人物的兵权，条件是允诺他们的子孙世代富贵。所以，恩荫制是宋朝笼络高官的一种手段，是保证政权安定的基石。尽管由此形成"冗官"，想要撼动这块基石，除非政治形势发生根本性变化。

改革有利有弊，被改掉的东西也有利有弊。人都有选择性记忆的特点，一段时间之后，人们会淡化旧体制的弊端，无由地放大旧体制中美好的记忆。所以，有时候，改革的阻力不仅仅来自那些利益受损者。即使改革短时间内取得成功，一旦遇到适宜的环境，旧有的体制会"野火烧不尽，春风吹又生"。要熄灭人们心中固有的火种，可能需要几代人的努力，任何毕其功于一役的想法，都是不现实的。

改革能不能成功，更重要的是取决于改革的需求是否足够大。史上最成功的非暴力改革，莫过于商鞅变法。商鞅变法能够成功，是因为变法后建立了举国服务战争的体制，正契合战争兼并的需要。庆历新政在宋夏战争中暴露出问题，而产生了变革的愿望。战争结束，这种压力不复存在，变法的需要不再迫切，"暖风熏得游人醉，直把杭州作汴州"，失去动力的变革必然面临流产的命运。

潮水退去，一切故我。范仲淹走了，新政废了，大宋王朝恢复固有的脉脉温情，神州大地，只剩下盛世歌舞。

不以物喜，不以己悲

大宋最惬意的时光来了。

此后的几年，朝廷几乎没有新闻。不折腾的政治，才能人民安居乐业，政局平稳安定，天下太平兴盛。

趁着朝廷没有新闻，我们抽出空闲，看看被外放的帝国精英们是怎样处江湖之远的。

富弼年轻时在地方上任过签判、通判，但没有主政的经历。这次被贬到青州，刚好弥补这一缺憾。当时，恰逢河北一带暴发洪水，大批灾民逃到青州，富弼予以妥善安排。灾民口口相传，于是更多灾民涌入青州。有人劝富弼说："灾民是个大包袱，接纳灾民不要太积极，纯粹给自己找麻烦。"又有人劝他："朝廷怀疑你勾结辽国，现在接纳这么多灾民，容易被政敌攻击组织灾民造反。"富弼毫不动摇，他说："我不能为了自己的安危，对这么多灾民的生死不管不问。"

过去救灾，都是把灾民集中起来，条件简陋，饮食起居难以兼顾，很不卫生，容易暴发传染病。富弼汲取教训，把灾民分散安置，指定当地官员负责管理。富弼这种新措施，事实证明简单易行、科学安全，后来成为救灾赈灾的通行办法。

救赈灾民属善行，富弼一生对此津津乐道。他对人说："能救活数万人，远胜沽名钓誉，足慰平生。"富弼长期位列相辅，但他最自豪的事，是青州救灾。

富弼在青州政绩卓著，仁宗皇帝多次嘉奖他，他都坚辞不受。两年后，他被调任知郑州，后来又迁蔡州、河阳、并州。

富弼离开青州时，当地群众在城西风景秀丽的石子涧，捐资修建"富公亭"，纪念他的德行。皇祐三年（1051），范仲淹调任青州，游富公亭睹物思人，怀念故交，写下诗篇："凿开奇胜翠微间，车骑笙歌暮未还。彦国才如谢安石，他时即此是东山。"彦国是富弼的字，安石是东晋名相谢安的字。范仲淹把富弼比作中兴东晋的谢安。

范仲淹知青州前，先后在邓州、杭州任职。

邓州位于南阳、襄阳之间，是洛阳南方门户，地理位置十分重要。邓州六山障列，七水环流，交通便达，经济富庶，离汴京、开封不远，是理想的"官隐"之地。到邓州为官的，大都是中央大吏，如张永德、赵普、苏易简、寇准等宋朝历史上的名相，都曾任知邓州。良好的经济、人文、地理环境，让范仲淹对邓州情有独钟。

庆历六年（1046），58岁的范仲淹请知邓州（今属河南），得到批准。

上任第二年，范仲淹在邓州东南辟出一块地方，环水依绿，命名"百花洲"。百花洲由一组建筑组成，规模最大的是"花洲书院"，包括春风堂、藏书楼、斋舍。范仲淹所到之处,都十分重视教育,花洲书院就是为邓州办的学堂。花洲书院周围,还建有览秀亭、春风阁、嘉赏亭等娱乐休闲的场所,使百花洲又成为一处名胜。范仲淹特意把各景点绘制成图,并题诗向老师晏殊报告,诗曰:

穰下胜游少,此洲聊入诗。
百花争窈窕,一水自涟漪。
洁白怜翘鹭,优游美戏龟。
阑干红屈曲,亭宇碧参差。
倒影澄波底,横烟落照时。
月明鱼竞跃,春静柳闲垂。
万竹排霜杖,千荷卷翠旗。
菊分潭上近,梅比汉南迟。
岸鹊依人喜,汀鸥不我疑。
彩丝穿石节,罗袜踏青期。
素发频来醉,沧浪减去思。
步随芳草远,歌逐画船移。
绘写求真赏,缄藏献己知。
相君那肯爱,家有凤皇池。

"穰"是邓州的旧称。从范仲淹笔下,可以窥见百花洲旖旎美景。亭台阑干,澄波烟霞,春柳夏荷,秋菊冬梅,鸥鹭鸟鹊,这一幅画卷,醉了游人,羡煞王孙。

范仲淹在邓州最知名的作品,还是那篇千古传诵的《岳阳楼记》。

宋朝地方官普遍有个喜好,就是修楼建亭,然后请文化名人题写文章,以彰显政绩。滕宗谅因为公使钱案被贬岳州,在岳阳洞庭湖边重修岳阳楼,因为他跟范仲淹的特殊关系,庆历六年,派人请这位前宰辅大人，帝国首屈一指的文化名人题写楼记。

范仲淹少年时，跟随养父到澧州安乡（今属湖南）旅居，其间横渡洞庭湖，对其浩瀚壮阔印象深刻。接到滕宗谅的请求后，尽管未能再次亲临岳阳楼，还是欣然命笔，写下《岳阳楼记》。

岳阳楼的妙处，在于登高望湖。文章对洞庭湖景色进行大段描写，并指出其阴雨、晴朗时给人的不同感受，最后点明题旨，曰：

嗟夫！予尝求古仁人之心，或异二者之为，何哉？不以物喜，不以己悲；居庙堂之高则忧其民；处江湖之远则忧其君。是进亦忧，退亦忧。然则何时而乐耶？其必曰："先天下之忧而忧，后天下之乐而乐"乎。噫！微斯人，吾谁与归？

在朝中做官的时候，心忧黎民；在地方上做官时，又牵挂君主。一个有仁者情怀的人，唯独忘掉自己。作者文中的"古仁人"，无疑是自己努力的标杆和人生的理想。此文一出，"不以物喜，不以己悲""先天下之忧而忧，后天下之乐而乐"，成为范仲淹高尚品德的写照。

这篇《岳阳楼记》送达岳州，滕宗谅又请苏舜钦书写，请当时的篆刻名家邵餗刻制匾额。滕宗谅政绩、范仲淹文章、苏舜钦书法、邵餗篆额，一时被称为"四绝"。

庆历六年，尹洙病重。虽然有争水洛城的不谐，但并没有影响范仲淹与尹洙之间的友谊。范仲淹向朝廷上书，建议准许尹洙到邓州医治疗养。

尹洙自知不久于人世，恳请范仲淹、韩琦、欧阳修分别为自己作文，以流传后世。又向范仲淹交代了其他后事，对范仲淹说："人世间并无鬼神，也没有什么值得恐惧的。"然后正襟危坐，从容而逝。

范仲淹主持为尹洙办了丧事，并按照他的遗愿，安排孙甫为他写行状，欧阳修为他写墓志铭，韩琦为他写墓表，自己为他的文集写序。

欧阳修的墓志铭最先写好，但尹洙的家人、门生很不满意。原来，欧阳修在评价尹洙的文章时，只用了四个字"简而有法"。尹洙的家人、门生认为，尹洙是古文运动的开创者和中坚力量，"简而有法"四字不能概括他的文学成就。

欧阳修非常自负。他认为评价高低不在于用字多少，"简而有法"是相当高的评价。他解释说，自古以来，只有孔子的《春秋》能够称得上"简而有法"。跟《春秋》相提并论，还有什么不满足的？并且，欧阳修认为，尹洙倡导古文运动，但不是发起者。尹洙之前，柳开等都已经提出并进行古文写作实践，尹洙并不是开创者。

欧阳修感慨说："如果师鲁（尹洙字）地下有知，一定会认同我写的墓志铭。你们这些小辈，没有资格说三道四。"

有趣的是，范仲淹去世时，也由欧阳修写墓志铭。欧阳修写范仲淹晚年与吕夷简和解，引起范仲淹后人不满。但欧阳修坚持自己的意见，并指责范仲淹后人不理解范仲淹的胸襟。

文人都固执己见，大文豪尤其如此，从欧阳修处可见一斑。

争执不下之时，只好由范仲淹出面和稀泥。范仲淹给韩琦写信，说："欧阳修写的墓志铭词意高妙，必定能流传后世。但尹洙家人门生不满意，欧阳修这人难说话，不会轻易改变自己。如果换别人写，又难以达到欧阳修的高度。"他恳请韩琦在写墓表的时候，把欧阳修没有写到的地方着力完善补充，同时提醒韩琦，也不能完全由着尹洙家人门生的意见，片面拔高尹洙的成就。

无论欧阳修，还是范仲淹，都有自己的原则，秉承公正，无违内心，无愧后人。那一时期，士大夫彰显文风，彰修德行，担得起百世楷模。

山水之间一醉翁

当然，士大夫的德行有时候也沾染污点。这一时期，欧阳修遇到了他人生最大的品德上的麻烦。

　　欧阳修有位妹妹，嫁与一位叫张龟年的官员为续弦。张龟年天不假年，很年轻就死去了。欧阳修的妹妹带着张龟年前妻的女儿张氏，寄居在欧阳修家。

　　其时，张氏年仅七岁。等她长到及笄之年，欧阳修做主，将她嫁给自己的远房侄子欧阳晟。

　　欧阳晟做个小官，因为公务和应酬经常早出晚归，对张氏不免有些冷落。张氏耐不住寂寞，竟与家中男仆私通。一日，奸夫淫妇鱼水正欢，欧阳晟意外回家，撞个正着。欧阳晟不顾家丑，将二人抓去见官，送到开封府，要求对他们施以刑罚。

　　大堂之上，张氏呈堂供词，竟如晴天霹雳，震惊了整个大宋朝野。

　　张氏对红杏出墙供认不讳，同时交代前科，其未嫁之时，寄居欧阳修家，曾受欧阳修引诱，勾搭成奸，从此淫荡成性。

　　张氏是欧阳修妹妹名义上的女儿，称呼欧阳修舅舅。舅舅与外甥女通奸，是乱伦行为，为道德礼教所不容。何况欧阳修是朝廷要员，是文化明星，是自诩为道德楷模的君子！

　　一时间，弹劾奏章像雪片一样呈递到仁宗面前。

　　欧阳修狼狈至极，急忙上书，为自己辩护。欧阳修说，收留张氏时，她才七岁，自己怎么会对那么小的幼女下手？

　　很快，有人从欧阳修的诗词中，找到"证据"。这是一首词牌为《望江南》的小令：

　　　　江南柳，叶小未成阴。人为丝轻那忍折，莺怜枝嫩不胜吟。留取待春深。　　十四五，闲抱琵琶寻。阶上簸钱阶下走，恁时相见早留心。何况到如今。

　　这首小词上阕写柳，下阕写人，用的是比兴手法，以柳喻人。江南的初春，柳叶才发，柔软娇嫩，人不忍折，莺不能栖。七八岁的小姑娘，像江南春柳那样娇媚可爱。她在堂上玩着簸钱的游戏，诗人从堂下走过，触动情怀，暗暗留心。如今，女孩已经十四五岁，更加姝美，诗人的内心怎能释怀。

呵呵，七八岁的小女孩儿，正是学簸钱的年龄，那个时候你这位舅舅已经看上人家了，何况到如今？

欧阳修百口难辩，只好说，张氏与自己没有任何血缘关系，即便有染，也不过是风流韵事，不是乱伦。

欧阳修的辩解确实苍白无力。如果依据现代法律，按照无罪推定原则，张氏肯定举不出跟欧阳修通奸的证据。但古代犯罪推定并不严谨，很多时候依据的是口供和蛛丝马迹的推理。欧阳修的辩词似乎又坐实了对手的指责。

这就是著名的欧阳修"盗甥"事件。宋朝士大夫风流成性，狎妓通奸都不是大事，可能还会为人所津津乐道。但乱伦却是天大的丑闻，难为社会所容。好在宋仁宗宽容待士，一纸贬书，免去欧阳修龙图阁直学士的职衔，降为知制诰、知滁州（今属安徽）。

滁州地处江淮之间，四面环山，是淮南屏障，亦是拱卫金陵的江北重镇，地理位置十分险要，唐朝名相李德裕，北宋名臣王禹偁都曾在滁州做官。滁州虽不偏僻，但当时属于小州，其繁华程度远不及范仲淹所在的邓州。

欧阳修于庆历五年深秋抵达滁州，当时柳黄霜白，衰草凄迷，北雁南飞，水波浸冷。十年前，他因《与高若讷书》被贬荒芜之地，心中充满正义和勇气，丝毫没有感到辛苦。这一次遭受无法诉说的羞辱和打击，难免心神俱疲。

小州政务不多，欧阳修做起来不需劳神费力。他给好友梅尧臣的信中说："小邦为政期年，粗若有成，故知古人不惑小官，有以也。"可见政务无法给他带来充实和满足。

能够排解忧愁的，唯有美酒与山水。

滁州西南，有一座海拔不高的小山，传说晋朝琅邪王司马伷曾驻兵于此，因此取名琅邪山，后写为琅琊山。琅琊山草木荫秀，泉瀑淙流，是滁州人游玩胜地。有一位和尚智仙，看中琅琊山的风水宝地，在山上建琅琊寺，作为修行场所。为了吸引游人，智仙和尚又在山中建一座亭子。欧阳修非常喜欢到这里游玩，在亭子里饮酒休闲，为亭子取名"醉翁亭"，作文记之。这就是传世美文《醉翁亭记》。

环滁皆山也。其西南诸峰，林壑尤美，望之蔚然而深秀者，琅琊也。山行六七里，渐闻水声潺潺而泻出于两峰之间者，酿泉也。峰回路转，有亭翼然临于泉上者，醉翁亭也。作亭者谁？山之僧智仙也。名之者谁？太守自谓也。太守与客来饮于此，饮少辄醉，而年又最高，故自号曰醉翁也。醉翁之意不在酒，在乎山水之间也。山水之乐，得之心而寓之酒也。

若夫日出而林霏开，云归而岩穴暝，晦明变化者，山间之朝暮也。野芳发而幽香，佳木秀而繁阴，风霜高洁，水落而石出者，山间之四时也。朝而往，暮而归，四时之景不同，而乐亦无穷也。

欧阳修在文中不但描写了琅琊山四时之美景。而且指出取名"醉翁亭"的缘由：作者好饮酒，饮少辄醉，而年又高，因此自号"醉翁"。

这一年，欧阳修才四十出头，正值年富力强的时候，这里说"年又高"，明显有自嘲的意味，委婉地表达被贬的不满。欧阳修好饮酒，一次，他让下人通报智仙和尚，要上山下棋。智仙和尚左等右等，等了一天也不见其踪影，只好下山寻找。他在山下找到欧阳修，只见他面红耳赤，醉眼蒙眬。智仙忙上前询问："知州怎么醉成这样？"欧阳修哈哈大笑："我哪里是醉了！百姓之情可以醉我，山水之美可以醉我，这酒如何能使我醉？偶有醉时，也是以酒浇愁，自作糊涂罢了。"

这就是醉翁亭记中"醉翁之意不在酒,在乎山水之间也"的言外之意。

《醉翁亭记》骈散交错,音律和谐,其意境优美,色调明快,一经问世,无论朝臣大夫还是莘莘学子,抑或老翁稚子,皆争相阅读传诵,成为北宋建国以来传播最为迅速的美文。智仙和尚把它刻制成碑,立在醉翁亭前,凡来滁州的商贾雅客,都要临摹拓片,以至寺庙里的毡供不应求。

《醉翁亭记》一文,也奠定了欧阳修无法撼动的文坛领袖地位。

滁州虽然闭塞,仍有不少学子不远千里前来拜谒欧阳修。江西学子曾巩,才二十多岁,在京师时仰慕欧阳修,拜欧阳修为师。欧阳修被贬滁州,曾巩仍书信往来,勤于问候。这天,他修书一封,向老师介绍一位年纪相仿的年轻人。欧阳修脾气虽大,但对青年才俊相当关爱。他热情接待这位专程登门的客人,并且一见之下,甚为感慨。但见这位青年,平凡的长相,朴实的衣着,不修边幅,甚至有些邋遢。细看之下,此人骨子里竟透着倨傲倔强之气。欧阳修同他谈论,发现这人口才了得,看问题一针见血,发表见解头头是道。欧阳修心中暗自吃惊:"此人将来大有作为,进入二府,拜相登阁是早晚的事情。"

等到这人呈上他写的诗词文章,欧阳修连声埋怨曾巩没有早点将此人引荐相识,说道:"这么好的文字今天才读到,曾巩那个徒儿太不称职了。"欧阳修正在编纂当代人的文选,当即决定将这些文章收入。

这位年轻人,就是后来搅动整个北宋政局,改变北宋政治生态,北宋最富争议的政治家王安石。

王安石与曾巩是老乡,都是江西人。真宗天禧五年(1021)出生,父亲是位下层官吏。王安石自幼聪慧,酷爱读书,他随父亲宦游各地,增添了许多人生阅历,眼界宽阔,见识广博,二十二岁登进士榜第四名。那一年是庆历二年,欧阳修在京师编纂《崇文书目》,埋头书斋,不久又通判滑州,所以对王安石印象不深,这才有对曾巩没有及早引荐的埋怨。

王安石在滁州住了二十多天,日日听取文坛泰斗、政界前辈教诲,受益匪浅。

欧阳修在滁州任上两年,移知扬州,皇祐元年(1049)又迁颍州。而一年前,他的老师晏殊刚刚离开颍州,到陈州任职。

晏殊因为落职颍州,对欧阳修更加反感。欧阳修明知老师对自己有意见,但作为后辈,不敢忘记师恩,因此仍然时时写信问候。一次,晏殊正在府上宴饮歌舞,欧阳修的书信又来了。晏殊看完书信,当着宾朋的面,漫不经心口授数十句,让身旁的书童书写下来,回复欧阳修。有客人说:"您的弟子欧阳修现在这么大名气,您这样回复他太草率了吧。"晏殊淡淡一笑,回答说:"不过是贡举时的门生,这样回复已经很郑重了。"

晏殊终究是不肯原谅欧阳修。

晏殊、范仲淹、欧阳修、富弼、韩琦等,都曾是朝廷要员,虽然被贬,外放的地方大多为富庶之地,如青州、扬州、邓州、颍州等。如这一段时间,富弼、范仲淹先后知青州,晏殊、欧阳修先后知颍州,韩琦、欧阳修先后知扬州,孙甫、范仲淹先后知邓州。仁宗皇帝善待官员,对失势者也尽量仁至义尽。仁宗亲政之前、去世之后,失势官员就没有这样幸运了。如寇准被贬雷州,苏轼被贬儋州,都是蛮荒不毛之地,生不如死。

第十五章
他们反了

不杀降卒

富弼宣抚河北时，欧阳修任河北都转运按察使。当时保州兵变，富弼负责平叛事宜，善后处理时，多亏欧阳修提醒，否则险些酿成大错。

保州兵变源于一场"擦枪走火"。

保州（今河北保定）毗邻契丹，驻扎有军队万余人，称云翼军，职责是巡查边境。它的最高指挥部叫"缘边都巡检司"。巡检司设正使一人、副使二人，各领军队，相对独立。正使由军队长官担任，副使常派宫中内侍担任，以互相制衡。正使、副使，以及州长官、路转运使之间大多互不服气，多有龃龉。

宋初，太祖经常诏令云翼军出巡边境道路，每次出巡，都有额外赏赐。后来，武将担任的正使不再出巡，只有内侍担任的副使带着自己的军队出巡，并且他们加大出巡频率，这样就可以多得赏赐，造成军中待遇不公。

针对这一问题，保州通判石待举向河北都转运使张昷之建议，仍由三路军队轮流出巡，减少出巡频率，每季出巡一次，额外赏赐的钱粮也平均分配给各路军队。这样一方面能解决待遇不公问题，另一方面也节省了开支。

就是这条建议，酿成了大祸。

庆历四年（1044）八月初五，保州通判石待举跟缘边都巡检都监韦贵一起饮酒，二人弯弓射箭，以胜负赌酒。韦贵屡赌屡输，心中不忿，借着酒劲对石待举出口不逊，恶狠狠地骂道："都是你向上邀功，削减兵粮。"士兵正对降低待遇不满，无处发泄，韦贵的话语激起士兵的反叛情绪，于是引起哗变，杀死石待举和保州知州刘继宗。

叛军完全占领保州，韦贵感到自己号召力不够，要挟另一位都监王守一做首领，王守一不从，被杀。韦贵只好自己做叛军首领。

第十五章 他们反了

离保州最近的是广信军。广信军知军刘贻孙得到讯息，带领军队迅速赶到保州城下，要求叛军投降。城内的叛军本身成分复杂，很多属于被胁迫反叛。听到刘贻孙的策反，一些人开始动摇。但各地讨伐军队陆续来到城下，城中乱军担心投降难免一死，反而打消了投降念头，据城固守。

边境军队叛乱，是震动朝野的大事。朝中大臣一如既往地分成两派，一派主张毫不妥协地剿杀，一派主张招降安抚。

主张剿杀的主要是蔡襄。蔡襄认为，如果不杀一儆百，其他地方的官兵得有这样的"免死金牌"，稍有不如意，就会仿效肆意妄为。

主张安抚的有欧阳修和监察御史包拯。他们认为保州这块地方太重要了，如果不能迅速解决叛乱问题，后果严重。保州城坚墙固，不易攻打，应以招降为上策。

最后，仁宗综合两派，恩威并施，先招降，如果不从，立即围攻剿灭。他诏谕刚刚任河北宣抚使的富弼，节制诸军，平息叛乱。

招降指令还没有送达前线，保州城下已经云集了大量兵马。除广信军外，还有知成德军田况、知定州王果等。他们强攻城池，给城内叛军造成很大压力。等到宣示招降赦令，城内又开始犹豫不定。后来，有叛军向外喊话，说我们信不过你们，只相信李步军。李步军指真定路总管李昭亮，在军队中有比较高的威信，于是紧急来到城下，叛军却又反悔，往下射箭，使李昭亮不能靠近城墙。

可能是因为城中意见不统一，因此摇摆不定，信任李昭亮的士兵没有能占据上风。

这时，真定府兵马监押郭逵强行越过护城河，来到城下。他拿出一个紫色包袋，向城上说："你们还认识这个吗？"

郭逵是三川口战将郭遵的弟弟。郭遵死后，郭逵也充军到陕西前线，在范仲淹麾下，范仲淹待他如子侄。城内保州兵马监押侍其臻与郭逵是陕西前线战友，于是同叛军将领韦贵、史克顺等商量，他们敬重郭逵在前线的英勇行为，决定让郭逵进城。经过郭逵劝谕，叛军两千多人开门投降，叛乱平息。

尽管有承诺，田况、王果等还是杀死了四百多名比较顽固的叛军。

宣抚使富弼到达后，担心保州再生变故。这时欧阳修已经接替张昷之担任河北转运按察使，富弼与欧阳修密谋，打算杀死全部先行投降的叛乱士兵。欧阳修说："杀死投降士兵才是最大的祸端，况且他们大多出于胁迫。其他州如果因此生变，局面将不可收拾。"富弼如梦初醒。欧阳修一句话救了两千多士兵的性命。

总结前朝大多亡于民变的教训，北宋维稳之道，在于"有叛民没叛兵"。每有灾年，政府就把没有饭吃的青壮年招募到军队中，这些人因此不会造反，参军之后还可以镇压造反的农民，可谓一举两得。带来的副作用也不小，一是冗兵，加重财政负担，二是军人素质参差不齐，训练水平低下。时间长了，这些有组织无纪律的士兵反而成了不稳定因素。

宋朝的叛乱有民乱，也有兵变，起义或叛乱数量多，只是水平不高，几乎没有对皇权构成实质性威胁。

庆历二年（1042），商山（今陕西商县）民变，郭邈山被推为领袖。时陕西、京西等地大旱，于是农民纷纷响应，起义队伍达十余支，其中规模较大的队伍首领有张海、党君子等人。起义接近北宋统治核心地区，威胁京师，朝野惊恐。朝廷派左班殿直曹元喆统领禁军镇压。起义军调头向南，打下襄州、随州、均州、房州、安州、郢州等地。到达光化军时，宋朝五百余士兵倒戈加入起义军。起义军多次大败宋军，直到庆历三年十二月，才在宋朝重兵围剿之下，被镇压下去。

庆历三年五月，京东路士兵王伦占据沂州，正式反叛。王伦转战泗州、楚州、真州、扬州、泰州、滁州、和州等地，所过之处，连骑扬旗，如入无人之境。两个月后，叛军才被镇压。

同年，金州、池州、解州等地也发生小规模的民变，一时间盗贼出没，前赴后继，其规模大者四五百人，小者几十人，危害社会治安。

有宋一代，这样的小叛乱层出不穷。

第十五章　他们反了

贝州兵变

更大的兵变发生在庆历七年（1047）。

今河北省清河县，为宋贝州的治所。贝州由北向西、南、东，分别毗邻冀州、大名府、博州、德州和永德军。

在贝州、冀州一带，流行着一种宗教，叫弥勒教。弥勒教创立于南朝梁武帝时期，脱胎于佛教，但是反对"释迦牟尼下凡转世"的教义，主张"弥勒下生成佛"。

弥勒教传播过程中，一位叫王则的下级士兵逐渐成为"教主"。王则原是涿州农民，小时贫困，逃到贝州给地主牧羊。长大后，为了讨口饭吃，应募参军。王则利用弥勒教，宣扬"释迦佛衰谢，弥勒佛当持世"，世道当变，新朝当立。短短几年时间，冀州、贝州、德州、齐州等地拥有大量弥勒教徒，他们聚集在弥勒佛的旗帜下，接受王则的秘密领导。

庆历七年，王则开始筹划起义。他串通士兵和农民中的信教群众，准备在庆历八年的第一天，乘官吏们庆贺新年戒备松弛时，揭竿而起。

对于这一切，宋朝各级官员浑然不知。直到十一月，由于叛徒告密，官方才获取起义的情报。情报泄露，迫使王则先下手为强，提前起义。

庆历七年十一月冬至，按照传统，当地官吏要参拜天庆观。这天，王则率领起义士兵打开军械库，将武器抢掠一空。接着又打开监狱，释放囚犯，年轻力壮的充实到起义军队伍中。正在天庆观拜谒的贝州知州张得一，还在跪天跪地时，直接被起义军按在地上，投入监牢。起义军就这样占领了贝州。

被抓的官员还有贝州通判董元亨，只有一小部分官吏逃出城外。

参加起义军的都是农民和下级士兵，没有多少文化，也缺乏深远的政治纲领和政治规划。刚刚占领贝州，就迫不及待地要"建国称帝"，建国号为安阳，王则自称东平郡王。从这个称号来看，王则建立的应是"王国"，但农民不会在体制上钻牛角，他们设宰相、枢密使等，仿照宋朝制度各级官吏一应俱全。加入起义队伍的士兵，面部统一刺上"义军破赵得胜"字样，作为辨识标记，也表明与赵宋朝廷为敌的决心。

匪夷所思的是，王则把自己住的"王宫"命名为"中京"，以中京为圆心向外辐射，城里的每一座楼都取上新的名字，分别对应全国各州，把他亲近的徒弟封为知州。这样，占领一个贝州，似乎已经统一了全国。

没有理想的人，格局也大不了。这是宋朝所有叛军起义军的共同悲剧。宋朝的叛乱和起义大抵因为没有知识分子加入，注定了他们不会长久。

王则幻想着振臂一呼，冀州、德州、澶州等地的教徒云集响应，像贝州一样城头变换大王旗。谁知美梦未醒，各州的官兵提前行动，他的那些教徒大多陷入囹圄，既没有力量占领州郡，也没有到贝州充实起义军的力量。

实际上，大宋的一些官兵表现也好不到哪里，几乎同叛军一样幼稚。

被叛军俘虏的贝州知州张得一，早已吓得魂飞魄散。叛军并没有把他投入大牢，只是将他软禁起来。可惜这位大宋朝的高级官员，看见叛军，无论官职大小，一律谦卑地称呼"大王"，恭恭敬敬作揖行礼，得到允许才敢坐到凳子上。更令人不齿的是，他还主动为叛军草拟行政礼仪，甘心为草班政权服务，与叛徒无异。

同保州兵变一样，叛乱发生在河北。这是块敏感的地方，必须马上镇压，速战速决。不同的是，保州兵变是偶然突发事件，而甘州叛乱蓄谋已久，不可能招安招降。

但大宋的某些官员不这样想，他们患有先天恐惧症，抱着不切实际的幻想，企图和平谈判解决。前参知政事贾昌朝，现在是大名府留守。大名府作为北宋的"北京"，军事力量相对雄厚。大名府有一青年军官马遂，自告奋勇讨伐叛军。但贾昌朝却令马遂带着书信到贝州城招降叛军。马遂不得已，来到城中，王则穿着自制的"龙袍"接见马遂，马遂将贾昌朝的书信交于王则，对他晓以利害，劝他投降。王则只管饮茶，对马遂的话置若罔闻。马遂想奇袭王则，当时张得一陪坐，马遂向张得一使眼色，希望能得到帮助。张得一却装着没看见，不敢与马遂对视。马遂无奈，只好自己动手。他趁王则端杯饮茶之际，突然跃起，只扑王则，用手扼住王则喉咙，想要掐死他。然而他势单力薄，终于未能得手。一旁的叛军侍卫群起而上，先是砍断他的一只胳膊，把王则解脱出来，然后将马遂乱刀砍死。马遂临死前，仍大呼："妖贼，恨不能将你碎尸万段！"

招降不成，只好派兵围剿。贾昌朝派大名府钤辖郝质率先赶到贝州城下，高阳关（今河北高阳东）都部署王信等率本部兵马前来会合，朝廷也派来了增援部队。几路部队会合一起，将贝州团团围住，掐断了叛军同外界弥勒教徒的联系，形成瓮中捉鳖、关门打狗的态势。尽管如此，仁宗皇帝还不放心，令澶州、定州、真定府等周边守军严阵以待，避免叛军突围流窜，造成更大危害。

官兵发起猛烈进攻，但河北诸地位于边防前线，城池防御工事坚固，一时难以攻克，官兵束手无策。

明镐植树，文彦博摘果

十二月十日，贝州叛乱十八天后，朝廷派老将明镐亲自上阵，指挥破城。

明镐是陕西战场锻炼出来的将领，在筑城练兵上立有战功。

宋夏第一仗是三川口之战，宋朝不但损失了刘平、郭遵等大将，而且丢失了金明寨。西夏军撤退后，宋军要重修金明寨，但被打怕了的宋军竟无人敢去。这时候，明镐主动请缨，率领一百多骑兵，用一个多月时间把金明寨修复完好。他还在当地招募新兵，得三百多人。这三百多人，被他训练成虎狼之师，取名靖边军，号称最骁悍的部队。

明镐有胆略，也有能力，但攻破贝州城，确非易事。

贝州城内有被胁迫造反的，在箭头绑上书信射到宋军营中，表示愿在城中作为接应，并约定了时间。夜半时分，官兵来到城下，城上垂下粗绳，引官兵登城。小部分官兵登上城楼后，被叛军发现，官兵寡不敌众，偷袭失败。

尝试了多种方法，都不奏效。明镐用了一个"笨办法"：令士兵在贝州城墙外再筑一道墙。他的如意算盘是，两墙一样高时，官兵就可顺利入城了。筑墙需要大量泥土，当时正值寒冬，土地冰冻，取土困难，因此上面用草木搭建。士兵冒着城内射出的枪林箭雨，苦干数日，终于修筑完成，不料城内射出带火的箭，引燃草木，熊熊大火燃烧三天三夜，整个贝州城四周一片火海。官兵辛辛苦苦搭建的城墙毁于一旦，墙上的士兵来不及逃遁，死伤无数。

一计不成，明镐又生一计，那就是"明修栈道，暗度陈仓"。他一方面指挥猛烈攻城，另一方面暗地里派士兵从护城河向城内挖地道。他们白天休息，夜里施工，城内叛军不易发觉。

就在明镐与叛军"道高一尺、魔高一丈"攻守斗法之时，朝廷中仁宗皇帝坐不住了。贝州反叛已经一月有余，传来的都是官兵不利的消息。这天朝堂之上，仁宗对着满朝文武感叹："你们这些宰相、枢密，尽管天天按时上殿，却没有一人能够为国办事、替朕分忧。要你们有什么用！"其语气悲切，宰辅们心中羞愧，只好低头不语。整个大殿寂静无声，空气中似乎隐藏着拥有巨大能量的炸药，随时可能爆炸。这时，只听一个响亮的声音打破沉默，说："官家无忧，'贝'加'文''则''败'矣。"

说话的是参知政事文彦博。

贝字右面加个反文旁，是个败字。"贝"州兵变，遇到"文"彦博，王"则"必"败"，这就是文彦博的逻辑！

大敌当前，如此"说文解字"，失之儿戏，太不严肃。不过，仁宗正无计可施，有人挺身而出，勉强宽心一些。

何况这文彦博也确有真才实学，很为仁宗器重。

文彦博，字宽夫，出生于真宗景德三年（1006），小范仲淹十七岁，小富弼二岁，大欧阳修一岁，大韩琦二岁。文彦博小的时候，跟同伴玩球，球掉到树洞里，取不出来，文彦博向树洞里灌水，球浮了上来。这样的小故事流传后世，成为儿童聪慧的典范。少年文彦博还是一个立德修身的人，他在家中放两个罐子，平日里做一件好事，往其中一个罐子里放一粒红豆，做了错事，往另一个罐子里放一粒黑豆。每晚休息之前，都有检查红豆和黑豆的数量，以此警醒自己。

仁宗天圣五年（1027），文彦博参加科举，得进士一等。而后长期在基层历练。景祐四年，经举荐入朝任监察御史，受到吕夷简赏识，晋升为殿中侍御史。三川口之战后，黄德和诬陷刘平、石元孙投降西夏，仁宗诏令文彦博到河中府审查此案，文彦博多次到延州调查取证，终于查明真相。黄德和在朝中也有后台，就在案件马上形成结论的关键时刻，蛊惑皇帝，居然派另一名御史接替文彦博，企图重新审理，为黄德和翻案。文彦博虽然只是小小的御史官，但拒不受命，对新来的御史说："朝廷担心案件调查不下去，所以派你来。现在案件已经调查得清清楚楚，你还是回去吧。"随即将黄德和正法。

抗命执法，马上震动官场，文彦博就这样进入了人们的视野。他的正义行为博得一致好评，先后被擢拔为河东转运副使、河东转运使，知秦州兼秦凤路都部署、经略安抚缘边招讨使，知益州（治所为今四川成都）。

庆历新政失败后，朝廷多次更换宰执。庆历七年（1047）三月，宰相贾昌朝与参知政事吴育不和被外放，宰辅空缺，仁宗想起在地方上颇多政绩的文彦博，召他回朝担任枢密副使，不久转为参知政事。

文彦博有西北前线的边防经历，虽然没有亲自指挥过战役，但对军事并不陌生。贝州城久攻不下，文彦博主动请缨，要平息叛乱，为君分忧。仁宗求之不得，脸上愁云稍展，命令文彦博即刻启程，奔赴贝州前线。

但文彦博并不急于辞行。作为帝国的副宰相，他深知贝州的症结所在，除了城池坚固之外，枢密使夏竦抵制明镐，背后施加阴手，也是一个重要原因。原来，明镐的许多奏章，被夏竦劫持，根本就没有上报！没有朝廷的支持，将军权力受到掣肘，许多战略战术无法顺利实施，这样的仗，能顺利才怪！

文彦博需要的是更大的自主权。他上奏仁宗皇帝，索要自行决断、便宜行事的权力。就是说，将在外君命有所不受，在前线怎样打，运用什么样的战术，处置作战不力的将军，事先不需要向皇帝和枢密院请示，可以先斩后奏。

仁宗爽快应允。

许多时候，官位高的人之所以更容易成功，不仅仅因为他能力强，还因为他拥有更灵活的处置权。

等到文彦博到达贝州，明镐的地道已经修得差不多了。这场战役就像一棵果树，经过明镐的辛勤播种、施肥，精心修剪、浇灌，眼看果实成熟，文彦博顺手把它摘了下来。

庆历八年（1048）闰正月初一晚上，文彦博下令猛攻贝州北城，暗地里挑选精兵二百人，从地道里进入贝州城南门。这二百人里应外合，打开城门，顺利攻克贝州城。

历时六十四天的贝州兵变终于被平息，王则被押解京师，处以极刑。那位委身事敌的贝州知州张得一，也被处死，他的子女兄弟遭受连累，流放的流放，降职的降职。

蓬山变咫尺

贝州兵变是仁宗朝最为严重的叛乱之一，其规模大、时间长，叛乱地点接近契丹，迫使宋室动用了大量的禁军。更令朝廷后怕的是，它不是一场偶发事件的叛乱，而是利用宗教聚集人心，有组织、有预谋的起义。

第十五章 他们反了

其叛乱发生在贝州，但弥勒教徒几乎遍及河北，深州、齐州、保州都有士兵准备响应，幸亏当地官员及早得到情报，处置得当，才没有酿成大祸。

仁宗想起来不寒而栗，他再也不愿听到"贝州"这个名字，感到无比晦气。于是下令将"贝州"改名"恩州"。并对河北、河南弥勒教徒进行大清洗，斩杀不计其数。

王则在闰正月二十七日被凌迟。就在王则被斩前五天的夜里，宫中一起离奇的兵变，更是令当时的形势扑朔迷离。

王则被擒，恰又传来西夏国主元昊暴毙的消息，仁宗喜不自胜，借着闰正月的名目，下诏再过一个元宵节，以彰喜庆。

元宵节又称上元节、元夕、灯节，起源于汉，至宋代成为全年最热闹的节日之一。正月十五前后三天，汴京大街小巷张灯结彩，万盏花灯金碧相射，辉映夜空，如山叠锦绣。人们不仅将灯挂在房前屋后，还会将灯做成各种饰品，提在手上，顶在头上。那时节，无数灯光漫步街头，如天空中吹落的星辰，漂游在城市的街头。

除了灯，还有各种杂耍。舞狮子、踩高跷、敲大鼓、划旱船，以及各种艺人走上街头，各展其能。京城少女们走出闺阁，载歌载舞，万众围观。街上摩肩接踵，有看灯的，有看人的，有凑热闹的，宝马雕车，盈盈暗香。酒楼茶肆则灯烛齐燃，通宵营业。整个城市火树银花，锣鼓声声，鞭炮齐鸣，百里不绝。

宋人爱过元宵节，把元宵节写进诗词里。贺铸写："五更钟动笙歌散，十里月明灯火稀。"直到五更天鼓乐笙歌才渐次稀疏下去，而灯火通天明亮，让月光黯然失色，这时才恢复它的皎姿。周邦彦也写道："因念都城放夜。望千门如昼，嬉笑游冶。钿车罗帕。相逢处，自有暗尘随马。"家家门前挂着灯笼，把京城装扮得如同白昼。少女多情，笑语盈盈出门游赏，从香车里丢出罗帕，后面年轻公子打马相随，尘土飞扬，一派青春激扬的景象。

宋代元宵节有一惯例，那就是皇帝与民同乐。元宵节三天里，皇帝乘小辇，幸宣德门，在宣德楼上观赏花灯。还会在楼下搭建露台，艺人们在露台上表演相扑、蹴鞠、百戏等，皇帝与嫔妃在楼上观赏节目，百姓在下面围观皇帝，近距离一睹龙颜，君民同庆，其乐融融。

这时被差遣为西京陵台令，在河南府巩县守护皇家陵园的柳永有词单写元宵节皇帝与民同乐，词云：

禁漏花深，绣工日永，蕙风布暖。变韶景、都门十二，元宵三五，银蟾光满。连云复道凌飞观。耸皇居丽，嘉气瑞烟葱蒨。翠华宵幸，是处层城阆苑。

龙凤烛、交光星汉。对咫尺鳌山、开羽扇。会乐府、两籍神仙，梨园四部弦管。向晓色、都人未散。盈万井、山呼鳌抃。愿岁岁，天仗里、常瞻凤辇。

这首词写皇城元宵，仁宗皇帝与民同乐的盛况。上阕先从季节写起，新春初始，天长昼永、花开草绿、和风送暖，接着描绘建筑的雄伟壮观、富丽堂皇，他们萦绕在嘉气瑞烟之中，一派祥和的节日气象。下阕描写灯会的热闹场景。灯光与月光、星光交相辉映，人们翩翩起舞，梨园弦管鸣奏，直到天色渐明，东方欲晓，人们还未肯散去。皇帝与民同乐，所到之处，百姓山呼万岁，说不尽物阜民康、歌舞升平的热闹景象。

宋仁宗非常喜欢柳永的词，常让伶人在宫中演唱柳词。除了柳永，仁宗还喜欢翰林学士承旨宋祁的词。宋祁词工丽典雅，非常适合宫廷或者士大夫宴会上演唱。他的一阕《玉楼春》最为有名：

东城渐觉风光好，縠皱波纹迎客棹。绿杨烟外晓寒轻，红杏枝头春意闹。　　浮生长恨欢娱少，肯爱千金轻一笑。为君持酒劝斜阳，且向花间留晚照。

第十五章　他们反了

因为这首词，人送宋祁"红杏枝头春意闹尚书"。

这一年闰元宵节，仁宗兴致格外高，宣德楼看了三天杂耍，仍不尽兴，元宵过后依然夜夜笙歌，甚至通宵达旦。唱完了柳永词，仁宗问："子京可有新作？"子京是宋祁的字。只见一旁内侍宫女窃窃而笑，仁宗不满地说："朕问你们话呢，很可笑吗？"有内侍赶忙上前，答道："宋承旨确有新作。"便吟道：

> 画毂雕鞍狭路逢，一声肠断绣帘中。身无彩凤双飞翼，心有灵犀一点通。金作屋，玉为笼，车如流水马游龙。刘郎已恨蓬山远，更隔蓬山几万重。

仁宗听完，来了兴致，问道："这首词似有故事。"内侍不敢隐瞒，向仁宗娓娓道来。

元宵灯夜，宋祁坐轿从外归府。汴京街头看灯的人摩肩接踵，虽有随从喝道，仍不免在游人的夹缝中磕磕碰碰。赶巧的是，对面也过来一顶轿子，挂玉穗，披彩锦，垂绣幰，有几分高贵，又有几分娟秀，一看就知是宫中之物。两顶轿子尽量相让，无奈路窄人稠，还是撞在了一起。宋祁的轿帘在倾斜中荡开了一下，就听对面轿子里"噫"了一声，只见一位宫女掀起绣幰，朝宋祁笑了笑，轻声惊叫："原来是小宋！"

宋祁和哥哥宋庠都在朝中为官，因此被称为"小宋"。

只这一次回眸，令宋祁心旌荡漾，久久难忘。回到家中，口占一词，就是这首《鹧鸪天》。

内侍讲了这首词的缘故，仁宗听得津津有味，兴之所至，说："今天就成全宋爱卿吧。"于是让内侍找出那日呼"小宋"的宫女。又把宋祁召来，命人演唱《鹧鸪天》。宋祁听得心惊肉跳，不胜惶恐。仁宗笑道："朕当使蓬山变咫尺，得遂心愿。"于是将那位宫女赐予宋祁。

仁宗又要听艳曲，又要当月下老，这个元宵节过得有滋有味。

曹皇后平叛

等元宵的欢庆逐渐淡去，仁宗仍兴意未尽，虽不再大宴群臣、与民同乐，却每天在寝宫里与后妃歌舞小酌，比节庆更风流快活。

正月二十二日，仁宗在福宁殿过夜，皇后曹氏陪侍，一直到三更时分，仍然推杯换盏，不愿就寝。

正醉意阑珊，忽然听到殿外一片喧哗鼓噪，中间夹杂宫女哀号之声。曹皇后不愧为将门之后，果然不凡，当即警觉起来，叫了一声"不好，有叛乱"。身边一位太监说："听这声音，像是乳母殴打小女孩儿。"曹皇后训斥道："贼人已经杀到眼前，你还敢当面撒谎？"仁宗起身想到外面看看情况，曹皇后拦着他说："外面太乱，圣驾尊贵，不宜外出。"

曹皇后的脑子飞转，判断着可能的情况。能够杀进宫中，决不是外面的军队，一定是内部人作为，那么人数就不会太多。再从外面动静大小、叛贼推进速度和厮杀的惨烈程度判断，叛贼战斗力也不会太强。此时，寝宫尚留一些太监、宫女值守，虽然人数不多，但也许会抵挡一阵子。她请求仁宗皇帝速派内侍从旁门出宫，宣当日值班的宫中守卫王守忠率兵护驾。同时，把寝宫值守的太监、宫女召集起来，将每人头发剪下一个缺口，说："你们奋力杀敌，明天凭这个标记请功领赏。"

重赏之下必有勇夫。这一群内侍、宫女冲出寝宫，同叛贼作战。但他们在宫中干的都是闲碎杂役，没有出过苦力，身体素质较弱，再加上手无寸铁，不是叛匪对手，不多时，一些内侍宫人被砍去手臂，伤骨断腿，一时间血肉横飞。好在叛匪人数太少，众人还能勉强将叛贼抵挡在外。

曹皇后判断叛贼打不开寝宫门，必然放火，赶忙派人速去取水备用。正如曹皇后所料，不多时，火起，幸亏有所准备，很快被扑灭。

正相持不下之时，王守忠带兵赶到，叛贼慌忙逃窜，三人当场被杀。等到平息下来，曹皇后在外面问明情况，才打开寝宫，由仁宗犒赏侍卫。

第十五章 他们反了

经查，叛乱者总共四人，乃崇政殿亲从颜秀、郭逵、孙利和王胜。当天晚上，四人杀军校、劫兵仗，从延和殿房顶蹿到福宁殿前。王胜当时趁乱逃走，但终未成漏网之鱼，第二天即在宫城北楼被发现，卫兵当场将其乱刀分尸。不幸的是没有留下活口，以至于无法得知叛乱动机，以及主谋人。所以，在后续处理上，朝中大臣一如既往地争论不休。

首先是由哪个部门调查这一事件。参知政事丁度认为，皇帝身边亲近的侍卫犯上作乱，想要谋杀皇帝，是十恶不赦的大罪，应付有司审理。但枢密使夏竦却奏请皇帝说，宫中侍卫归皇宫管理，不应由外面的机构插手。二人争执不下，仁宗考虑不想扩大影响，同意了夏竦的建议。

这起叛乱事件十分蹊跷。首先，叛贼是临时起意还是蓄谋已久？作为皇家卫队，人员应严格筛选，思想合格，政治过硬，无限忠诚，这些都是基本要求，那么这四人是怎样混进卫队的？平日上司管理、监督有无疏漏？其次，叛乱者从崇政殿一路越过延和殿，来到福宁殿，竟没有受到任何阻拦，是当值侍卫没有尽职，还是有人故意里应外合？最后，王胜躲藏到宫城北楼，仁宗曾下令活捉，但竟被乱刀砍死，有悖常理，有没有杀人灭口的嫌疑？很有深查细究的必要。

这些人如何处置？照理说判死罪也不为过，但仁宗心肠软，仅将涉及的五位人员降职外放。另有副都知杨怀敏，既是四位叛乱者的上司，又是当晚的侍卫带班，本应从重处罚，但杨怀敏与夏竦素有勾结，夏竦为杨怀敏百般辩护，最后杨怀敏虽然也降了职，但依旧在宫中当差。殿中侍御史何郯认为处罚不公，说："杨怀敏作为宫中宿卫官，未能发现叛乱阴谋，致使叛乱者一路杀到宫闱之内，使圣驾受惊，这是莫大的罪过！现在其他人都被外放，只有杨怀敏从轻处理，令有心者无不激愤，有口者无不惊嗟，以至于民怨沸腾。国家应当依法用刑，不能有远近亲疏之分，否则会尽失民心。"仁宗不理他，何郯纠缠着同仁宗争辩，仁宗一气之下，要免何郯的职。何郯毫不退缩，争辩更加激烈。仁宗说："古代官员进谏，君主不听，他们跪在地上磕碎了头颅。你要是也把头颅磕碎，我就认为你是忠诚的。"何郯说："古代君主不听谏言，臣下才磕碎头颅；现今陛下从谏如流，我如果学古人磕碎头颅，不是玷污了您的英名吗？"仁宗无话可说，收回了罢免何郯的成命。

由于追究不力，宫中叛乱始终成为一个谜团。但这场叛乱与凌迟王则刚好在一个时间点上，是不是宫中也有弥勒教徒？史料缺乏，后人也莫衷一是。

更令人瞠目的是，仁宗不仅不追究有罪之人，在论功行赏方面，更是张冠李戴，指鹿为马。

平叛的首功，无疑应该记在曹皇后名下。但宋仁宗当时最宠爱的嫔妃，是张美人。宋仁宗想借此奖掖张美人，对朝臣们说，平叛期间，自己曾下令各自紧闭宫门，不要外出。唯有张美人冒着危险，从自己的寝宫跑到皇帝身边，令人感动。一向善于钻营的夏竦听话知音，马上上奏，称张美人有护驾之功，请求晋升她的爵位。仁宗乐于顺水推舟，于是封张美人为贵妃。美人为三品，贵妃仅次于皇后，中间越过淑妃、德妃等十多个名号。

平叛的功臣曹皇后，不仅没有得到赏赐，而且夏竦唆使谏官王贽上书，言叛乱起于皇后阁，应在中宫追查元凶。王贽的上疏直指曹皇后，为张贵妃扶正铺路。仁宗皇帝犹豫不决，问殿中侍御史何郯，何郯说："这是造谣中伤，有人奔着皇后的位子而来，陛下不可不察。"仁宗也觉得太过分了，就把追究中宫的事搁到一边，为这场宫中叛乱画上了句号。

第十六章
唾沫星里的政治

另辟蹊径的仕途

男人靠征服世界征服女人，女人靠征服男人征服世界，古代尤其如此。对于张贵妃来说，仁宗的宠爱就是最大的靠山，她要充分利用这个靠山，让自己的家族鸡犬升天。

张贵妃是河南府永安（今河南巩义）人，八岁入宫，家族承载着她浓浓的乡愁。及至得宠，父亲又早亡，在她的人生中留下难以排遣的遗憾。她把对家族的爱恋和对父亲的怀念，加倍地奉献给在世的亲人，她的母亲被封为清河郡夫人，其兄长也被加官晋爵。

张贵妃家族最有作为的，当数她的伯父张尧佐。

张尧佐进士出身，早年在地方上做推官，主管案件狱讼之事。吉州有位道士和商人一起喝酒，商人莫名地就死了。道士害怕极了，连夜逃走，被巡逻的捕快抓个正着。按照常理，不做亏心事，不怕鬼敲门。道士逃走，必有重大嫌疑。上司将这个案件交给张尧佐，张尧佐在很短的时间内将案件调查审理得清清楚楚，还给道士一个清白。

张尧佐对法律和吏治都有研究，加上张贵妃这一层关系，受到仁宗眷顾，一度仕途通达，先后加官为龙图阁直学士、端明殿学士，差遣职务一直做到三司使。

张美人被加封贵妃，属宫中事务，贵妃又是皇帝最爱，一帮大臣心中不忿，但不好明说。他们思来想去，左看右瞅，终于找到了发泄的靶子，那就是三司使张尧佐。

余靖向仁宗进谏说："张尧佐提拔得太快了。过去废郭皇后，就是因为杨美人和尚美人，现在应引以为戒。"言外之意张家如果恩隆，张贵妃可能得陇望蜀，对皇后之位怀有非分之想。监察御史陈旭也说："张尧佐凭借后妃提拔，不是凭借才能，不应该这样使用官吏。"美人在侧，仁宗自然听不进去。

这时，一个重量级人物出场了。说他是重量级人物，并不是官多大，也不是为历史进程做出过特殊贡献，而是因为他的传奇故事流传于民间，家喻户晓，虽范仲淹、欧阳修、富弼、文彦博皆望尘莫及。

他就是包拯，姓包名拯字希仁，民间昵称"包黑子"。

其实包拯一点也不黑。他面目白皙、清秀、俊朗，是标准的白面书生。他方脸阔耳，但并不魁梧，还有些矮，在当时算七尺男儿，用国际长度单位折算，只有一米六强。

民间传说中，包拯家世清贫，命运偃蹇，从小遭父母遗弃，由兄嫂抚养成人。历史真实中，包拯父严母慈，生活在一个健康、富裕、和睦的家庭环境中。

仁宗天圣五年（1027），包拯赴京考试，中进士。天圣五年的科举很有名，宋仁宗朝众多名臣名相出自这次考试，可谓人才鼎盛。这一科状元王尧臣，榜眼韩琦，探花赵概，以及吴育、文彦博等，都曾拜相，因此被称为"宰执榜"。以考试成绩论，包拯在其中毫不起眼。事实上，截至庆历朝，包拯在政界也毫无起色。

人们能够记住的是包拯是位大孝子。他考中进士后被授任和州（今安徽和县）监税，没多久，因父母年迈，毅然辞职，回家陪伴、赡养父母。

这一去就是十年，直到父母去世、守孝三年后，他才重登政坛，被任命知天长县（今属安徽）。

这一年是景祐四年（1037），包拯已经三十八岁。与他同年的王尧臣已为翰林学士；韩琦拜右司谏，为谏官；赵概入馆阁；吴育亦为谏官；文彦博任殿中侍御史。

十年时间，恍如隔世，我如燕雀，他人已成凤鹭。

然而这十年时间，并不一定是虚度。仁宗朝，在范仲淹、孙复、石介等的推动下，儒学复兴，讲究孝道，认为孝敬父母的人才会忠于君王。因此包拯甘于寂寞，辞官守孝，赢得一片赞誉之声，这为他复出之后的仕途打下坚实的基础。之后包拯一路顺风顺水，所到之处尽是坦途，很快与同年的精英分子比肩看齐。

他从天长治县，一跃擢拔为端州知州，而后为三司户部判官、京东转运使、陕西转运使、河北转运使、三司户部副使等，后为天章阁待制、知谏院。他又用短短的十余年时间，走过了大多数同年需要一辈子走的道路。

他的仕途另辟蹊径，同样取得了成功。

民间传说中，包拯耿直、公正、不畏强权、敢于跟皇帝叫板，这一点倒是契合史实。

推倒张尧佐，就是包拯叫板皇帝的生动案例。

包拯加入弹劾张尧佐的团队。他上书说，我任三司户部副使时，对张尧佐这位曾经的上司太了解了。他平庸无能，占据要津，只会坏朝廷大事。况且，历朝历代，外戚专权的例子屡见不鲜，所以不宜赋予大权。

张尧佐也许不算能吏贤臣，但不至于平庸。三司使为计相，管理税收财务，地位在参知政事、枢密副使之下，说擅权专权更是危言耸听。

不过宋朝的谏官们就喜欢这样危言耸听，似乎不这样不能显示出他们的耿介忠直。

看谏官怎样教训皇帝

谏官的套路仁宗皇帝已经司空见惯，因此将弹劾奏书扔到一边，不予理睬。

包拯与其他谏臣不同的地方，在于坚韧不拔、锲而不舍的毅力。一奏无效，再上一奏。皇祐二年（1050）九月，朝廷举行三年一次的郊祭天地大典。张尧佐趁此机会，滥发赏钱，拉拢人心。包拯上奏，说：国家财政危机相当严重，应该开源节流，充足国库，这一切主要倚仗三司使。但张尧佐专注权力，荒废本职，造成国家困敝，危机重重，这样的人不能胜任三司使这样重要的岗位，应该选拔有才能的人担任。

第十六章 唾沫星里的政治

监察御史何郯家在成都，他以母亲年迈为由，请求改官知汉州（今四川广汉）。临行前，向仁宗上疏，语重心长："张尧佐从一位在外供职的小郎官成为朝廷要员，不过五六年时间。虽然张尧佐也是进士及第，没有大的过错，但骤然被宠用，人们都认为是任人唯亲，不认同他的才能。现在张尧佐借三司使的职务之便，大肆发放福利，外面议论这是在拉拢人心，为进入二府做准备。如果真是这样，陛下任命之时，就是言事官死谏之日。到时候您势必面临两难选择，弄得两面不落好，怨声载道。不如收回张尧佐的权力，许他以富贵，对张贵妃和谏臣都有个交代。"

何郯一番话入情入理，迫使仁宗认真考虑这个问题。为了避免朝廷鸡犬不宁，免去张尧佐三司使的职务，改为宣徽南院使、淮康节度使、景灵宫使、群牧制置使。这"四使"，都是闲差、虚职，待遇不低、职权不高，其中宣徽南院使掌管内侍的人事档案管理，负责郊祀、朝会、宴享礼仪，以及一切内外供奉、都检的把关、监督，身份较为尊贵。

宋朝养闲人，以富贵换权力，从赵匡胤"杯酒释兵权"始，一直使用这个套路。

为了防止谏官继续纠缠不休，仁宗把敢于直言的监察御史郭劝调离，换成温和讷言的王举正。同时诏谕，以后外戚不可以进入二府，不得担任军政要职。通过这些措施，希望能让讨厌的谏官们消停下去。

但仁宗还是错了。在谏官们眼里，张尧佐似乎已经十恶不赦，必欲置之死地而后快，哪里能容忍他加官晋爵？即使是虚职也不行！

恰在这时，秀州（今嘉兴、上海南一带）地震，给谏官继续弹劾张尧佐提供了借口。

中国之大，小灾小患几乎每天都在发生，可以熟视无睹，也可以借机生事，全凭朝臣一张嘴。

这次包拯以上天意愿说事，又上了一道长长的奏章，大意说："上天发怒，迁祸于民，陛下执政肯定有过失。反躬自省，这些年最大的失政，就是提拔了张尧佐。换句话说，张尧佐是造成天怒人怨的罪魁祸首。

张尧佐像清明之秽污、白昼之魑魅，陛下为什么要包庇他，上违天意，下逆人情，酿成危机？真为您感到痛心哪！对亲近的人，相处也要讲规矩，不能罔顾天戒，遗患于国家。"总之一句话：要想让上天满意，赶紧罢免张尧佐吧。

一向老实巴交的新任监察御史王举正也不是省油的灯，把他上任后的第一道奏章也指向张尧佐。王举正引经据典，从汉代帝王对后妃外戚的分封到本朝太宗处理这类事件的先例，表明任用张尧佐为三司使和"四使"的不妥。他说："爵赏、职位，都是天下公器，不能私下授予后宫亲戚和庸常之才。"他建议追回对张尧佐新的任命，改任为地方官。最后，王举正要挟仁宗："如果不能听从建议，陛下请罢免我监察御史，把我调到偏远地方任职。"

谏官们大多同一种套路，撂挑子是家常便饭。

谏官们已经红了眼，但仁宗皇帝无动于衷。不过谏官们有办法。退朝时，王举正要求百官留下来不要走，谏官要跟仁宗展开廷辩。所谓"廷辩"，就是当面与仁宗争谏，让大臣们评评谁有理。"廷辩"是朝廷赋予谏官们最后的权力，也是最有力的武器。试想，皇帝一人怎能说得过数十位靠嘴吃饭的饱学之士？因此，仁宗想竭力阻止廷辩，盛怒之下，说："节度使不过是个粗官，有必要争论吗？"正是这一句话，让谏官们抓住了把柄。殿中侍御史里行（官职名称）唐介当时站在众人的后面，他扒开前面的人，噌地蹿到前排，质问仁宗："你敢说节度使是粗官？你可知道，你的大爷爷太祖皇帝、爷爷太宗皇帝都曾做过节度使？今天你居然说节度使是粗官！"对先祖不敬，即使是皇帝也为天下所不容！仁宗吓了一跳，没想到自己挖了个坑，自己跳了进去。

这场廷辩已经不需要进行了，胜负已判。仁宗又不愿让步，于是起身便走。这时，最胆大的台谏官包拯真的出"手"了。他上前拽住仁宗的衣襟，不让仁宗回宫。二人就站在朝堂的出口处，包拯大声地给仁宗皇帝上一堂官吏任用中亲疏能庸的政治课。说到激动处，包拯唾沫星乱飞,二人离得又近,仁宗被唾沫星喷了一脸。包拯的口臭、体臭扑鼻而来,仁宗胃里一阵上翻,赶忙用宽大的袖子遮住脸、捂住鼻子,挣脱开匆匆下殿,跑回后宫。

仁宗有意改任张尧佐为宣徽使,曾向张贵妃吹风,张贵妃惦记着这事,每次仁宗上朝前,都不忘叮嘱一声"宣徽使"。今天要在朝堂宣布任命,不知结果如何,张贵妃一直忐忑不安,走出寝宫张望,希望早点得到消息。远远就看见仁宗狼狈而回。走到近处,仁宗不等张贵妃询问结果,指着脸上的唾液委屈地说:"你只知道要宣徽使,哪知道朕在朝堂上受的气。"张贵妃问清缘故,心疼丈夫,连忙让进屋里,端来热水为仁宗擦脸。仁宗感慨:"有包拯在,你伯父的宣徽使恐怕当不上了。"张贵妃是灵性之人,一面谢罪,一面安慰仁宗。承诺自己从中疏通,要求张尧佐主动辞去一些职务,以平息这场矛盾斗争。

最终,张尧佐的"四使"减掉两个,只宣布任命为淮康节度使和群牧制置使。

文彦博的"小人之道"

在向台谏让步的同时,受尽委屈的仁宗皇帝决定同时压制一下台谏的嚣张气焰,他下诏说:"台谏官请求罢免张尧佐三司使职位,说是亲近后宫,不可用执政之官,可以在官爵富贵方面予以优待。朕听从台谏的,以此将张尧佐改任宣徽使、节度使,并指示中书后妃的亲戚不得进入二府任职。现在台谏官又请求召对,坚称张尧佐不该授此职。台谏官反复无常,出尔反尔,并在朝堂喧哗吵闹,没有礼节。若按常法,应当谪降。朕一向宽容,特令中书省对他们进行诫勉谈话。并规定以后台谏进行'廷辩',需要事先向中书省申请批准。"

见皇帝确实生气了,大臣们也不敢再造次。只有枢密副使梁适冒险上疏,说:"谏诤言事,是台谏官职责,至于是不是采纳,是陛下的权力，不应该因言获罪。"面对祖宗留下的台谏体制，仁宗颇为无奈，又下诏免去对谏官们诫勉谈话的规定。

这一场台谏围追堵截张尧佐的斗争，从六月到十一月，终于有了理想的结果。

朝廷中"冗官""庸官"比比皆是。比如这年十月，因平息王则叛乱有功而进相位的文彦博加官礼部尚书，集贤相宋庠加工部尚书，枢密使王贻永加节度使，封邓国公。连有名的奸佞夏竦也晋封郑国公。其他宰执重臣都有加官晋爵。原先被欧阳修作文指责过的司谏高若讷，现在已经升任参知政事，这次又加官户部侍郎。他深感不安，对首相文彦博说："官帽发放得太多了，没有一点节制。"文彦博装作没听见，不理会他。

台谏们没有一个站出来，指出冗官未除，又雪上加霜的问题。然而对一个张尧佐，偏偏揪住不放，引起台谏集体大爆发。

为什么呢？

其实"走后妃捷径""庸常"只是借口，理由只有一个，张尧佐是外戚！

历史上外戚专权，因而削弱皇权的例子不胜枚举，特别是西汉和东汉中后期，几乎是在外戚和宦官轮流干政的情况下，摇摇欲坠地维持二三百年。其中最严重的是王莽以外戚身份控制朝政，进而废除汉帝，建立新朝。王莽之前的外戚霍光，也有废立皇帝的行为。东汉外戚梁冀，则有毒杀皇帝的恶行。唐朝前期，也有长孙、武后、韦后、杨国忠等后宫和外戚势力，弄得朝廷鸡犬不宁。

宋朝并没有禁止后宫干政，如刘娥，之后还有更多这样的皇太后。但对有可能因此产生的外戚势力，却警惕甚深。弹劾张尧佐事件，就是帝国利用台谏平台，防止外戚专权的一种制度设计。即使宋仁宗千方百计想保全张尧佐，最终没能如愿，只能将他放在富贵但清闲的位子上。

几个月后，皇祐三年八月，仁宗又非常低调地迁张尧佐为宣徽南院使、知河阳。张尧佐终于当上了宣徽使，条件是外放到河阳军，对朝廷权力构不成一丁点的威胁。所以包拯等谏官在弹劾无效的情况下，也只有听之任之了。

包拯前后弹劾张尧佐共七次，可谓不屈不挠。一个外戚的任用，成就了包拯铁面无私、敢于直谏的形象。可以说，包拯是张尧佐事件的最大受益人。

有人高兴有人哀，几家欢乐几家愁。张尧佐事件中也有倒霉蛋。在整个事件中，一直失声的宰执集团，被台谏们认定趋炎附势，对皇帝言听计从，助纣为虐。

宰执中首当其冲的，是首相文彦博。

台谏官之所以拿文彦博开刀，一是因为文家与张家是世交，张贵妃的父亲曾被人推荐做文彦博父亲文洎的门客；二是文彦博确实有把柄被台谏们掌握。

文彦博的把柄还要追溯到他任益州时的一桩往事。

益州古为蜀国，当地出产一种精美的织物，叫蜀锦。其色彩艳丽、质地细腻、工艺精湛，是布帛中的上品，极为难得。

文彦博在益州任上，组织最顶级的工匠，用最先进的工艺，精心织出一段蜀锦中的珍品，叫金奇锦，又称灯笼锦。文彦博让夫人将它辗转送给在宫中得宠的张贵妃。上元节这天，张贵妃陪仁宗看灯，特意披上这件灯笼锦，华服美女，相得益彰。仁宗贵为天子，也没有见过这般花团锦簇、光鲜亮丽的衣服，眼睛一亮，问："这衣服是哪里得来的？"张贵妃也不隐瞒，说："是文彦博夫人送的。"然后解释说："文彦博与家父是故交，我怎么能向他们伸手索要呢？是他们为了让陛下高兴，特意送来让我穿。"女为悦己者容，贵妃打扮得漂漂亮亮，自然是为取悦皇上，所以贵妃这话没有毛病，仁宗听了也内心欢喜，直夸文彦博会来事。

是呀，文彦博三度为相，前后跨度 50 年之久，可见其能力卓越。文彦博不像夏竦那样阴险毒辣，因此被称为"贤相"；但他也决不像范仲淹那样执着于道德的完美，让虚名束缚手脚。他是个精致的实用主义者，为了目标可以迂回曲折，可以委曲求全，也可以不择手段。

即便贤相也有自己的"小人之道"。

文彦博就这样打通了宫中关节，从益州知州到参知政事。王则叛乱，正是张贵妃将仁宗皇帝忧心忡忡、夙夜兴叹的消息提前告知文彦博，文彦博才提前谋划破敌之策，因而主动请缨，建功立业，于是成为一人之下、万人之上的首相。

可以说，张贵妃是文彦博入阁拜相的功臣。

仁宗有意加恩张尧佐，文彦博暗地推波助澜，既讨好了皇帝，又报恩于贵妃，何乐而不为？

然而，世上诸事，有利益必有风险，多少人一夜暴富，转眼之间又倾家荡产。

文彦博种瓜得瓜，这个时刻，该为自己的"投机"付出代价了。

直声何以动天下

张尧佐被任命为宣徽南院使、知河阳。由于是外放，大部分谏官默认了皇帝的任命。但有一个人，天生爱较真，不达目的不罢休。这人就是殿中侍御史里行唐介。他想联合其他台谏再次阻止张尧佐，其他人犹豫不决，他就独自上书弹劾张尧佐，理由还是老生常谈。仁宗颇不耐烦，回复说："给张尧佐加官，是宰执们的提议。有异议你去找宰执吧。"仁宗给唐介打太极拳，不想唐介较真的脾气大爆发，集中火力向文彦博开了炮。

唐介弹劾文彦博："专权任私，挟邪为党。知益州日，作金奇锦，入献宫掖，缘此擢为执政；及恩州贼平，恰逢明镐成功破敌，文彦博捡了个便宜当上宰相。把张尧佐任命为宣徽南院使、节度使，都是文彦博在误导陛下。文彦博奸谋迎合，显用尧佐，阴结贵妃，陷陛下有私于后宫之名，实际上是为自己谋利益。"

第十六章　唾沫星里的政治

唐介对文彦博的指责大约有两条：一是结交后宫，通过贵妃为自己谋取官职；二是结党营私，在朝廷各部门安插自己的势力。第二条颇像范仲淹当年弹劾吕夷简的"罪行"，用在文彦博身上，显然不实。让仁宗恼怒的是第一条，如果确凿，意味着仁宗放任后宫干政，对于一位有意做"明君""圣君"的皇帝来说，这是不能容忍的。

盛怒之下，仁宗一把将唐介的奏章扔到地上，对唐介咆哮道："你再这样信口雌黄，马上把你贬到岭南！"

唐介从来没有见过仁宗发这么大的火，但仍不卑不亢地说："臣忠义激愤，就是上刀山下油锅也不会妥协，何况贬窜。"

仁宗气急败坏地对身边的内侍说："快去传唤二府的宰执们，看看唐介如何胡言乱语！"

等到宰执们到齐，仁宗说："唐介谏别的事也就算了，至于说文彦博通过贵妃得以执政，难道朕管不住后妃，管不住自己吗？"

唐介不敢直接顶撞仁宗，就走到文彦博面前，说："文彦博，你自己心中有数，有没有这回事，当面说清楚，不要对皇帝隐瞒！"

文彦博是何等通透之人，什么时候该说话，什么时候不该说话，什么时候说什么话，火候掌握得分毫不差。这时候，辩解只会让唐介更加固执，而承认，不仅将自己置于过错方，更重要的是让仁宗下不来台。他能做的，就是不停地劝唐介消消气，有话以后说。

事情僵持在这里，场面难看极了。枢密副使梁适出来解围，呵斥唐介下殿。越是这样，唐介越来劲，站在大殿中央，就是不回去了，非要向皇帝要个结果。

没办法，只好动用武力了。仁宗令侍卫将唐介拿下，送给监察御史调查处理。

文彦博的政治智慧再次显现出来。唐介被带走后，文彦博跪在地上，向仁宗请求说："台官言事，是他们的职责。希望不要治唐介的罪。"他深深地明白一个道理，对于敌人，最好的办法不是消灭他，而是将他变为朋友。

仁宗正在气头上，不接受文彦博的求情，当即拟诏，将唐介贬为春州别驾。春州位于现在的广东省西部，治所为今阳春市，临靠大海，当时属溽热荒蛮的不毛之地。流放岭南，被认为是仅次于杀头的处罚。正像知制诰胡宿后来所说："岭南水土，春州最为恶劣。把唐介贬到春州，必然难以生还。"

宰执们见仁宗真的怒了，都战栗不敢言。第二天，才有蔡襄、王举正等为唐介求情。仁宗气也消了不少，于是改判唐介为英州别驾。英州为现在广东省英德市，虽亦为岭南，但水土条件不像春州那样恶劣。尽管如此，考虑到路途遥远，加上唐介性格过于耿介，担心他路上想不开，仁宗专门派宫中使者护送唐介到贬所，叮嘱不能在路上有意外。

唐介虽然被贬，但经他这么一闹，文彦博感到自己不适宜继续留任宰相位，于是请辞。仁宗下诏，文彦博降职知许州，任命庞籍为昭文馆大学士、平章事，即首相。

庞籍与范仲淹、韩琦共同在西北抗击西夏，虽然回朝廷比较晚，也终于修成正果。职务反而比范、韩都要高。

三年后，文彦博再次回京拜相，执掌国事，向仁宗请求说："唐介曾经弹劾臣，虽然很多是捕风捉影，但对我有很大的警醒作用。请陛下将唐介召回朝中。"并说，"唐介不来，臣也不敢独行。"在文彦博的一再请求下，唐介终于重新回到汴京。此后二人相处和睦。

宋朝风气，敢于顶撞皇上，反而为人敬仰。此事之后，唐介虽然远去岭南，他的"光辉"事迹却广为传播，被一些文人当作楷模。人们称赞他"直声动天下"。时任待制的李师中作诗赞扬唐介：去国一身轻似叶，高名千古重如山。并游英俊颜何厚？未死奸谀骨已寒。诗中的"并游英俊""奸谀"指的是唐介的台谏同僚们。唐介联合他们弹劾文彦博，但没人应承，于是唐介捎带弹劾了吴奎、包拯，说他们互为表里、串通一气。

有意思的是，仁宗对台谏们背弃初衷、孤立唐介颇为不满，索性连吴奎一并贬谪。包拯上奏，请求留任吴奎，言唐介弹劾大臣和吴奎，是诬陷。仁宗别有深意地对身边人说："唐介说吴奎、包拯阴结文彦博，看来所言不虚。"

还在地方上任职，并不太了解实际情况的诗人梅尧臣，除了赞扬唐介，还作长诗谴责文彦博："曰朝有巨奸，臣介所愤嫉。愿条一二事，臣职非妄率。巨奸丞相博，邪行世莫匹。曩时守成都，委曲媚贵昵……"

彼时的士大夫之风，更看重他们心中的正义，不唯上，不逃避，耻于权势，虽然偏激，但依然可爱、可敬。而宋仁宗优容言事之臣，为这种风气提供了宽松的环境。

第十七章
武将的荣衰之路

非战伐无以报国

公元1049年，仁宗启用新年号"皇祐"，希望得到上天眷顾。然而皇祐年间，国家却麻烦不断。

在大宋与交趾国（今越南）之间，生活着许多少数民族。他们居住在茂密的丛林和连绵的深山中，凶悍野蛮，轻死好战。他们时而依附大宋，时而讨好交趾，在两国的夹缝中生存。

皇祐年间，他们的首领名叫侬智高，正是三十多岁壮年，荷尔蒙分泌旺盛，身体中天生地藏着不安分。他先是同交趾作战，败北。然后眼睛就盯上了宋朝。按照他的规划，夺取荆南，荡平百越，在宋朝西南地区建立一个独立王国。

年轻人说干就干。皇祐四年（1052）四月，侬智高在大宋广源州（今广西靖西南）烧掉自己族群居住的茅栅草舍，点燃了反宋的烽火。

古代中国南方人一向温和腼善，不善战斗。当时宋朝的主要敌人又在北方，所以南方兵力部署相当薄弱。侬智高揭竿而起，不到半个月，攻破岭南重镇邕州（今广西南宁），之后接连攻克横、贵、龚、藤、浔、梧、封、康、端、英、韶、昭等十余州，准备攻入湖南、湖北，实现王霸南国的梦想。

军情紧急，宋仁宗急令秦州知州孙沔为湖南、江西、广东、广西诸路安抚使，负责南方战事。由于时间紧，宋朝一时调不出更多兵力，只给孙沔调配七百官军。孙沔的使命是整合南方现有军队，先遏制叛军强劲风头，守住湖南、湖北。之后的大规模围剿，朝廷另外选将。

七百官兵，无异于送死，要想达到目标，谈何容易！但孙沔自有办法。他飞马传檄，告示前线：朝廷派出二十万大军，已经启程在路上！这告示，与其说是鼓舞宋朝前线诸城，不如说是恫吓侬智高叛军。

侬智高久居荒野，玩心眼肯定比不上这些进士出身的文人，更不懂

"兵不厌诈"的谋略，竟然信以为真，不敢继续北进，率领军队折身回守邕州根据地。

一道虚张声势的飞檄，总算解了燃眉之急。宋朝开始选将平叛。

满朝文武，有统兵经验的，寥寥数人而已。

西北第一统帅，当推范仲淹。可惜，这位北宋一代宗臣，是年五月，在由青州徙迁颍州任上，病逝于徐州，再也无缘心忧天下，见证大宋朝的兴衰荣辱。

韩琦现在知定州（今属河北），定州位于河北前线，长期以来，士兵骄横，军纪松弛。韩琦在这里整顿军队，强化训练，使定州军勇冠河朔。韩琦很忙，职责也很重。

西北第三人，无疑是庞籍。他现在是帝国唯一的宰相，居于政权核心，自然不便挂帅前线。

庞籍虽然无法亲临战场，但他从西北前线回来，对谁能打仗了如指掌。西北有帅才的，除了上面三人，只剩下种世衡和狄青。而种世衡早在庆历五年就去世了。

狄青，舍我其谁！

皇祐四年（1052）九月，狄青以枢密副使加宣徽南院使、荆湖南北路宣抚使、提举广南东西路经制盗贼事，官衔很长，其实一个词足矣：剿匪总统帅。

朝廷还破天荒地给予狄青一个宋朝历史上绝无仅有的权力：独立行事！宋朝惯例，大将出征，派一名宦官为副，实际上为监军，防止大将不受节制，叛变朝廷。仁宗赋予狄青如此大的权力，可见对他的信任。

狄青长期以来积累的好人缘终于发挥了作用。范仲淹欣赏他，韩琦看好他，庞籍倚重他，这样的将领，想不被重用都难。

仁宗给狄青的另外一个待遇，就是可以从全国选兵。西北蕃兵最勇，又刚经受战争历练，狄青对他们最熟，自然最为应手。狄青从西北调一万五千名骑兵，分为三队，编入南征军营。这一万五千人，就是狄青的王牌之师。

十月八日，宋仁宗在垂拱殿为狄青设宴壮行。狄青接过壮行酒，掷地有声："臣起自行伍，非战伐无以报国。请陛下静候消息，定当羁贼首至阙下。"

当日点卯整军，率师南下。

虽然有西北蕃军助阵，但大宋军队整体良莠不齐，大部分纪律松懈、士气不振、号令不明，加上宋朝"兵不知将、将不知兵"，都是临时组合，需要一段时间的磨合适应，才能更有战斗力。所以到了永州（今属湖南），狄青下令暂停行军，扎营休整。

休整主要是整纲纪、严号令，凡有不服从者，严惩不贷，斩首示众。经过整顿，果然面貌一新。无论行军还是扎营，队伍整齐划一，上下令行禁止，过去存在的赌博、抢掠、斗殴，以及不操练、不随队、不听从长官等问题都得到了解决。

永州位于荆湖南路和广南西路交界处，这里是潇湘二水汇流处，三面环山，山深林茂，河川交错，溪流纵横。复杂的地形地貌成就了绝美的风景，文人墨客对此多有吟咏。唐代中期，古文倡导者柳宗元被贬永州司马，在这里写下《永州八记》，成为描山摹水的典范之作。

狄青在范仲淹的教导下，战斗之余，养成了读书的习惯。特别是跟随尹洙期间，尹洙倡导古文，非常推崇柳宗元，狄青深受影响。趁着部队休整，狄青忙里偷闲，要去游赏一下柳宗元笔下的永州山水。

险峰云端何仙姑

永州西去七十里，有一处小溪，名叫黄溪。柳宗元《永州八记》之外的名篇《游黄溪记》，写的就是这里。狄青在当地官员的陪同下，骑马上山，探寻黄溪。

到了黄神山下，只见两山对峙，山势陡峭，直入云霄。山上怪石嶙峋，

第十七章 武将的荣衰之路

林木幽茜，一片怪异之象。两山之间，一条小溪雀跃而出，这就是黄溪了。

狄青下马步行，沿着黄溪上山。溪随山势，水流佩环，赏心悦耳。听惯刀剑战鼓之声，看惯大漠落日圆的塞外风景，第一次见到南方秀水深涧，狄青兴致盎然，一边缓步徐行，一边默念柳宗元唯美的文字："至初潭，最奇丽，殆不平状。其略若剖大瓮，侧立千尺，溪水积焉，黛蓄膏渟。来若白虹，沉沉无声。"正如柳宗元所写，上山不到半个时辰，便到了初潭，是自然积水形成的小湖泊。

狄青驻足潭边，潭水清澈，可以清晰地看见自己的倒影。狄青问当地官员："这座山名叫黄神山，柳子厚（柳宗元字）写到山里有黄神，不知到底有没有？"当地一位姓申的通判回答说："黄神只是传说，不过这里确实居住着一位仙人，名唤何仙姑。"

"何仙姑？难道是传说中的八仙之一？"

"此何仙姑，非彼何仙姑。"

"哦？说来听听。"

"据说这位何仙姑是当地一农家女，上山采药，吃了一种不知名的果实，便得道成仙，能知未来、卜凶吉。"

"今日能否见到这位何仙姑？"狄青急切地问。

"此山最高处，曰白云顶，白云顶上有白云观，便是何仙姑修行之处。因为山高路险，前来求仙拜神的少，仙姑也经常云游不在，所以很少有人见过仙姑真面。今日能否遇见，要看机缘。"申通判答道。

"我们应该一试，以显诚意。"望着天上升腾而起的云雾，狄青若有所思。

几个人暂时忽略身边美景，健步如飞，向山顶最高峰攀缘。

到了午后未时，山顶已隐约可见。几人刚要歇歇脚，远处传来缥缈的歌声。那歌词唱道："山又高来路又险，不见白云不见仙。莫道世间多烦恼，溪边日月瀑外天。"是一段浑厚的男声。

狄青感叹道:"果然仙境。"

峭立的山峰,顶部却有一小块平地,一座道观占用了这块平地,高高的屋脊兀起,金碧辉煌,在黑奥的山体背景下,显得分外醒目。

这就是白云观了。

狄青等人来到观前,正欲敲门,门"吱扭"一声自己开了,一个道童从门内走出,问:"来人莫非是狄将军?"

狄青诧异,回答说:"正是,敢问仙姑在否?"

道童更不答话,径直回身往里走。狄青等人不知所以,只好跟着道童进了道观。

道观比别处没有多大不同,迎面一座房屋,里面光线暗淡,但依然可以看见正中供奉着太上老君。然而道童并没有领着诸人进屋,而是向右打开一扇侧门,原来道观之邻,别有洞天。

这里真的有一个山洞,洞前是一处开阔地带,脚下的山石像是被铺上似的,分外平整。这块地被打扫得干干净净,由此可见主人十分讲究。

令人诧异的是,这块平地上,竟长出一株参天皂荚树,树径二尺有余,树冠两丈开外,正是秋天挂果之时,山风过处,叮咚作响。

树下,一位道姑盘坐石凳上,两眼微闭,凝神静气,如若不见来人。

"这就是仙姑了。"狄青想。连忙上前施礼问候。

那仙姑也不回礼,开门见山问道:"狄将军问私事还是公事?"

狄青忙回答:"青岂敢因私废公。"

仙姑不紧不慢回答道:"公不必见贼,贼败且走。"

狄青放下心来,又问:"私事又怎样?"

仙姑回答说:"既问公事,就不必介意个人得失。范希文(范仲淹字)说,不以物喜,不以己悲,公且去。"

狄青还要再问,仙姑说:"老身困了,要回洞休息,童子代我送客。"说完起身向洞内走去。边走边自言自语道:"海不可竭,在于能容;山不可摧,在于志坚。"

狄青听不明白，只得随童子出门下山。

第二天，狄青聚集军队，做战前动员。狄青说："昨天我去拜访了何仙姑。仙姑指引，能不能打胜仗，全在我手中的铜钱之中。"然后，他拿出一百枚铜钱，说："我将这一百枚铜钱撒在桌上，如果全部是面朝上，此战必胜！"

下面的将士吓了一跳：一百枚铜钱全部面朝上，这不是开玩笑吗？

狄青仿佛猜到了大家的疑问，说："若天意在我，一定会创造奇迹。"说完，挥手将铜钱掷了出去。

众目睽睽之下，那些铜钱几经辗转，躺倒桌面的时候，竟全部钱面朝上！

将士们激动了，情绪亢奋起来，高呼"胜利""胜利"！狄青要的就是这样的效果！只有他和很少几个人知道，这一百枚铜钱经过特殊锻造，两面都是一样的。

狄青沿途整合陆续集结过来的西南诸路安抚使孙沔和桂林知州余靖的部队，军队数量达到三万多人，号称二十万，在桂林经过战前演练，于皇祐五年（1053）正月，正式向侬智高发起进攻。

平侬大捷

双方的第一回合在昆仑关。

昆仑关位于宾州（今广西宾阳）西南四十里，据邕州一百里。昆仑关建在广西昆仑山上，这里山势连绵，层峦叠嶂，谷深坡陡，地形险要，是扼守邕州的门户，是天然的要隘屏障。它虽然没有潼关、山海关、雁门关有名，但雄霸西南，隔绝湘桂，是兵家必争的战略要地。

抗日战争时期，国民革命第五军在这里反攻日军，血战十余天，取得"昆仑关之战"的胜利，使昆仑关扬名海内外。

这是后话，九百年前，昆仑关被世人熟知，是因为狄青。

然而第一次昆仑关之战，宋军却输了。

原来，宋军到达宾州，敌人就在前方，狄青下令各部扎营待命，不得擅自行动。余靖麾下殿直袁用，急于抢占头功，怂恿他的直接上司、广西钤辖陈曙抢在狄青前面出战。陈曙感到敌军势头正劲，不可与之争锋，需听从狄青统筹安排方有胜算。但袁用再三请战，陈曙请示余靖，余靖一向瞧不起武将，不把狄青的命令放在眼里，因此默许袁用的提议，这样陈曙也不好坚持己见。

十二月初一，陈曙、袁用率八千步兵，南出昆仑关，与叛军打了一场遭遇战。陈曙生性懦弱，治军不严，军纪涣散，他的兵哪里是野蛮南人的对手，战斗一触即溃，将士伤亡两千多人。

陈曙、袁用损兵折将，更打草惊蛇，打乱了狄青的战略部署。狄青在军帐之上，喝令将二人拿下，斩首示众！

帐前将领大惊失色。宋朝自建国以来，虽然重文轻武，但治军仁慈，从来不轻易使用斩首这种极端手段处罚军官。大家以为狄青只是装腔作势，吓唬二人，于是纷纷为二人求情。

狄青声色俱厉："我今天杀二人，不是因为兵败，二人因为违反军令。令之不齐，兵所以败。大战即开，不斩不可以齐军心！"

他要用二人项上人头，立军威，严军令！

他令军士将二人五花大绑，推出辕门，立即正法！

一同陪斩的还有这次出战的其他三十名将官！

帐前将领见狄青动了真格，个个心惊胆战。尤其是余靖，这次出兵得到他的默许，深恐狄青追究，更是汗流浃背、两股战栗。他越想越怕，离席向狄青主动请罪，说："陈曙违反军法，我有节制不到之罪。"

余靖是曾经的"四谏"之一，朝野很有威望，狄青自然不敢真的对他动用军法，安慰他说："您是文臣，行军打仗不是您的责任，不受军法处置。"

这话包含两层含义，一是军法不追究文臣，二是文臣要有自知之明，

第十七章 武将的荣衰之路

不要对行军打仗指手画脚。

余靖心中骇然，也体会到带兵之不易，从此服从狄青，不敢再任性苟且。

通过辕门斩将、杀鸡儆猴，军纪整肃，士气振奋。大家眼睁睁等着狄青下达总攻命令，齐心协力夺关杀敌，直捣邕州。

可他们又错了。

宋军无论在数量上，还是武器装备、作战能力，都要优于敌人，然而狄青担心的是一夫当关、万夫莫开的昆仑关。侬智高是个蛮人，不懂兵法，根本没有派兵把守昆仑关。但陈曙贸然出击后，狄青担心打草惊蛇，敌人亡羊补牢，扼守重兵。宋军若贸然进攻，必然死伤惨重。

狄青需要的是十拿九稳的胜利，决不要冒险。

接下来狄青做出一个让人意想不到的决定：快过年了，给士兵放假几天，让他们在宾州城与民同乐，过一个祥和快乐的正元节（今春节）和上元节（今元宵节），等双节过后，再进攻不迟。

"原来狄青也是贪图享乐之辈。"许多人想起夏竦在西北，曾经带着妓女巡视军营，不禁暗暗为狄青担心。

狄青对下属的背后议论置若罔闻，反而变本加厉，传令他要犒赏三军，大摆三天宴席，与士官同乐。第一天晚上，宴请将佐，第二天晚上，宴请从军官员，第三天晚上，宴请军中校尉。

果然，狄青首先将军中的高级将领召集到一起，丝竹管弦，歌妓舞乐，大家欢饮达旦，好不快活。

第二夜，正是上元之夜，宾州城火树银花、箫鼓喧喧。城里万巷涌动、人影参差。狄青这一夜宴请的是随军的地方官。原来，鉴于少数民族地区情况复杂，狄青怕有人与敌军暗通款曲，因此把这些人召集起来，以宴饮为名，实际上形同软禁。他要趁着月黑风高夜，突破昆仑关。

二鼓刚过，狄青声称身体不适，请孙沔代为主持宴席，自己先行告退。他迅速披甲戴盔，整理戎装，带领早已蓄势待命的部队，绕开正道，从一侧山间深沟中悄无声息地向昆仑关背后进发。

侬智高本来不懂军事，只知道凭借蛮力阵前厮杀，根本没有重视起昆仑关这座天赐隘口，在关上部署兵力十分薄弱。宋军宾州城欢天喜地地闹元宵，又麻痹了叛军，因此，宋军主力轻松突破昆仑关，敌人竟一无所知。

狄青兵不血刃地逼近邕州，面对志在必得的宋军，侬智高不知据城防守，而是妄图迎头痛击。他率领叛军倾城而出，在邕州城北一个叫归仁铺的地方与宋军一决高下。

叛军五万余人，左手藤萝大盾，右手山木标枪，个个野蛮好战，十分威猛刚强。如果一对一，宋军很难获胜，即使侥幸获胜，也会死亡惨重。这是侬智高乐于看到的形势，也是余靖等宋军将领担心的。

但箭在弦上，已不得不发。

正月十八日，血战终于打响。

开始几个回合，双方势均力敌。宋军先锋、荆湖北路驻泊都监孙节带领本部人马冲锋在前、突入敌阵，他横刀立马，斩杀多名侬军。侬军也奋勇反击，毫无惧色。双方各逞所能，战作一团，一时间刀枪声、喊杀声、哀号声交织在一起，天地动容，山河失色。

不久，侬军显示出蛮力大、不怕死的特点，宋军先锋部队渐渐不支，孙节一个动作稍慢，竟被敌人流矢贯甲，落马而死。宋军大部队又坚持了一个时辰，开始乱了阵形，逐渐后退。狄青等统帅站在部队后面的高台上指挥作战，眼看战线离指挥台越来越近，孙沔、余靖紧张得汗如雨下。

宋军将要溃败，侬军也消耗多时，正好发动最后一击。这时，只见狄青举起一面五色战旗，迎风挥舞。双方士兵还没有看懂其中含义，从狄青站立的山坡后冲出两队骑兵，从左右两侧拦腰扑向敌阵。

这两队骑兵，正是特意从西北前线调过来的蕃兵，他们能征惯战，是狄青的秘密武器。

战马嘶鸣、血肉横飞，叛军哪里见过这样的阵势，加上体力已经透支，一时间掉头就跑，溃不成军。溃逃中，被追赶而来的骑兵肆意砍杀，几乎全军覆没。

傍晚时分，侬智高逃回城里，看着四周黑压压的宋军，知道大势已去，一把火点燃城池，夜里趁乱逃往大理国，从此失去消息。

武将的荣耀

熊熊火光中，宋军进入城内，灭火救灾，安抚群众，收缴战俘，掩埋尸体。在众多尸首之中，将士们发现一具特殊的尸体，身穿一身金龙衣服，身旁的兵器上饰有黄金，一看就知不是普通士兵。有人断言这就是侬智高！他们向狄青建议："击毙侬智高，一定是皇上最希望听到的消息。可以尽快将这个消息报于朝廷了。"没想到狄青坚决反对，他对这些人说："不能确定这是侬智高的尸体，也许正是他的金蝉脱壳之计。我们应该如实上奏，不能虚报战功，蒙蔽圣上。"

宋代对战功奖励丰厚，前线虚报战功现象十分普遍，甚至有些将士杀害平民充当敌首。狄青实事求是，显示其忠厚诚信的品质。在狄青的坚持下，最后认定侬智高逃往大理国。

余靖是全国有名的笔杆子，狄青委托余靖向朝廷报捷，自己安心抚绥民众，慰问军士，好像请功报赏的事与自己无关。

这也是余靖特别钦佩狄青的地方。

先前擢拔狄青知渭州时，余靖当时还是谏官，出于对武将的偏见，连上四道奏章，极力反对，且语言激烈。平侬战役为狄青副手，心中也极不情愿。但经过这场征战，余靖改变了立场，成为狄青的知交好友，狄青死后，余靖应邀为其撰墓志铭，赞曰："山西出将，天下称贤，功名不朽，亿万斯年！"

平侬一战胜得漂亮，改变了长期以来军队积弱、战争不力的印象，仁宗兴奋不已，召集宰相们讨论为狄青封赏加官。

仁宗开宗明义："观览帝王成败得失，曹操雄才大略，但多用诡计，过于奸诈，不足为取。后唐庄宗李存勖一代豪杰，但先智后昏，与下争功，赏罚不明。他们只是将帅之才，没有君王的肚量。现狄青大胜，如果不能尽快犒赏将士，朕与此二人何异？"于是他提议迁狄青为枢密使，加同平章事。

奖励有功将士，在大家预料之中，但让狄青出任枢密使，却让宰执们吃惊不小。

唯一的宰相庞籍马上表示反对！

庞籍说："开国时的慕容延钊，带兵一举夺得荆湖之地，方圆千里，兵不血刃，太祖只是赏钱，并没有加官枢密使。曹彬平定江南，灭了南唐，擒获李煜，功莫大焉。他想当枢密使，太祖不许，也只是赏钱。如果武将做了枢密使，假使再立战功，还能拿什么封赏他们？"

宋朝不用带兵打仗的武将为枢密使，似乎是成规，很少有先例。况且狄青是庞籍的老部下，挂帅南征也是庞籍的推荐，庞籍反对擢拔狄青，一定出于公心。

仁宗一时无言以对。

这件事就先放了下来。

说者无意，听者有心。有人惦记着这事，试图激活仁宗的心思。

这人就是参知政事梁适。

他先是给仁宗上密奏，提醒对狄青赏赐不宜太薄。当今帝国文昌武疲，需要振作勇武之气，擢拔狄青正是好时机，对西夏、契丹以及试图叛乱者，也是极大的警示。

接着，他勾结宫内太监石全斌帮助促成此事。这位太监在仁宗身边，自然有机会说上话。

梁适为什么热衷于为狄青打抱不平？

世人熙熙，皆为利趋。梁适有自己的如意算盘。当前庞籍是独相，按常规还需要另配一次相，竞争者只有两人，一个是他自己，参知政事梁适，另一个是枢密使高若讷。如果借此机会，让狄青取代高若讷，狄青以武将之身，不可能入主东府，以后宰相之位，非他梁适莫属了！

梁适出身于恩荫，虽然没有进士的光环，但并不代表没有能力，尤其在官场投机、争权夺利上，此人颇有远见卓识。

五月，狄青班师回朝。端午节后第一次朝会，仁宗在没有事先沟通的情况下，出人意料地宣布一项人事任免：任命狄青为枢密使，原枢密使高若讷罢为尚书左丞。

庞籍毫无思想准备，惊愕万分，不知如何应对，说："容臣等回去商议商议，明日再奏。"

宋朝制度，提拔官员程序相当复杂，皇帝没有权力"一言堂"。首先由中书门下两省拿出初步意见，呈送皇帝批准，再由中书舍人或知制诰起草诏书。中书舍人或知制诰并不是机械地进行文字工作，他们如果认为诏书不可行，有权力要求修改或者废弃。诏书起草后，经过皇帝预览，签字御画，才正式誊录到黄麻纸上，叫作"录黄"。录黄之后，由中书省长官签署，发至门下省审核，最后给事中签名通过，诏书才算有效，送至尚书省执行。其中任何一个环节有异议，都有权驳回重拟。

这些制度就是为了束缚皇帝和宰相的手脚，限制皇权和相权，避免他们为所欲为。

按这样的程序走下去，狄青的任命书没有三五个月难以下达，其中难免像张尧佐一样，承受各种争吵、进谏，弄得焦头烂额。

仁宗显然要吸取教训，对庞籍说："不用等明天了，你们现在就到殿外阁门内商议吧，朕要马上见结果。"

他传递的信号很明确：你们必须通过！

尽管有这样那样的制约，天下毕竟姓赵，皇帝若一意孤行，大臣们也无可奈何，废除郭皇后就是个例子，为此不惜全部罢免、惩戒台谏两院。

现场办公，不给宰执、台谏、中书舍人等一点商量回旋的余地，这就是仁宗提拔狄青的策略。这恐怕是仁宗朝办事效率最高的一次。

诏书下达后，仍然有台谏冒死反对。尚书左丞兼御史中丞王举正使出惯用的撒手锏，对皇帝说："陛下如果任用狄青为枢密使，请先罢免臣的言官之职。"

仁宗说："好！"于是成全了王举正。

这样干脆、强硬的作风，大臣们从未见过。如果再像王举正一样做拦路虎，就是真的不识相了，这些进士出身的聪明人没那么傻。

狄青贵为枢密使，脸上还刺着字，实在不雅观，也有失威仪。仁宗对狄青说："狄爱卿，朕有御医，可以将你脸上的刺字去掉。"狄青回答说："陛下擢臣，不问门第，臣愿留下这黥字，使天下人得知，朝廷对贱儿一样会因功擢拔。"

狄青的诚实和谦逊感动了仁宗，此后仁宗对狄青一直信任有加，仁宗执政四十多年，鲜有超越者。

错在完美

帝国的官僚体系，牵一发而动全身。随着狄青的擢拔，梁适也如愿以偿，当上了次相。不久，发生一起下级官员买官案，涉及庞籍的亲戚，庞籍受到牵连，被贬出朝，梁适成功爬上首相的宝座。

有皇帝的信任，首相的庇护，一帮文臣尽管对狄青这位出身于行伍的宰执不屑，也只得按捺住性情，忍气吞声与其共事。然而，风水轮流转，北宋的宰相很少有做得长久的，以梁适的才能，更不可能长期待在帝国的中枢要职上。至和二年（1055）六月，文彦博再次回到朝廷，担任首相。

随着宰相的易人，文臣们对狄青这位另类再次跃跃欲试。

这次的起因源自天灾。

黄河携裹黄土高原的泥沙汹涌而来，沉积下游，久而久之，形成地上河，决口漫堤如家常便饭。如果水量过大，会借流其他河道入海，这就是黄河改道。仁宗庆历八年（1048）六月，黄河在澶州改道，向北过河北大名府，夺界河（今海河）入海，其后又屡屡决口，水患成灾。宰执们经过马拉松式的商讨、论证，决定拓宽、疏浚黄河下游的一条支流——六塔河，分流河水，减少主河道压力。至和三年（1056）四月治理工程完工。

然而事实证明这是一个失败的水利工程，六塔河因为河道过窄，分流有限，工程完工仅仅几个时辰，黄河再次决口，大片良田淹没，数千条生命成为鬼魂。

治河失败，以文彦博为首的行政官员难辞其咎。然而这帮文臣就是有能力颠倒黑白，转移视线，作为军事首脑的狄青于是不可思议地成为替罪羊。

首先充当马前卒向狄青发难的是知制诰刘敞。

刘敞到处宣扬说："狄青平定广西是个侥幸，并不是真的有军事才能。过去将军出征，都以内侍为副，相互掣肘。狄青一人大权独揽，整个荆湖、广南地区兵力都由他支配。况且，狄青依赖西北蕃军战胜侬军，蕃军战斗力强悍，众所周知。有这样的资源，换谁都能打胜仗。"

刘敞矛头所向，得到朝廷上下一致赞同。人们选择性地忘记治河措施失当的责任，开始集中精力弹劾狄青。

他们绞尽脑汁地在狄青身上挑刺，工作中找不到过失，就从其他方面下手，再添油加醋，对狄青进行妖魔化处理。

出于治安考虑，开封府禁止夜里燃烧物体，以免引起火灾。这一天，狄府管家疏忽大意，夜里在府内烧醮，即烧纸做法事。巡察发现后，立刻报告开封府，知府王素急忙派人查看，探明缘由，虚惊一场。

话传三里无真信。第二天，汴京街头便传开了，说枢密府昨夜平地起红光，将天际照得明亮如昼。一传十，十传百，没多长时间就传到了刘敞耳中。

刘敞如获至宝，跑到开封府对王素说："想当年朱全忠居住在午沟时，屋里时常出现怪光，邻里都以为失火了，赶去救火，却什么也没有。

狄青家里的怪火，跟朱全忠当年差不多呀。"

朱全忠就是朱温，篡夺唐朝政权，建立后梁，是著名的篡位反叛者。刘敞的用意很明显，暗示狄青像朱温一样，会有反叛之心。

王素向刘敞做了解释，但谣言还是不胫而走。大家不是关注真相，而是各取所需。

如果说这是"火攻"，接下来还有"水攻"。

五月以来，天降大雨，汴水暴涨。狄青和一些官员的府邸在汴河岸边，没于水中无法居住。仁宗体谅臣僚，下令开放大相国寺，允许受灾官员暂时在此栖身。

大相国寺是汴京最大的佛教活动中心，占地五百多亩，有禅院六十多个。相传，开国皇帝赵匡胤曾到大相国寺进香，在佛像前问住持和尚："拜还是不拜？"住持对曰："不拜。"赵匡胤问："为何？"住持答曰："今日佛不拜往日佛。"由于赵匡胤的推崇，大相国寺成为皇家寺院，香火鼎盛，在北宋具有很高的政治地位。

到大相国寺避雨的官员不止百十，偏偏狄青人红是非多。传言有人看见磅礴大雨中，狄青身着黄色衣褂，在大相国寺的正殿前踱来踱去，像极了昔日的赵匡胤。

黄色是帝王之色，其他王公贵族、平民百姓绝对不允许穿黄色衣服，何况传言将狄青与黄袍加身的赵匡胤联系了起来！如果属实，那是灭族重罪。

怪光黄袍，一火一水，都把矛头指向一个方向，那就是危及社稷。

这种传言，在古代叫"谶"，不管信与不信，帝王都十分忌惮。唐太宗时，有谶语说"女主武王代有天下"，唐太宗不知所指。一次，他宴请大臣，行酒令让各人说出自己的小名。一位叫李君羡的将军自报小名"五娘"，众人哄堂大笑，独太宗想起那句谶语，心中愕然。他又得知李君羡籍贯武安，爵封武连县公，官拜左武卫将军，值守玄武门，处处与"武"有关，内心惶恐，终于找个借口杀掉了李君羡。

第十七章 武将的荣衰之路

君主多疑，狄青堪危！

偏偏这个时候，已经回京担任翰林学士的欧阳修，凭借其滔滔文笔，写了篇《乞罢狄青枢密之任》，火上浇油，必欲置之死地。

这篇奏章说："陛下，有一件天下人都知道的事，街头巷尾都在议论，独独瞒着您。为什么呢？因为事情还没有发生，议论的人暂时还没有证据。枢密使狄青，出身行伍，以勇武著称。进入枢密院后，位列大臣，已经三四年了，也没犯什么过错。"

狄青是个好人，近乎完美，找不出毛病，有什么理由弹劾吗？欧阳修就是欧阳修，欧阳修的理论很独特：狄青的问题，就是太完美了！

欧阳修说："狄青出身贫贱，脸上有黥文，底层的士兵以他为榜样，佩服他的才能，很亲近他。狄青既能以勇气服人，又会训练部队，恩抚将士，虽然比不上古代的名将，但士兵容易受到煽动，他在军队里号召力太大了。这就是隐患哪！"

宋太祖黄袍加身，最怕将领得军心，这是一条不能碰的红线！欧阳修拿军心说事，完美的狄青，对赵家政权就是最大的威胁！

所以欧阳修建议："现在这形势，最好的解决方案是狄青主动提出辞职，交出兵权。但狄青是个武人，不知进退。近来传闻颇多，有说他应到图谶，有说他家里有火光，都不是好兆头。小人作恶，不一定出于本心，但如果得不到抑制，谁知道以后会怎样发展呢？"

最后，欧阳修殷切叮咛："两府很忙，换人是常事，狄青已经干这么长时间了，如果削去事权，既可均其劳逸，又能成全其忠心，何乐不为？"

欧阳修说得天花乱坠，但仁宗对狄青信任有加，对奏章留中不报。欧阳修不馁不弃，连上四道奏章，定要扳倒狄青。其他大臣也摇旗呐喊，朝廷舆论呈一边倒之势。

仁宗不厌其烦，向文彦博抱怨说："狄青明明是为忠臣，为什么他们要这样对待狄青？"

文彦博从容对曰："太祖岂不是周世宗的忠臣？"

宋太祖赵匡胤原是周世宗柴荣手下大将，追随周世宗南征北战，深得信任。周世宗崩后，幼子继位，军队将领趁机发动兵变，强行将黄袍加到赵匡胤身上，拥立新皇，以宋代替了周。

仁宗无言以对。残酷的历史悲剧就发生在本朝祖先身上，他根本没有辩解的余地。

无奈，仁宗只好牺牲狄青，成全一帮文臣的心愿。至和三年（1056）八月，罢狄青枢密使，加同平章事，判陈州，狄青的老上司韩琦再次入朝，接任枢密使。

整个倒狄过程中，狄青一直被动接招，他要面对庞大的文人集团，几乎毫无还手之力，全凭仁宗庇护。尘埃落定，狄青心中郁闷，武人思想简单，他实在想不通，自己一向谨小慎微，与人为善，怎么就落到个墙倒众人推的下场！他特意去问宰相文彦博，为什么罢免自己枢密使一职，文彦博淡淡地说："什么原因也没有，就是朝廷怀疑你。"听了这话，狄青在愤懑之外，平添许多惊恐。

到陈州后，狄青每天处于惊疑之中，仅仅数月，身染重病而亡。

仁宗朝最有建树的名将，星陨陈州。他刚到知天命之年，却至死也没弄明白，自己错在何处。

第十八章
闹腾的佳节

追谥皇后的葬礼

宋仁宗从小学习孔孟之道,围绕身边的是一帮士子儒臣,他好像是儒家文化打造出来的模具,在好皇帝流水线上随波逐流地运转着。唯一不同的是,他还有感情生活,虽然这种感情生活也经常被正义凛然的臣子们指手画脚,以至于粗暴干涉。

他最早喜欢一位张姓女子,但只能违心地娶大娘娘指定的郭氏为妻。然后他宠爱尚美人和杨美人,不料一个太监决定了两位美人的去留。郭皇后被废后,虽然大娘娘已经去世,但他仍然无法决定自己的婚姻,一帮大臣为他挑选了开国功臣曹彬的孙女为皇后。曹皇后贤德仁慈,熟读经史,重视稼穑,甚至常常在宫苑内种植庄稼。然而宋仁宗要的是一个女人,而不是战友。因此他对曹皇后敬而远之,夫妻平淡相处,激发不出一丝感情的火花。好在曹皇后心胸豁达,善于自处,从不嫉妒,这让仁宗有条件接触其他女人。后宫三千佳丽之中,又一位张姓女子脱颖而出,这就是张贵妃,成为宋仁宗一生最爱。

红颜总是薄命,恩爱总是短暂。至和元年(1054)正月,张贵妃毫无征兆地突染暴疾,不久薨逝。张贵妃聪明灵巧、宠冠后宫,是仁宗皇帝的感情寄托。这样匆匆而逝,仁宗伤心欲绝,可想而知。皇帝寄托哀思的方法大多是加官晋爵,仁宗也不例外。但张贵妃娘家无人,张尧佐又不争气,无人可封。思来想去,仁宗决定加封贵妃本人。本人已死,怎么办?古人流行追谥,就在追谥上做文章!

仁宗决定以皇后礼葬张贵妃,并追谥贵妃为"皇后"。

这就产生了麻烦。曹皇后在位未亡,凭空追谥出一位皇后,这也太不考虑曹皇后的感受了!

遍查历史,前所未有!仁宗嫡母刘娥、生母李宸妃同时被追谥为庄献明肃皇后和庄懿皇后,那是在她们故去之后,与张贵妃被追谥大不相同。

第十八章 闹腾的佳节

凡是出格之事，一定少不了大臣们叽叽喳喳。仁宗不敢过早透露消息，在贵妃薨逝四天后，才对朝廷大臣宣布：以皇后礼葬张贵妃，在皇仪殿举丧，辍朝七日，天下禁乐一个月。

先是商议贵妃的"谥号"。仁宗自己亲自提议一个谥号，叫"恭德"，枢密副使孙沔说："太宗皇帝的四个皇后谥号都有德字，应该有所忌讳。"这个意见无懈可击，仁宗只得应从，让礼官再议，最后定下谥号为"温成皇后"。

然后仁宗指示成立专门的治丧队伍，钦定了治丧人员分工。

先是御史中丞孙抃找碴儿。孙抃上奏说，贵妃丧事，以刘沆为监护使，但刘沆此时是参知政事。副宰相为贵妃护丧，规格太高了，不妥。结果仁宗不理，让他碰了一鼻子冷灰。

孙抃不屈不挠，干脆率领众谏官面见圣上，这次反对意见直指要害：为贵妃建陵立庙，不合礼制，请求停止。仁宗一如既往地顾左右而言他，不理这些谏官。孙抃见状，使用了谏官们惯常的手段：跪地不起，泣血痛哭。仁宗怕事情闹大，好言相劝。孙抃一不做，二不休，请求罢免当时的首相梁适，理由是：梁适在宰相位置上，不能公平地考量朝政，造成礼制不行。仁宗本来打算认真考虑孙抃的建议，见他得寸进尺，没完没了，干脆对一帮谏臣不管不问，拂袖而去。

接着是枢密副使孙沔抗命。孙沔被分配的任务是读哀册。哀册是颂扬帝王、后妃功德的文书，刻于玉石木竹之上，等葬礼后埋入陵中。孙沔抗命说："真宗皇帝章穆皇后丧葬时，由两制官行事。温成是追封的皇后，怎么变成两府大臣读册了？"两制官指内制官和外制官，内制官负责撰写由宫廷直接发出的诰谕，外制官负责撰写通过行政渠道下发的正规诰敕，都属文职人员。为了表明自己不妥协的决心，孙沔说："让臣孙沔读册可以，让枢密使读册不可以。"言外之意，宁可被撤职，也不会去读哀册。孙沔说完，把哀册往桌子上一扔，竟不顾仁宗脸面，扬长而去。

气氛骤然冷却，仁宗尴尬无比。

大宋臣子，也许是历史上最肆无忌惮的臣子。

好在还有人体谅皇帝，次相陈执中主动请缨，愿替代孙沔读册，让仁宗深感欣慰，也让温成皇后的葬礼陡然升格。

有陈执中解围，温成皇后的葬礼办得风风光光。

宰辅的最强配置

陈执中愿意为仁宗解围，是因为二人渊源颇深，一直为仁宗信任。真宗皇帝春秋高寿，体弱多病，却迟迟不立太子，大臣们内心着急，却无人敢言。独陈执中上疏规劝，打动了真宗，才决定议立皇太子，这就是后来的宋仁宗。仁宗由是感谢陈执中，终仁宗一朝，陈执中恩宠不衰。

不过，不久陈执中不得不退出宰辅的位子，在台谏大臣一片弹劾声中遭受罢免。

事情的导火线是陈执中家死了一个奴婢，据说是被陈执中一个嬖妾鞭笞而死，也有谣传是陈执中亲自打死的。御史中丞赵抃抓住这件事不放，上奏朝廷，认为无论奴婢是谁打死的，陈执中都难逃罪责。古人讲修身齐家治国平天下，家事都料理不好，还有什么资格去治国平天下？仁宗开始时有意庇护陈执中，但北宋最有名的铁嘴谏臣欧阳修也加入直谏行列，欧阳修文章写得好，奏章丝丝入扣，说得仁宗找不出半点反驳的理由，无奈，只好罢免陈执中。

之前，梁适也因才能受到质疑而被罢免。这样，帝国又面临着宰辅大臣大换血。宋朝宰辅如走马灯一般，人们本已习以为常，但新上任的宰辅人选，仍然让人眼前一亮，精神为之一振。

他们都是老面孔，都是精英中的精英，人杰中的人杰。他们就是文彦博和富弼。

文彦博和富弼都是北宋的盛世名臣，二人被任命为相，皆是人心所

第十八章 闹腾的佳节

向。嘉祐元年（1056）八月，韩琦又被任命为枢密使。宋仁宗年间，此时可谓宰辅最强配置，士大夫奔走相告，以为朝廷得人。

上任不久，一件大事确实验证了他们的不同凡响。

至和三年元日这一天，是一年中最大的节日。按照惯例，朝臣盛装齐聚大庆殿，向皇帝祝贺新年。仁宗皇帝在内侍的搀扶下坐定龙椅，正要开口说话，忽然暴感风眩，神志不清，身子歪倒一侧，连冠冕都差点掉到地上。左右内侍见状，大惊失色。好在这是一班有经验的侍者，皇帝又不是第一次犯这病，于是赶紧掐人中，手指到口内抠取污痰。过了好一会儿，皇帝一口污痰吐出，才慢悠悠地醒了过来。

原来，赵宋皇族患有遗传性风眩症，今天看来，疑似脑血管疾病。太宗、真宗都曾发作，到了仁宗，症状更加明显，隔三岔五间歇性发作，只是过去发作时间短，没有造成很大的影响。这次发作的直接原因是，前天晚上大雪，仁宗赤脚祭天，受了风寒，引起风眩。正值新年朝堂大会，群臣众目睽睽之下，造成的震动自然比较大。

仁宗虽然缓了过来，毕竟身体未愈，简单受了朝拜，就匆匆被侍者扶回宫中。

大宋体例，新年放假三天，直到初五上朝，正式开始一系列的新年盛典。这一天，辽国使者要来给大宋君臣拜年，而大宋则在紫宸殿设宴款待辽使。皇家的宴席，总是有一定仪式和规矩的，其中一项是由宰相向皇帝敬酒，祝贺天增岁月人增寿。文彦博奉觞近前，未待进献贺词，忽然仁宗开口问道："不高兴吗？"这一句话莫名其妙，大家不知所指，都愣在了那里。文彦博揣摩皇帝的病恐怕又犯了，只好装作没听见，继续进行各项仪式。好在一直到宴席结束，皇帝没有其他异常表现，大家终于松了口气。

第二天，辽使到紫宸殿向皇帝辞行。使者走到大殿中央，还未开口说话，仁宗的病突然又发作了。还是神志不清，胡言乱语，嘴流涎水。这样的形象，在辽使面前有损大国形象和皇帝威仪。大臣们慌了手脚，在宰相文彦博的指挥下，一面将仁宗抬回内宫，一面将辽使劝回驿馆，仍旧按有关礼仪赐宴、授予国书。

大宋皇帝真的病了。

安排妥当辽国使者，文彦博与众大臣不敢怠慢，齐集皇宫外等候皇帝消息。按照规定，内外有别，没有皇帝宣召，他们是没有权力进入皇宫的。文彦博觉得这样干等不是办法，就让皇宫守卫通报内副都知史志聪前来问询，了解皇帝健康状况。

史志聪姗姗来迟。宫内宫外自成体系，史志聪根本不买文彦博的账，冷冷地对众大臣说："皇帝起居乃宫内之事，有奴才们侍候着，不便向各位通报。大家还是回去吧，皇上有诏自然会宣召你们。"

大太监回答得并没有错。宰相权力再大，还管不到宫里。但文彦博是强势宰相，不同于以往。他偏偏要破一下这样的规矩。他厉声叱咤道："皇上突然生病，只有你们能够进入宫禁之中，却不让宰相知道天子病情，你们想干什么？"

太监的文化程度远远不及这些科举出身的士大夫，讲道理自然讲不过。何况，太监之所以能够趾高气扬，得益于皇帝的庇护，而历史上朝臣血洗太监的事例并不鲜见。如今，皇帝昏迷不醒，太监势力根本无法与朝臣抗衡。听到文彦博声色俱厉，史志聪不免战战兢兢，内心胆怯了七分。

"来人，带他去中书省签军令状，从现在起，皇上病情稍有变化必须马上禀报！"文彦博不给史志聪思考和调整的机会，一气呵成，彻底制服了这位大内总管。

这以后，皇帝起居情况，病情些微变化，史志聪都派人及时禀报。就连宫城关闭落锁，都要请示文彦博，由宰相定夺。

皇后要谋逆

初七早上，文彦博和众大臣前往内宫东门的小殿等候皇帝消息。让

第十八章　闹腾的佳节

他们意想不到的是，这次居然见到了皇上。不过，这不值得惊喜，只能是惊讶。

几个人正等着太监前来通报皇帝病情，突然，只见仁宗皇帝披头散发从宫禁中冲了出来，边跑边喊："皇后与张茂则谋大逆！"

有人要杀皇上？这可是天大的事情。何况，杀皇上的居然是皇后和一名大太监！要在往常，必定有侍卫蜂拥而上，先抓了嫌疑犯，再行审讯。不过，现在人人都知道皇帝正在病中，胡言乱语是常态，因此大家面面相觑，不知所措。

好在太监们跟着跑了出来，把皇帝牢牢按住，抬进宫中。史志聪转身对目瞪口呆的大臣们说："相公们还是商议商议降赦消灾吧。"

古代王朝有高兴事，皇帝要大赦天下，除了十恶不赦的重要犯人，其他可以免除或者减轻刑罚。若遇天灾人祸，或者皇帝、后妃、王子、公主等顽疾不治，也会大赦天下，以图吉祥，消除灾祸。

太监们这个建议没错。文彦博一边考虑降赦消灾的事，一边又给太监们出新的难题。文彦博对史志聪说："大臣们商议在宫中为皇帝设醮祈福，地点就选在大庆殿。"

什么？要在宫中设立道场？太监们大吃一惊。因为这样一来，大臣们都要进入宫中，并且祭祀场面一定乱哄哄的，那么皇宫成了什么场所？

"这事闻所未闻，没有先例。"吃了上次的亏，史志聪嘴上不敢太硬，小心翼翼地提出质疑。

"非常时期，行非常之事。现在这种情况，有先例可查吗？"

是呀，历朝历代，还没有皇帝疯疯癫癫，不省人事。宫中没有太后，朝中未立太子，这种局面真是前所未有。太监们哑口无言。只好默许："好吧。"

是夜，文彦博、富弼带领一班大臣在大庆殿设醮祭天，为仁宗祈福。不知是众大臣感动了上天，还是纯属巧合，第二天，仁宗病情真的见好，居然在太监们的精心照料下，召集众大臣到崇政殿与大家见面。虽然见面仪式简短仓促，并且自始至终皇帝没有说话，更没有发布诏令口谕。但毕竟举止行径接近常人，大臣们心内稍安。

第二天，两府大臣直接来到寝殿——福宁殿，要求探视皇帝。然而现在的皇帝还不能正常行事，大臣们进入宫中已属非分，直接进入寝殿更属大逆。史志聪再次阻拦，但有前两次接连失守城池，这次只是象征性做做样子。在富弼的呵斥下，两府大臣得以随时面圣，探视病情。

文彦博顺利入驻皇宫，成了事实上的帝国首脑。知开封府王素半夜求见，文彦博说："皇宫大门岂是随便开的？"于是将王素拒之门外。第二天，众大臣入宫，文彦博问王素有什么要紧事。王素回答说："有禁军侍卫告发统领都虞侯谋反。"

文彦博吃了一惊，谋反事大，如果因为昨天晚上没有及时召见王素而导致谋反事成，那可是灭族大罪。但他毕竟久历官场，强自镇定，说："招来殿前都指挥使了解一下情况。"

此时的殿前都指挥使是许怀德，他参加过抗击西夏的战争，算是军队中的老人。如今掌管禁军，是都虞侯的上司。许怀德到后，文彦博问这名都虞侯的情况，许怀德对下属最为了解，说："此人善良、诚实、谨慎，决不会谋反。"

听了许怀德作保，文彦博心中有了底数。说："分明是这名禁卒对都虞侯有怨愤，才诬陷他。应当即刻诛杀以安抚人心。"这时，参知政事王尧臣在一旁拧了一下文彦博大腿，文彦博何等聪慧之人，马上意识到不妥，改口请兵部尚书刘沆进行审判，然后执行死刑。谋逆大罪，如果不经审判，将来皇帝追查，会留下无穷后患。

文彦博大权在握，掌控特殊时期的全国局势。可他忘了，在皇帝缺位的情况下，还有一种势力可以挑战相权。

这就是皇后。

仁宗疯疯癫癫地说皇后和太监张茂则要谋杀皇帝，这事虽然没有几个人相信，但皇帝与曹皇后关系一向不睦却是尽人皆知。即使没有人追究，当事人也承受着巨大的压力。仁宗疯癫话一传出去，张茂则就坐不住了。谋逆要灭九族，不如一个人死了拉倒，少连累一些人。于是张茂则上吊自杀。但命不该绝，被人发现救下。俗话说，大难不死必有后福，仁宗去世后，曹皇后垂帘听政，不顾大臣反对，破格提拔张茂则，让后人对二人关系打上个大大的问号。

曹皇后也是"谋逆"之人，自然也承受着精神压力，所以在仁宗生病的整个事件中，表现得十分低调。然而树欲静风不止，有人要利用曹皇后这一层关系，趁机扳倒文彦博。

最好的世道是天下无事

话还得从一项失败的水利工程说起。

自庆历八年开始，黄河泛滥，多次改道，淹没良田，吞没人畜，成为当时第一天灾。按当时的科技水平，对这样的水患基本束手无策。朝廷讨论多次，提出一套又一套方案，都不尽如人意。一直到至和年间，主管黄河事务的河渠司李仲昌提出新的方案：河北清丰县附近有六塔河，加宽六塔河，与黄河打通，分流黄河水，可一劳永逸地解决黄河决堤问题。这个方案得到文彦博、富弼等宰执的支持，于是得以实施。但不幸的是，事实证明，这项水利工程失败了，并造成人员伤亡和财产损失。

这件事已经过去半年了，现在有人重新拾起来，借此发难，剥夺文彦博、富弼等宰执的权力。而他们祭出的旗帜，则是曹皇后。

这一天，文彦博正在政事堂处理公事，两名司天监官员闯了进来。司天监是掌管天文历法的机构，虽然官职不高，但古代讲究"君权神授"，司天监监听着上天的动向，他们的话可谓一言九鼎，皇帝也敬畏几分。

司天官对文彦博说："帝国之北，天象有变。盖因开凿六塔河失败导致皇帝有病。"

这几句话看似平常，没有针对任何人，但实际上把皇帝得病的责任推向了六塔河水利工程的决策者。

文彦博在沉思，为什么半年后司天官突然得出这样的结论。

紧接着，其真实目的渐渐浮出水面。

第二天，史志聪来找文彦博，让他看两封文件：一封是司天官的"奏章"，要求皇上生病期间，皇后垂帘听政；另一封则是皇后懿旨，要求大臣们立即撤出皇宫。

如果是范仲淹为相，到了这个地步，可能会觉得羞愧，赶紧搬出去，甚至提出辞职。如果是张士逊、陈尧佐之流为相，也许会不知所措，束手就擒。然而，此时的宰相是文彦博，北宋最强势的宰相之一。他有足够的智慧和手段对付这些不知何处射来的暗箭。

他令人将两名司天官找来，将"奏章"扔到二人面前，声色俱厉地呵斥："你们是司天官，只负责报告天象，谁赋予你们权力，让你们干预朝政！"

文彦博的话直指二人软肋，二人登时就吓得瘫软在地。文彦博看在眼里，不为所动，问："是谁指使你们干的？"二人大脑中一片空白，哪里还敢有半点违逆，供认说："武都知。"

武都知指的是内侍省右班副都知武继隆，宫中人物。文彦博心中有点数了。他引导两位司天官："你们两个重新去定位六塔河方向，找到天象异常的原因。"

二人磕头如捣蒜，赶紧爬了出去。

文彦博又把武继隆找来，经过一番口舌较量，武继隆供出，这一切幕后指使者，竟是前宰相、现枢密使贾昌朝。

文彦博倒吸一口凉气，贾昌朝这是要扳倒现宰执，重新翻盘哪！虽然查出了幕后"真凶"，不过这件事恐怕到此为止了。再往下也追究不动了。

最难对付的还是皇后。皇帝管朝中事，皇后管宫中事，历代皇家都是这样分工。皇后让大臣撤出宫中，并不过分。况且，宰相再强势，也是外人，而皇后、皇帝毕竟是一家人。皇帝患病，皇后垂帘，唐高宗朝有过，宋真宗朝也有过。唐高宗朝成就了武则天，宋真宗朝成就了刘娥。

眼看朝廷大权，将落在曹皇后和贾昌朝手中！

文彦博除了指使司天官重新测量六塔河方位，厘清皇帝病情与六塔河治理方案没有关系之外，只有祈祷上天让仁宗病情赶快好转，要不然这一班辅臣恐将大祸临头。

大约是上天眷顾，大宋朝"盛世"气数未尽。在病了十数天之后，正月十五日，仁宗居然奇迹般地神志清醒了。还是不能说话，但大臣奏事，能够点头或者摇头，表示同意或者否定。

这一天是元宵节。皇帝不愈，朝廷宣布取消上元灯会。"东风夜放花千树。更吹落、星如雨。宝马雕车香满路。凤箫声动，玉壶光转，一夜鱼龙舞。"这个一年一度最欢庆热闹的节日，因一个人而全国禁止。皇权社会就是这样，皇帝就是国家，国家就是民众，一人可抵天下。

又过了几天，皇帝逐渐恢复到健康状态，能够理事上朝了。仁宗这棵大树复活，文彦博等树下乘凉的人长长出了口气。曹皇后垂帘听政的阴谋不攻自破。

皇帝既愈，道场法事顺理成章地停了下来，辅臣们也从宫中搬了出来，大宋朝又恢复了往日的宁静。

不，比以往更宁静。文彦博居相位，改变了吕夷简后宰相走马灯轮换的状况，一直做到嘉祐三年（1058），而富弼延续到嘉祐六年（1061）。其间天下无事。最好的世道就是天下无事，唯天下无事，天地一团和气，百姓安居乐业，是为盛世。

宋朝的盛世，与汉唐不同。汉唐之盛，重在开疆拓土。宋朝之盛，在物阜繁华，文化昌盛。

文化之盛，最盛在嘉祐。

第十九章
锦绣汴梁尽风华

革新科举

欧阳修从扬州到颍州,在颍州写下许多瑰丽的诗篇。后来又做应天府留守司事。过了一年多,母亲病逝,回颍州丁忧三年。直到至和元年(1054)五月,才应诏回京,担任翰林学士。丁忧期间,欧阳修完成了《五代史记》定稿。

此时,大宋文坛已经春意盎然。欧阳修无疑是最盛艳的一枝。他是当之无愧的文坛领袖,也是北宋古诗文运动的骁将。

自有文学以来,人们对文学好坏优劣的评判标准一直争论不休。总的来看,有两种相互对立的观点,一种讲究辞藻技巧,以文辞华丽者为美。这种文风自汉赋始,散韵结合,铺采摛文,渲染张扬。到了南北朝,更是发展为骈文,句式工整,讲究对仗,注重声律,专尚骈俪,藻绘相饰,意少词多。这种文风一直影响到中唐,甚至当时的公文也由骈文书写。

另一种文风注重内容,强调"文以载道",阐明事理,经世济用,把思想内容表达清楚准确,反对堆砌辞藻。中唐的韩愈、柳宗元针对骈文盛行的现象,主张文章要继承诸子和两汉时的散文传统,因此称为"古文运动"。然而韩、柳一过,骈文回潮,散文再次被人们遗弃。

诗歌也有形式和内容的尖锐对立。晚唐五代,诗词追求唯美,内容多写秦楼楚馆、歌女贵妇、休闲游戏、纸醉金迷,被称为"花间诗派"或"花间词派"。宋初,因袭五代诗风,形成雄踞诗坛的"西昆体"。杨亿、钱惟演都是西昆体主力干将。如杨亿的一首《泪》:

> 锦字梭停掩夜机,白头吟苦怨新知。
> 谁闻陇水回肠后,更听巴猿拭袂时。
> 汉殿微凉金屋闭,魏宫清晓玉壶欹。
> 多情不待悲秋气,只是伤春鬓已丝。

前六句分别用了六个典故，每个典故都与"泪"密切相关，最后点明所咏的是伤春的感受。虽然用典也很贴切，语句很华美，但没有真情实意，只能说是炫弄才学的文字游戏。

所以，宋初无论是文章，还是诗歌，都陷入形式主义的泥淖。就连科举考试、选拔人才，关注的也是辞藻声律。

一些有识之士决定改革文风，于是重新举起韩愈、柳宗元"古文运动"的大旗。不同的是，韩、柳革新对象是文章，而北宋革新对象亦包括诗歌。因此，宋朝的这场托古革新运动，被称为"北宋诗文革新运动"。

这场运动的先驱是柳开、王禹偁、石介等，而后有范仲淹、尹洙、梅尧臣、苏舜钦等。这些人虽致力于鼎新革故，但要么诗文作品少，要么质量稍低，在文坛的影响不足以完全扫除西昆派影响。最后，对西昆派最后一击的任务就落在了欧阳修身上。欧阳修能诗善文，其诗朗朗上口，其文妇孺能诵，从而一扫西昆体余韵，开创了诗文运动的崭新天地。

对西昆体的彻底颠覆，当然是革新科举。

北宋科举，先考诗赋，再考策论。诗赋以时文和西昆体为限，称为"太学体"，凡不符合要求的必遭无情淘汰。譬如后来成为唐宋散文八大家之一的苏洵，曾两次参加科举考试，都因声律不过关而惨遭淘汰。

取士标准不改，诗文革新运动谈何摧枯拉朽。

欧阳修早已是当时的诗界文坛领袖，嘉祐二年（1057）的那一场科举，让他的领袖地位无可置疑。

欧阳修成就了这一场千年科举第一榜，以及他那几名不可一世的学生。而这几位学生，反过来也成就了欧阳修。

几位学生中的最出类拔萃者，与两次落第的苏洵大有渊源。

苏洵是四川眉山人。中国文学史上，四川是个奇特的存在。这个偏居西南的地区，北有秦岭，东有三峡，交通闭塞，人文落后，人才零落。宋朝开国至嘉祐二年期间，仅有两人中举。然而，四川一旦出人，必是惊天动地之大才。西汉最有成就的两位辞赋家司马相如和扬雄，都是蜀郡成都人。唐朝最伟大的诗人李白，剑南道锦州（今四川江油）人。两大朝代的顶级文学家都出自川蜀大地。

宋朝也不例外。

苏洵落第后，回到老家四川眉山。他依然刻苦攻读，但已不再着意于应试文体，而是博览古今，考究治乱得失，研究济世安民之道。嘉祐元年，他四十八岁高龄，虽没有再出过川蜀，但已著作等身，成为一代大儒。

只是，偏囿一隅，世人不知。

苏家的恩人是张方平。张方平曾支持过范仲淹庆历新政，但进奏院狱案中，张方平站在了"君子党"的对立面。因此，从政治立场上来说，张方平与欧阳修有过节。

但两人人品都不差，至少古道热肠，都愿意发现和提掖人才。

张方平彼时坐镇益州，得以认识苏洵。他爱惜这位满腹经纶的大儒之才，但自己只是一名官员，很难在文学的道路上为苏洵提供帮助。于是，张方平打破政治阵营界限，给欧阳修写了封信，隆重推荐苏洵。

欧阳修就是文坛最大的伯乐。伯乐得人，焉能不喜。

他热情邀请苏洵入京。这样的人才，屈居川蜀，实在太可惜了。

嘉祐元年（1056），苏洵再次走出四川盆地。这次不是他一个人在战斗，而是全家人齐上阵。他为大宋、为汴京带去了他的两个儿子。年长的苏轼，字子瞻；年幼的苏辙，字子由。

放他出一头地

苏洵在汴京风生水起，短时间内结识了欧阳修、余靖、文彦博、富弼等名宦重臣。但他不愿再参加科举考试了，以他现在的名气，现在的年龄，不需要戴一顶进士的光环了。

嘉祐二年（1057），他把两个儿子送进了考场。这一科考试，主考官正是欧阳修。和欧阳修一起主持考试的还有韩绛、王珪、范镇、梅挚等，另一位文坛骁将、欧阳修的好朋友梅尧臣任参详官。参详官又称小试官，举子们的试卷糊名、誊录后，先由点检官批定分数，然后由参详官审查所定等级是否恰当，最后上交贡举官。

梅尧臣一直仕途不顺，欧阳修回京任翰林学士后，梅尧臣前来投奔。梅尧臣与富弼、韩琦亦有交情，欧阳修就向朝廷推荐梅尧臣，上奏一篇《举梅尧臣充"国子监"直讲状》，加上富弼、韩琦从中周旋，这才封了个一官半职。

嘉祐二年正月上班的第一天，在正元节的喜气洋洋之中，仁宗皇帝宣布，任命翰林学士欧阳修权知贡举。

自任命之日起，欧阳修深锁贡院，不得与外界接触，称为"锁院"。这一锁，大约五十天有余，出题、阅卷、定榜，不一而足。考试之日，举子们进入贡院，经过搜身，按榜就座，开始考试。一切井然有序。

过去，科举重诗赋、轻策论。欧阳修认为，科举的目的是发现治国理政的政治人才，不是选拔文学人才，策论更能体现科举价值。因此，欧阳修对科举考试进行了改革，实行先策论后诗赋。策论以四书五经为依托，用政论的形式阐述儒家之道。另外，四书五经是古文的源头，加强策论地位，也有助于推动诗文革新运动。

这次策试的论题是"刑赏忠厚之至论"，围绕主政者奖惩赏罚进行议论。一些深受时文影响的考生，写出的文章让欧阳修啼笑皆非。一位考生写道："天地轧，万物茁，圣人发。"欧阳修提起朱笔，在后面批道："秀才剌，试官刷。"然后在上面画一道红杠，表示宣判死刑。

有一篇策论首先引起参详官梅尧臣的注意。文章提出要赏罚分明，认为可赏可不赏的，要赏，以示广恩；可罚可不罚的，不罚，以示慎刑。最后得出结论："立法贵严，而责人贵宽"，这样才能"以君子长者之道待天下，使天下相率而归于君子长者之道"。文章的观点完全符合儒家的"仁政"思想，梅尧臣称赞其"有孟轲之风"。兴奋之余，马上将试卷推荐给欧阳修。欧阳修看后,也赞叹不已。特别是其朴实畅达的文风,更为欧阳修所看重。梅尧臣建议将这位举子擢拔为第一,欧阳修沉思良久,说:"这篇文章本应第一,但视野所及,能写出这样优秀文章的,非曾巩莫属。这曾巩与我有师生之谊,我若径取他为第一,容易授人口实,遭人非议。不如擢为第二吧。"

同范仲淹一样,欧阳修爱惜名声,阴差阳错将一个人无辜降格,却又成就了科举史乃至文学史上一则佳话。

这篇文章的作者就是苏轼。文中提到一个典故:"当尧之时,皋陶为士,将杀人。皋陶曰'杀之'三,尧曰'宥之'三。"说的是尧宽厚仁政的故事。欧阳修学富五车,却想不起来这则典故出自何处。后来,他问苏轼,苏轼说:"记得在《三国志·孔融传》里。"欧阳修是个有考据癖的历史学家,回家又认真查找,还是没有找到。再问苏轼,苏轼回答说:"曹操灭袁绍,将袁绍儿媳赐给自己的儿子曹丕。孔融说,过去武王伐纣,曾将妲己赐给周公。曹操惊问见于何书。孔融说,以今日之事观之,想来如此。皋陶、尧之事,我也是想来如此。"读书而不读死书,可谓善读书。苏轼自己编排典故,不但没有惹恼欧阳修,反而更令欧阳修对这位年轻人刮目相看。

后来,欧阳修盛赞苏轼,说:"读苏轼的文章,不觉大汗淋漓。真是痛快!痛快呀!老夫当避路,放他出一头地也。"这是成语"出人头地"的由来。欧阳修还私下对儿子说:"记住我的话。三十年后,再也没有人谈论老夫了。"这话虽然夸张,但若干年后,苏轼文章大行其道,以至于洛阳纸贵,果如欧阳修预料。

然而放榜之日,舆论大哗,欧阳修录取的公正性遭到质疑。

原来,过去的考官录取的都是擅长"太学体"的学生,欧阳修痛排抑之,许多势在必得的学子名落孙山。大家不忿,埋怨、愤怒的情绪在滋生、蔓延,从而引起一场小小的哗变。落第士子聚集在朝堂外面,等欧阳修上朝之时,围着他诋毁斥责。还有的学生写祭文扔进他的家中,诅咒其不得好死。

学子数十年苦读,为的就是一朝显名。欧阳修改变文风,断了他们的前程,也难怪有不理智的举动。然而这一切都改变不了既成事实。诗文革新已经成为社会共识,将之应用于科举只是早晚的问题。以欧阳修的威望,完成这一壮举恰如其分。

自此诗文革新运动才算取得压倒性成果。

这次科举,也是欧阳修的"让贤"之举。此后,诗文革新运动的旗帜顺利交接,接过这面大旗的就是这次贡举中的佼佼者——苏轼。

千古第一榜

三月十一,仁宗皇帝在集英殿亲自主持殿试。殿试的内容为"春秋对义"。这一次,苏轼夺得第一,但由于诗赋成绩一般,最后以甲等赐进士及第。仁宗皇帝对这届学子非常满意,欢喜无限。所有参与殿试者都赐予进士及第或进士出身,一个不落。

殿试结果,这一科的状元为章衡,第二为窦卞,第三为罗恺。三人日后虽籍籍无名,但这一科进士及第的诸人中,日后声名显赫、百代留名的有:苏轼、苏辙、曾巩、曾布、程颢、张载、吕惠卿、章惇、林希、王韶。每一个名字都是传奇,每一个人物都是巨星,他们的光环照耀了时代,闪烁在历史的星空之中。

苏轼、苏辙、曾巩位列唐宋八大家,加上与本科有关的欧阳修、苏洵,唐宋八大家居然有其五。苏辙后来还位居宰辅。

程颢是理学的奠基者,"洛学"的代表人物。理学受到后世统治阶级尊崇,逐步演变成官方正统的儒家思想,对元明清政治形态产生了重大影响。

张载也是理学创始人之一,世称横渠先生,他提出"为天地立心,为生民立命,为往圣继绝学,为万世开太平",其影响深远,经久不衰。

曾布、吕惠卿、章惇、林希都是著名政治家，都曾居两府要职。吕惠卿是"王安石变法"中的二号人物，是变法的实际推行者。章惇是政治强人，任宰相八年，政治、军事、外交、文化、农业上多有革新，是北宋历史上具有划时代意义的人物。

王韶是北宋后期最著名的军事家，主导宋夏熙河之役，收复熙、河、洮、岷、宕、亹五州，拓边两千余里。

嘉祐二年科考，被称为千年第一名榜，毫不过分。

以这一科为标志，大宋文化达到巅峰。同时，这一科，为大宋的衰败埋下伏笔。这一群能人互不服气，互相倾轧，拉开了北宋党争的序幕。北宋王朝为此奄奄一息。

这是后话。当下最风光的无疑是苏轼、苏辙兄弟。苏轼当年仅二十一岁，苏辙一十九岁，二人风华正茂，风流倜傥，文笔洒脱，人品超脱，瞬间成为人人欣慕的国民偶像。尤其是苏轼，在欧阳修不遗余力地宣传下，早已名扬汴京，达官贵人争相交结，市井小民皆以一睹为荣。

比民众更高兴的，是仁宗。

是岁，仁宗皇帝已经四十八岁，接近知天命之年。自从去年春节犯病之后，身体大不如从前。他清醒地意识到，自己去日无多。他留恋大宋锦绣江山，留恋钟鸣鼎食，留恋这样的和平繁华岁月。他为大宋的未来夙夜不懈，为江山永固殚精竭虑。他不能永远行走在温暖的时光里，但希望大宋的日月能够照耀得更长更亮。这一榜的进士虽然还没有经过实践检验，但龙腾虎跃一望便知，这让仁宗分外欣慰。

传胪唱名之后，已是三月中旬，正春和景明、万物勃兴之际。仁宗精神大好，忽起游春兴致。琼林苑是皇家花园，也是赐宴进士的地方。仁宗等不上赐宴仪式，特招宰相文彦博、富弼，枢密使韩琦，翰林学士欧阳修等帝国精英伴驾，到琼林苑游赏春色。

琼林苑里栽种着从江南、岭南引进的各色花木，此时，樱花、桃花、素馨等方才凋谢，海棠、李花等兀自盛开。李花皎洁如玉，莹白如雪，芬芳秀美；海棠花则白里透红，如少女脸颊，粉嫩羞涩，温润可人。花树之下，则是碧绿如翠的草坪，点缀着牡丹、兰花等名贵花种。草长莺飞、鸟鸣燕舞，好不热闹。

玉辇缓缓前行，仁宗与宰辅大臣谈笑风生。这时候，他们放下朝堂上的端庄严谨，放下政事中的干练果敢，变得从容闲逸、幽默广博。仁宗兴之所至，即兴吟诗一首，曰：

> 晴旭辉辉苑籞开，氤氲花气好风来。
> 游丝罥絮萦行仗，堕蕊飘香入酒杯。
> 鱼跃文波时拨剌，莺留深树久徘徊。
> 青春朝野方无事，故许游观近侍陪。

随从的都是进士出身，诗文大家，仁宗这首诗自然平庸无奇，但皇帝所作，谁敢不恭维赞叹？宋仁宗一时颇为得意，问：哪位爱卿把你们的得意之作奉上让大家欣赏一番？众人面面相觑，一时无言。这些饱学之士，写一两篇御用诗绝非难事，但他们知道，诗者灵性所发，否则只能流俗。流俗之物，反倒侮辱了名声。

几个人装模作样绞尽脑汁苦思冥想，倒是欧阳修胆正，说："圣上，臣新得苏轼苏子瞻一首小词，颇合眼前之景。"

仁宗说："吟来听听。"欧阳修吟诵道：

> 莺初解语。最是一年春好处。微雨如酥。草色遥看近却无。休辞醉倒。花不看开人易老。莫待春回。颠倒红英间绿苔。

这首小词语短情长，描绘出一种素淡而若有若无的色彩，蕴含无限美感。仁宗沉吟许久，说："朕不如也。"

琼林苑东南，有一座假山，高数十丈。山上有楼阁亭台，可供歇息。

登山望远，可以俯瞰整个汴京城。仁宗一辈子没有走出皇家宫苑一步，最爱登临此山，看民间烟火，感受汴京繁华。

今日兴趣正浓，仁宗率众臣登上这座假山。

锦绣汴京如一幅打开的画卷，马上呈现在这一群帝国精英面前。

繁华真盛世

正如当下的季节，汴京万物争辉，生机盎然。

此时的汴京，蔡河、汴河、五丈河、金水河四条河流穿城而过，蜿蜒缭绕，如玉带白练，又似流淌在这座皇城身上的血液，为它带来勃勃生机。其中最大的河是汴河，自西向东缓缓而流，河道宽，河水深，适合漕运。每天全国各地的粮食和物产通过汴河运到京城，皇家和百姓日常所需皆仰仗此河。因此，河道忙忙碌碌，码头上商客、捎夫你来我往，步履匆匆，无暇驻足。马车、人力车聚集码头，将捎夫挑上岸的货物拉到汴京的角角落落，又加工成达官贵人和市井百姓的身上衣、盘中餐，维系着这座国际都市的繁荣和美盛。

四座河上，有大大小小三十四座桥。有石桥，有木桥，有拱桥，有梁桥，各式各样，大小、造型各不相同，成为京城亮丽的风景。有的桥石壁、栏杆上还雕刻着精美的图案，有海马水兽飞云等，代表着帝国最高的工艺水平，引得过往行人驻足观看，赞叹不已。

每座桥的两端，都连系着繁忙奢华的街市。汴京的中轴，是宽大的御街。御街从皇宫出口宣德门一直向南延伸，犹如一条笔直的延长线，直至外城。御街宽大宏阔，宽逾二百步（合现在二百米左右），中间的正道供皇家出行专用，平时空旷无人。正道两侧，挖有河沟，里面种满荷花。如今，荷花未开，不过荷叶如盖，倒也亭亭玉立。河沟两岸种有桃、李、梨、杏，桃花缤纷，落到沟内荷叶中间，万绿丛中嫣红一片，娇艳无比。李花正好，整条街在李花笼衬之下，如天街祥云，恍若仙境。

第十九章　锦绣汴梁尽风华

树木之外,是御廊,廊内店铺林立,你卖我买,热闹非凡。

京城最热闹的去处,还不在御街。御街东面的朱雀门,继续向东,有一段路,是著名的菜市场。这里鸡鸭鱼肉、肚肺腰肾、活獾死狐、水饭干脯、青菜瓜果,餐桌上吃的,厨房里做的,应有尽有。现在正是白天,尚看不甚清它的热闹喧嚣,若是到了夜晚,灯火通明,整夜不息,才显现出平民的烟火繁华。

若是悠闲之时,购物逛街,必是东角楼街巷。这里是汴京商铺聚集地。有衣物书画、珍玩犀玉、海产山珍、香糖蜜煎。还有专门的花鸟市场,亦有金银彩帛交易,真是一处商贾聚集的大商圈。除了购物,亦有娱乐。这里的娱乐以江湖表演为主,有大小勾栏(戏院)五十余处,除了唱戏,还有各种耍戏、唱曲、剪纸、卖卦等。顾客穿梭其间,逛完东角楼街巷,已然深更矣。

当然,京城最为人称道的,还是大大小小的酒楼瓦市,这里有喝酒的、听曲的、狎妓的、赌博的。连空气中都弥漫着荒淫、放纵和豪爽。但这些都是晚上的娱乐活动,上午俯瞰全城,难觅踪影。

"什么是富庶?看看这穿梭不绝的人群便知。什么是繁华?看看这鳞次栉比的商铺便知。"望着偌大的汴京城,仁宗神情恍惚地想。

"陛下,起风了。"山冈风大,一旁的侍者担心仁宗身体,提醒道。

"古人曰'惠风和畅',现在正值仲春,无妨。"仁宗从恍惚中醒来,振作一下精神,回答说。然后看着旁边的众臣,问道:"众位爱卿,你们说说,朕之汴京,比唐之长安如何?"

"长安虽然宏大,但终不及汴京繁华。"富弼答道。

"唐朝未开夜市,坊里分离,市民清苦,远比不上我汴京物阜丰盛、娱乐兴盛。"文彦博补充说。城市百姓居住的地方叫里,商业区叫坊。唐朝之前,中国城市里坊分离,并且严格禁止市民夜晚出行,更没有娱乐活动。宋真宗、仁宗年间,这一制度才算彻底废除。

"大宋之繁华,亘古未有。"欧阳修似乎要一锤定音。

"那欧阳爱卿说说朕施政之得失。"仁宗显然对这一类问题有着浓厚的兴趣。

因为不在朝堂之上,大家略微放松,话匣子也逐渐打开。只见欧阳修抢先发言,说:"陛下之政,臣以为,首先在于文人之政。"

"怎讲?"仁宗问。

"上古帝王用人,多用贵族、王族一脉。如周武王之用周公。秦汉以降,帝王用人,多用望族、贵戚,如汉代之霍氏、王氏、窦氏,晋之谢氏、王氏。隋唐科举取士,但从平民出者寥寥。本朝艺祖(指太祖赵匡胤)以来,专美文人,士大夫政治蔚然成风,而陛下临朝以来,文人最盛,宰执之中,非进士莫取。"

仁宗心想,你不是在自夸吧。但心里受用,不禁颔首。

韩琦进前一步,说:"臣以为,陛下一朝,德政最隆。"见仁宗示意他讲下去,继续说道:"古之帝王,杀人如麻,能以仁政治国者,无非尧舜而已。然陛下心怀仁慈,恭己无为,宽仁明圣,自古以来,莫能比肩。"

仁宗连忙摇手说:"韩爱卿不可溢美。"然后又若有所思地说,"内侍常规劝朕不要这样清苦,然而他们不知,只有朕清苦了,老百姓才能甘甜如饴。"然后指着汴京城向韩琦说:"没有朕之清苦,哪有大宋这绝世繁华!"

众人连忙山呼万岁。

仁宗看着首相文彦博说:"文爱卿,你怎么看?"

文彦博回答说:"以臣之见,陛下之德,在于包容。"

"怎讲?"

"陛下一朝,有范仲淹这样品行高洁之士,又有夏竦这样怀奸挟诈之辈,还有吕夷简这样朝野争议之人,陛下都能用其所长,避其所短,此非圣君不能为也。"

仁宗心中一凛,想:"你这是讥讽朕任用奸诈吗?"但今天不比朝堂，于是呵呵一笑而过。便转移话题道："朕之所忧，两件事，一是西夏，现在虽然臣服，但终究未能全胜，不如汉武唐宗开疆拓土之功业；二是革新，几欲成功，又戛然而止，朕心不甘也。富爱卿，你怎么看？"富弼曾出使辽国，对外一向强硬，便想听听他的意见。

富弼稍微理顺一下思路，回答说："自古以开疆拓土为功，而臣以为，君王的最大功绩，在士民乐业，百姓安康。如今商业兴盛，农桑发展，文化昌荣，此乃真盛世也。"

文彦博激昂高呼："千秋德业，盛世之治！"其他人受其感染，随之齐呼，声音在山冈琼苑上空回荡良久。

无论平民还是帝王，都爱听溢美之词。仁宗意兴高炽，说："朕要管好这一朝，也要遗惠后代。这一科进士如苏轼等，皆英俊贤能之士，朕恐怕无福使用他们了，这算朕为后人培养的太平宰相吧。"

仁宗遥望远方，仿佛看到了大宋更加繁荣富庶的明天……